Integrative Seelsorge

Andrea Gorres

Integrative Seelsorge

Ein praktisch-theologisches Verfahren

EVANGELISCHE VERLAGSANSTALT
Leipzig

Andrea Gorres, Dr. habil., Jahrgang 1970, ist Pfarrerin der EKiR. Sie studierte in Münster und Wuppertal. 2017 promovierte sie an der Kirchlichen Hochschule Wuppertal über »Geistliche Begleitung«. Seit 2016 arbeitet sie als Seelsorgereferentin im Kirchenkreis Leverkusen. Sie ist Privatdozentin an der Kirchlichen Hochschule Wuppertal für Praktische Theologie und ausgebildete Heilpraktikerin (Psychotherapie), Supervisorin (DGSv) sowie Lehrtherapeutin und Lehrsupervisorin (EAG/FPI/DGSv). Die vorliegende Arbeit ist ihre Habilitationsschrift.

Bibliographische Information der Deutschen Nationalbibliothek
Die Deutsche Nationalbibliothek verzeichnet diese Publikation in der Deutschen Nationalbibliographie; detaillierte bibliographische Daten sind im Internet über http://dnb.dnb.de abrufbar.

© 2024 by Evangelische Verlagsanstalt GmbH · Leipzig
Printed in Germany

Das Buch wurde auf alterungsbeständigem Papier gedruckt.

Cover: Zacharias Bähring, Leipzig
Coverbild: Andrea Gorres, Leverkusen
Satz: Jan Kemnitzer, Wuppertal
Druck und Binden: CPI Druckleistungen GmbH

ISBN 978-3-374-07632-1 // eISBN (PDF) 978-3-374-07633-8
www.eva-leipzig.de

Vorwort

Nennt ihr das Seele, was so zage zirpt in euch?
Was, wie der Klang der Narrenschellen,
um Beifall bettelt und um Würde wirbt
und endlich arm ein armes Sterben stirbt
im Weihrauchabend gotischer Kapellen, –
nennt ihr das Seele?

Schau' ich die blaue Nacht, vom Mai verschneit,
in der die Welten weite Wege reisen, mir ist:
ich trage ein Stück Ewigkeit in meiner Brust.
Das rüttelt und das schreit und will hinauf
und will mit ihnen kreisen ...
und das ist Seele.

Rainer Maria Rilke, Nennt ihr das Seele, 1897

Die vorliegende Arbeit handelt von der Seele, die weder unter dem Mikroskop sichtbar wird noch materiell aufzuwiegen ist, und doch als präsent und wirkmächtig von uns Menschen erlebt und beschrieben wird, teilweise sogar als etwas Ewiges und Größeres als wir selbst.

Diese Veröffentlichung möchte einen Beitrag dazu leisten, dass die Seele und mit ihr alle persönlichen und geistlichen Erfahrungen entdeckt und erschlossen sowie im persönlichen Lebenslauf integriert werden, so dass Menschen mit Sinn, Klarheit und Zufriedenheit leben können.

Sie entwickelt dafür ausgehend von einer phänomenologischen Analyse geistlich-spiritueller Lebenspanoramen, Strukturen und die Architektur eines Entwurfes für ein seelsorgliches Verfahren, das sowohl pastoralpsychologisch fundiert als auch mystagogisch-theologisch gegründet ist. Es bietet neben praktisch-theologischem Handwerkzeug für die Begleitung von Menschen in der Seelsorge, theoretische Modelle für Theorie, Praxis und Lehre wie auch einen erkenntnistheoretischen integrativ-transversalen Ansatz für eine moderne Seelsorge und Praktische Theologie. Integrative Seelsorge ist ein offenes unabgeschlossenes Verfahren, dass dazu einladen möchte, bewusste geistliche Biographie-, Begegnungs- und Begleitungsarbeit in der Seelsorge in größtmöglicher Theorie- und Praxisverschränkung virtuos zu betreiben. Dazu mögen gleichsam auch die entwickelten geistlichen und pastoralpsychologischen Modelle und Strukturen sowie die aufgezeigte Architektur einer Integrativen Seelsorge mit ihren Implikationen für eine integrativ-transversale Praktische Theologie im Polylog der Wissenschaften dienen.

Ich danke Prof. Dr. Konstanze Kemnitzer für die förderliche Wegbegleitung durch die nebenberufliche Habilitationszeit, die letztlich eine Zeit durch die Coronapandemie und durch eine Spanne bewegten persönlichen Lebens wurde. Ich danke herzlich für die inspirierenden und stets ermutigenden Gespräche und die wertschätzende Motivation, die ich genießen durfte. Mein Dank gilt ihr wie Herrn Prof. Dr. Klaus Raschzok für die Übernahme des Erst- bzw. Zweitgutachtens mit fachlicher Wertschätzung und hilfreichen Anregungen. Ich danke Pfarrer Jan Kemnitzer für das Korrekturlesen, die Arbeit am Manuskript und für das Setzen des Buches.

Vielen Dank der Evangelischen Kirche im Rheinland (EKiR) sowie der Evangelischen Kirche Deutschlands (EKD) und der Union Evangelischer Kirchen (UEK) für die Förderung dieser Veröffentlichung durch Druckkostenzuschüsse.

Außerdem danke ich Ilse Orth, Mitbegründerin der Integrativen Therapie und Kunsttherapie, und Prof. Dr. Hilarion Petzold, Mitgründer der Integrativen Therapie und Supervision, für die Ausbildung in Integrativer Therapie und Supervision sowie für die wertschätzenden Lehrbeauftragungen. Ilse Orth danke ich zudem für ihre Begleitung durch die Habilitationszeit und für alle Gespräche weit darüber hinaus.

P. Daniel Klüsche OSB sage ich danke für die nun über dreißigjährige geistliche Weggemeinschaft.

Ralf Zimmer danke ich für seine langjährige freundschaftliche Lebensweg-Gefährtenschaft. In ihr durfte ich noch kurz vor seinem Lebensende im September 2023 erfahren, dass geistliche Lebenspanoramen niemals mit dem Tod auf Erden enden.

Ich danke meiner Mutter für ihre vielfältige Unterstützung im Alltag während der Habilitationszeit.

Ich widme diese Arbeit allen, die mir als Seelsorgerin Vertrauen geschenkt haben und die ich in Aus- und Weiterbildungen begleiten durfte.

Letztlich tragen alle von mir genannten Personen dazu bei, das Integrative Seelsorge sich entwickelt.

Leverkusen, im Mai 2024   Andrea Gorres

Inhalt

Abbildungsverzeichnis

1 Prolegomena: Seelsorge und Seele im 21. Jahrhundert

Zwei Seelen wohnen, ach! in meiner *Brust,*
die eine will sich von der andern trennen:
Die eine hält in derber Liebeslust sich an die Welt mit klammernden Organen;
die andre hebt gewaltsam sich vom Dust
zu den Gefilden hoher Ahnen.

Johann Wolfgang von Goethe (Faust 1, 1808), Vers 1112–1117

Und meine Seele spannte
weit ihre Flügel aus,
flog durch die stillen Lande,
als flöge sie nach Haus.

Joseph von Eichendorff (Mondnacht, 1864)

Seelsorge im 21. Jahrhundert ist gekennzeichnet durch eine lange Tradition der Entwicklung und Theoriebildung.[1] Sie steht gleichzeitig eingebunden in die Kontexte der heutigen säkularen Welt mit ihren Entwicklungen und Herausforderungen.[2] Jede Generation ist neu gefordert, Tradition und Moderne zu verbinden, eine adäquate Seelsorge und ein angemessenes Seelenverständnis zu entwickeln.

Richard Riess, Praktischer Theologe und Pastoralpsychologe, beschreibt auf der Schwelle des 21. Jahrhunderts treffend in seiner 2009 erschienenen Veröffentlichung die Herausforderungen der modernen Welt für die Seelsorge im Wandel von Gesellschaft, Wissenschaft und Kultur, die in der Gegenwart sich bereits seit vielen Jahren vollziehen. Kulturkritisch und skeptisch schaut er auf die Emanzipation der modernen Gesellschaft und kennzeichnet die Herausforde-

---

[1] Einen ausführlichen historischen Überblick über die alltägliche, kerygmatische, therapeutische, rituelle, politisch-gesellschaftliche, philosophische und ethische Dimension von Seelsorge bietet Klessmann (2008), 49–116. Vgl. auch Winkler (1997), 77–288, Ziemer (2008), 41–109, Morgenthaler (2012), 32–69 und Herbst (2013), 63–150. Ebd. findet sich weiterführende Literatur.

[2] Kontextstudien finden sich bei Riess (2009), 17–67, Morgenthaler (2012), 52ff; Ziemer (2008), 21–40 oder Klessmann (2008), 11–24 mit weiterführender Literatur zur gegenwärtigen Analyse.

rungen des Zeitalters durch folgende Veränderungen, die an den Grundfesten des Lebens und Überlebens der Menschen rühren. Er benennt dabei: Arbeitslosigkeit, Armut, Ausbeutung, Bildung, Energie, Finanzkrise, Freiheit, Globalisierung, Klima, Migration, Naturkatastrophen, Ressourcen, Terrorismus, Überalterung, Verantwortung, Weltfrieden, Wirtschaftskrisen, Zeit.[3] Mittlerweile rütteln alle Veränderungen bereits an dem persönlichen und gesellschaftlichen Leben. Hinzuzufügen sind aktuell die Herausforderungen durch die Digitalisierung und KI-Technologien sowie neue Entwicklungsformen der Spiritualität.[4] Riess kennzeichnet die Säkularisierung als Merkmal der Moderne. Sie wird von ihm als ein umfassender Ablösungsprozess der Kultur beschrieben, der nicht nur die Entkirchlichung, Entsakralisierung und Entzauberung der Welt der Religionen meint, sondern tiefergehend als ein allgemein sozialer Prozess zu verstehen ist, der alle Bereiche wie Beruf, Staat, Wissenschaft betrifft. Gemeint ist konkreter ein Prozess der Differenzierung, Pluralisierung und Entideologisierung von Herrschaft jedweder Art. Dies betrifft neben den religiösen auch die wirtschaftlichen und politischen Institutionen.[5] Um diesen Herausforderungen der Säkularisierung zu begegnen, ist ein Wandlungsprozess nötig. Dieser beinhaltet Umbrüche, Infragestellungen und das Aufgeben von alten Optionen, was neben Trauer und Schmerz in der Loslösung von dem Alten eben auch die Öffnung zu einem Neuen hin bedeutet und bestenfalls Sehnsucht und Hoffnung, Solidarität und Miteinander im Menschlichen zeitigt.[6] Diesen Wandel zu begleiten und mitzugestalten, ist Aufgabe der Seelsorge im 21. Jahrhundert. Riess verweist dazu Psychotherapie und Seelsorge in einem therapeutischen Miteinander aufeinander und verbindet, den Menschen als »living human document«[7] verstehend, klassische Hermeneutik und neuere Kommunikationstheorie miteinander. Wichtige Topoi seines hermeneutischen Ansatzes stellen für ihn die Erkenntnisse dar, dass der Mensch nicht nicht kommunizieren kann,[8] dass um andere zu verstehen, wir selbst in einer lebendigen Beziehung zu uns selbst stehen müssen, dass Vorverständnisse und Vorurteile zu klären sind, und dass letztlich der Prozess des Verstehens eine Zirkulation zwischen Verstehen und Auslegen ist, welcher in therapeutischer Kommunikation durch das dynamische Zusammenspiel von Übertragung, Gegenübertragung und Deutung zu beschreiben ist.[9] Als grundlegend hermeneutisches Gesetz eines systemisch offenen Denkens in der moder-

---

[3] RIESS (2009), 17–67, 21. Vgl. Kapitel 2.3.

[4] Siehe zur Digitalisierung aus theologischer und ethischer Perspektive mit einem umfassenden Überblick: ULSHÖFER (2021). Zur theologischen Spiritualitätsforschung: KUNZ/ KOHLI REICHENBACH (2012) bzw. ALLOLIO-NÄCKE/BUBMANN (2022).

[5] RIESS (2009), 41.

[6] RIESS (2009), 67ff.

[7] RIESS (2009), 320 nach BOISEN (1962).

[8] RIESS (2009), 321 mit WATZLAWICK (1971), 52ff.

[9] RIESS (2009), 321–327. Das Ko-respondenzmodell Integrativer Seelsorge entwickelt diesen Ansatz weiter. Vgl. Kapitel 5.4.

nen Welt postuliert er, dass Einzelnes vom Ganzen und Ganzes vom Einzelnen her zu verstehen ist.[10] Riess beschreibt eine Hermeneutik, die sich auf alle Texte und Kontexte der Welt beziehen möchte, nicht allein im klassischen Sinne auf die Auslegung überlieferter Texte mittels grammatisch-philologischer Methode. Er charakterisiert Theologie in diesem hermeneutischen Verständnis mit Heinrich Ott als hermeneutische Denkbewegung, die besonders unter dem Aspekt der Verantwortung mit Emmanuel Levinas immer von der Andersheit des Anderen und als Anderer zu bestimmen ist. Integratives Denken knüpft an eine solche Denkbewegung an.[11]

Die Seele in der Seelsorge entzieht sich letztlich einer klaren Begriffsbestimmung. Die Etymologie des Begriffs »Seele« liegt im Mythologischen. Seele steht allgemein für die Gesamtheit der menschlichen Empfindungen und des Erlebnisvermögens. In religiösem Sinne bezeichnet sie den für unsterblich gehaltenen spirituellen Teil des Menschen (von ahd. *sēla* (8. Jh.), mhd. *sēle*, engl. *soul*, got. *Saiwala*). Man vermutet im german. *saiw(a)lō* eine Ableitung von »die vom See Herstammende«, »zum See Gehörende«, da nach altem Glauben der Germanen die Seelen der Menschen vor der Geburt und nach dem Tod im Wasser leben sollen.[12] Ihre Herkunft entzieht sich zwar klarer Bestimmung, aber dies verbindet sie mit ihrer Wesensnatur. Die Seele lässt sich durch wissenschaftliche Forschung nicht materiell auffinden, nicht wiegen, messen, unter ein Mikroskop legen oder gar aus einem Körper herausoperieren. Sie entzieht sich den Werkzeugen der Forschung und doch lebt sie im alltäglichen Verständnis von uns Menschen, in Poesie und Literatur, markiert Übergange des Lebens auf die Frage nach dem Wohin und Woher des Lebens und wohnt im Körper ein.

Der Anthropologe Christoph Wulf formuliert treffend:

> »Seit ihren Anfängen hat die Seele etwas Transitorisches an sich, das über die Natur und über den Menschen hinausweist. Sie hat keine Substanz, sie ist immateriell. Daher entzieht sie sich dem identifizierenden Zugriff der Wissenschaften. Sie verweist auf eine Leerstelle im Menschen und in der Natur, die sich nicht ausfüllen lässt, die bleibt und die das Denken beunruhigt. Wie kann man von der Seele sprechen, ohne sie zu funktionalisieren oder zu instrumentalisieren? Zahlreiche Metaphern hat die Rede über die Seele hervorgebracht, die Ausdruck des Bemühens um eine nicht feststellende Rede sind: Brücke, Bogen, Pfeil, Hirsch, Lamm, Vogel, Schmetterling, Taube, Feuer, Wasser, Luft, Atem, Sprache, Musik, das Unbewusste, der Traum, die Passage. Vielleicht ist die

---

[10] RIESS (2009), 327. Integrative transversale Hermeneutik führt diesen Gedanken weiter. Vgl. 4.2.

[11] RIESS (2009), 332. Im Anschluss an OTT (1967) und LEVINAS (1992). Vgl. Kapitel 4.2 und 5.

[12] Vgl. Art. Seele, in PFEIFER (1993).

Seele selbst eine Metapher für das Leben, den Menschen, für eine Bewegung über den Menschen hinaus zum Tier, zur Pflanze, zum Anderen [...].«[13]

Die theologische Forschung setzt die Seele relational in Beziehung zu Gott, wenn sie von der Seele in der hebräischen Tradition als *näfäsch* im Sinne des Menschen, der in seiner Verwiesenheit und Bedürftigkeit auf andere und Gott, ganz und gar, als Leib und Seele, *näfäsch* ist, spricht oder sie im antiken philosophischen Traditionssinn mit Platon als unsterblichen, zeitlosen Wesenskern versteht, der im Tod wieder befreit aus dem Körper an die ewigen Ideen Anschluss findet.[14] Diese Verständnisse von Seele erinnern uns daran, dass die Seele so viel wie das Innerste, Ureigenste, Wesentliche der Schöpfung ist. »*Seele* das ist der Kern, die Tiefe und die Konzentration des Lebens, in der sich die ganze Kostbarkeit der Schöpfung versammelt. Darum nimmt es auch nicht Wunder, dass es so viel Angst um die Seele gibt. Dass sie verloren geht, dass sie stirbt, dass sie verdammt wird.«[15] Ein riesiger Markt um das Wohlergehen der Seele ist erwachsen, nicht nur im Christentum: Der Seele soll es gutgehen, sie soll nicht unerlöst bleiben, sie soll sich entwickeln und gesund sein (medikamentös-chemische Behandlung eingeschlossen).[16] Die Entwicklungsgeschichte der Seelsorgetheorie, aber auch die umfangreiche Forschung zu einzelnen Seelsorgefeldern (z. B. der Krankenhaus-, Notfall-, Militär-, Schul-, Altenheim-, Polizeiseelsorge) und die große Anzahl der Seelsorgentwürfe systemischer, pastoralpsychologischer, therapeutischer, beratender, theologischer Couleur zeugen von einem regen Interesse an der Seele.[17]

Die vorliegende Schrift möchte sich für eine Re-animation (nach dem lat. *animāre* »beleben«, »beseelen«) des Begriffs Seele und Seelsorge im 21. Jahrhundert einsetzen[18], nachdem die Rede von der Seele durch die Kritik des Materialismus und der Aufklärung an einer Seelenmetaphysik, welche von einer unsterblichen Seele geprägt ist, die in einem Zusammenhang mit dem Körper besteht, in diesem jedoch, da unvergänglich, nicht aufgeht,[19] einen Plausibilitätsverlust erlitten hat, welcher sich auch noch heute in Teilen der modernen Psychotherapie und des wissenschaftlichen Diskurses findet, und nach einem innertheologischen Diskurs über die Ganztod-Theorie Eberhard Jüngels[20], die einen

---

[13] Wulf (1991), 5.
[14] Vgl. Klessmann (2008), 25–30.
[15] Riess (2009), 213ff.
[16] Riess (2009), 213f.
[17] Einen aktuellen Überblick bietet Engemann (2016), 419–693.
[18] So mit Karle (2022), 175, Eichener (2022) und Haberer (2021). Re-animation ist dabei mehr als eine Beibehaltung des Begriffs Seele, so Klessmann (2008), 30. Zudem ist es nicht förderlich, den Begriff undifferenziert als »banalisiert«, »platonisch« oder »christlich« abzutun, vgl. Herbst (2013). Es bedarf vielmehr einer strukturierten Bestimmung.
[19] Vgl. Klessmann (2008), 25–30.
[20] Jüngel (1990).

Ganztod von Leib und Seele mit Eintritt des Todes proklamierte, der alleine wie auch zusammen zu einem distanzierten bis ablehnenden Gebrauch des Begriffes der Seele und der Seelsorge im 20. Jahrhunderts geführt hat.[21] Mit dem Theologen Elis Eichener möchte diese Schrift von einer Zukunft der Seele vor allem in poimenischer Hinsicht sprechen. In dieser ist die Seele relational zu konnotieren und ein transzendentaler Gottesbezug in aller Unverfügbarkeit zu bestimmen. Eichener arbeitet heraus, dass der Seelebegriff zwei Momente zusammenhält: Auf der einen Seite verweist der Seelebegriff auf das Erleben der Menschen; hierbei ist er eng mit dem Bewusstsein verbunden. Dieser wird in Anknüpfung an den angelsächsischen Theoriediskurs als die »[...] nichtreduzierbare Selbstheit des Menschen, seine Eigenperspektivität bestimmt. Es handelt sich um ein emergentes Phänomen, das auf neurobiologischen Vorgängen beruht, sie aber gleichzeitig transzendiert. Dem Bewusstsein kommt [...] eine relative Autonomie zu, zugleich ist es nicht nur auf den Leib, sondern auch auf Sozialität angewiesen: In beides ist das Bewusstsein relational eingebettet. Mithilfe eines so definierten Bewusstseins kann auf anthropologischer Ebene wieder plausibel von der Seele gesprochen werden«[22]. Auf der anderen Seite übersteigt der Seelebegriff Parallelkonzepte wie »Bewusstsein«, auch wenn er mit ihnen gekoppelt ist. Der Seele wird ein besonderer Transzendenzbezug zugeschrieben, der sich vor allem in den eschatologischen Aussagegehalten des Seelebegriffs zeigt. Damit ist er nicht nur ein anthropologisches Konzept, das eine Dimension des Menschseins beschreibt, sondern auch eine Metapher, die durch die in ihr implizierte Affinität zur Transzendenz die eschatologische Fortexistenz denkbar macht. »Als eine solche Metapher ist der Seelebegriff als wesentliches Element religiöser Sprache zu verstehen, der im Gegensatz zu anderen Kommunikationsformen den transzendenten Charakter der Seele würdigt. Dies erlaubt es, den Glauben an die Unsterblichkeit der Seele theologisch ernstzunehmen.«[23] Seelsorge ist damit hermeneutisch reflektiert sprachfähig, um von einer Fortexistenz der Seele zu sprechen. Eichener ermöglicht mit seiner wissenschaftstheoretischen poimenischen Arbeit Trost für die Seele der Seelen in der Seelsorge.[24]

Ein solcher Seelebegriff unterscheidet sich grundlegend vom Psychebegriff der Psychotherapie, da ihm ein Moment der Transzendenz immanent ist.[25] In der

---

[21] Vgl. KARLE (2022), 164–175 und WULF (2005), 5–12.

[22] Vielleicht ist es klarer, mit Mühling von »Seelen« als Verb zu reden, um die unmittelbare ereignishafte Verwobenheit in aller Schöpfung und mit ihr und allen Mitgeschöpfen zu beschreiben. So MÜHLING (2016), 111–136.

[23] EICHENER (2022), 292.

[24] Im Anschluss an Gedanken von KARLE (2020), 348–357. Der Trost liegt hier in der Hoffnung auf ein Weiterleben, die sich in dem Transzendenzbezug des Seelebegriffs gründet. Dieser Transzendenzbezug eröffnet als eine Metapher für die Fortexistenz der Seele eine eschatologische Perspektivierung. Zum Plural »Seelen« vgl. die Erläuterungen im nächsten Textabschnitt.

[25] Vgl. zur Psychologie mit und ohne Seelebegriff MACK (2016), 35–75.

Bestimmung des Begriffs »Seelsorge« für eine Integrative Seelsorge ist neben dieser immanenten Transzendenzbestimmung auf der Basis des angelsächsischen Theoriediskurses wichtig, die neuere alttestamentliche Forschung mit zu bedenken.[26] Nach ihr ist Seelsorge als Sorge um die Verbundenheit alles Lebendigen zu verstehen. *Näfäsch* (hebräisch) ist dem zur Folge ein dahingehend ganzheitlicher Begriff, weil er kontextuell alle Facetten des Lebendigen beschreibt. Diese Perspektive von *näfäsch* eröffnet ein Verständnis von Seele für ein Menschsein in aller Multidimensionalität und in unmittelbarer und steter Verbundenheit mit allem Lebendigen, worin sich auch ökologische Dimensionen wiederfinden.[27] Dieses Verständnis geht über das *näfäsch*-Verstehen als Bezeichnung für ein einzelnes Leben in seiner Angewiesenheit, Bedürftigkeit und Empfänglichkeit gegenüber anderen Menschen und Gott hinaus.[28] Der Mensch ist ganz und gar *näfäsch* und steht zugleich in seiner multidimensionalen Verbundenheit in steter Verbindung mit allem Lebendigen. Die Seele ist folglich eingebunden in das Große und Ganze der Schöpfungswirklichkeit und Seelsorge bezieht sich auf alles in allem: eben als Sorge um die Verbundenheit alles Lebendigen. Ein solcher Seelsorgebegriff wie er von Noth und Wagner beschrieben wird, vermag gerade in den derzeitigen Herausforderungen komplexer und ökologischer Gefährdungen Orientierung und Maßgabe zu vermitteln. Seelsorge in dieser ganzheitlichen und zugleich differenziellen Weise als Sorge um die Verbundenheit alles Lebendigen verhindert einen einseitigen Substanzdualismus (z. B. in Körper und Seele) und ermöglicht auf der Basis einer integrativen emergenten Theorie ein komplexes Zusammenspiel des Menschlichen mit allem Lebendigen.

Integrative Seelsorge mit mystagogischer Perspektive möchte in diesem Verständnis einzelne Seelen auf ihrem Weg im Leben und mit Gott begleiten. Dabei ist theologisch grundlegend, dass sich geistlich zwei Seelen in der konkreten Seelsorge begegnen: die Seele des Seelsorgenden und die Seele des Seelsorge in Anspruch nehmenden Menschen.[29] Gemeinhin wird in der Poimenik von den Personen, die zu einem oder einer Seelsorgenden in Kontakt treten, als Seelsorge-Suchende, Seelsorgepartner bzw. -partnerinnen, Seelsorge-Empfangende oder Seelsorge in Anspruch nehmende Menschen gesprochen. Dieses sind mehr funktionale Rollenzuschreibungen in einer Seelsorgebeziehung als geistliche Bestimmungen. Integrative Seelsorge möchte mit ihrer geistlich-mystagogischen Ausrichtung grundlegend von zwei Seelen sprechen, die einander in der Seelsorge

---

[26] Einen klassischen Überblick über die biblische Begriffsbestimmung und die Vorstellungen zur Seele bietet Kegler (2016), 96–109.

[27] Noth/Wagner (2023), 72–84.

[28] So Klessmann (2008), 28ff und auch Herbst (2013), 176ff mit unterschiedlichen Akzentuierungen Wolff (1977) folgend.

[29] Vgl. Ausführungen zum Ko-respondenzmodell unter 5.4.

begegnen.[30] Beide Seelen sind wesentlich nur von und vor Gott. Anthropologisch ist diese Rede von den Seelen kennzeichnend für die Seelsorge im Unterschied zu anderen Beratungs- und Therapieformaten, weil durch sie die konstitutive geistlich-spirituelle Dimension in Theorie und Praxis stets präsent ist, deren Kraft in der Seelsorge und in den beteiligten Seelen geistesgegenwärtig und wirkkräftig ist. Der Transzendenzbezug bzw. die geistlich-spirituelle Bezugnahme eröffnet, wie der Soziologe Albrecht es formuliert Entstigmatisierung und Egalisierung für beide Seelen, welche sich förderlich wirksam für die Seelsorge auswirken können.[31]

Integrative Seelsorge stellt sich zudem gleichsam auf die Grundlage der Theorie vom offenen Kunstwerk wie sie bereits in der Homiletik Eingang gefunden hat. Gleichwie die Predigt im Predigthörenden entsteht, so geschieht Seelsorge in der Seele des Menschen, der Seelsorge in Anspruch nimmt.[32] Dies geschieht letztlich nicht mittels Seelsorgemodellen und -methoden, in Beziehungen oder gar durch Seelsorgende, obgleich diese wichtig im Gesamtprozess als Weg-

---

[30] Sollte dies sprachlich nicht möglich sein, wird die adäquateste funktionale Bestimmung gewählt. Grundsätzlich könnte dem zur Folge auch von »Seelensorge« statt Seelsorge gesprochen werden, welches o. g. Seelenverständnis aufnimmt. Diese Diskursanregung entstand in ko-kreativem Gespräch mit Konstanze Kemnitzer. »Seelensorge« kennt keine mögliche Verengung auf eine Einzelseelsorge wie sie sich neuzeitlich protestantisch entwickelt hat. Der abendländische Begriff von Seelensorge kann auf den Dialog Laches, einem Frühwerk Platons, zurückgeführt werden. In diesem Gespräch geht es zwischen zwei Vätern um die rechte Erziehung für einen Sohn. Sokrates bringt sich ein und spricht von der *psyches therapeia*, der Sorge, Hilfe, Unterstützung der »Seelen«, in welcher er Pädagogik, Therapie, Seelsorge, Lehre, Philosophie und Theologie weitestgehend deckungsgleich beschreibt. Vgl. Bonhoeffer (1985), 11ff. Ebensolche Formulierungen finden sich auch bei Basilius von Caesarea (330–378), der von der Sorge um die Seelen spricht (*epimeleia tou psychon*). Vgl. Basilius von Cäsarea (2023). Der integrative Ansatz beinhaltet faktisch eine solche Seelensorge. Da in dieser Untersuchung nicht hinlänglich der Entstehungsgeschichte mit aller begrifflichen Differenziertheit nachgekommen werden kann, wird die allgemein gängige Formulierung Seelsorge noch weiterverwendet. Vgl. auch 5.4.
[31] Siehe Albrecht (2022).
[32] Die dramaturgische Homiletik betrachtet die Predigt als Gesamtkunstwerk auf der Basis der Kunstwerk-Theorie. Die Predigthörenden werden aktiv an der Entstehung der Predigt als Kunstwerk beteiligt. Sie sind gewissermaßen Co-Autoren. Diese Homiletiktheorie folgt der Kunstwerktheorie nach Umberto Eco. In ihr werden die Predigthörenden nicht mehr nur als aufnehmende Instanz angesehen, die den Predigttext allein aus dem Text selbst heraus interpretiert bzw. versteht. Vielmehr werden sie als schöpfende und erschaffende Wesen betrachtet, welche den Sinn eines Textes aktiv herstellen, indem sie das, was der Text liefert, mit individuell vorhandenen Wissensbeständen und Erfahrungen in Beziehung setzen. Analog zur Kunstwerktheorie entsteht die Seelsorge zwischen zwei Seelen folglich in dem Seelsorge in Anspruch nehmenden Menschen. Vgl. Dix (2021) 35ff.41, Eco (1973); Garhammer (1998) 13–27; Martin (2012) 112–118; Nicol/Deeg (2012) 68–84. Zum Überblick: Engemann (2020).

begleitende im Seelsorgegeschehen sind. Das Ziel der Seelsorge wird aktuell jeweils neu durch die Seele, die Seelsorge in Anspruch nimmt, bestimmt. Die Seelsorgenden haben sich in diesem offenen Prozess möglichst abstinent bzgl. machtvoller Interpretation, Wahrheit setzender Bewertung oder anderer Bemächtigungen zu verhalten. Die Aufgabe der Seelsorgenden ist es, adäquat am Leben der Seele des bzw. der Anderen entlang mit Wissen, Bildung und eigener reflektierter Erfahrung kompetent und authentisch als Seele präsent zu sein. Ihre geistliche Haltung sollte für die zweite Seele förderlich in dem Sinne sein, dass sie Gottes wirkmächtiger Geistesgegenwart nicht im Wege steht und die andere Seele beim Erschließen ihres eigenen geistlichen und persönlichen Lebens unterstützt.

Integrative Seelsorge möchte Begleitung und Anleitung zur Selbsterschließung von Seelen in persönlicher und geistlicher Dimension sein bzw. geben: zum einen wissenschaftstheoretisch, durch den sog. *tree of science*, und zum anderen methodisch wie aufgezeigt durch die Arbeit mit geistlichen Lebenspanoramen.[33]

Das Panorama der Seelsorge, auf welches praktisch-theologische Forschung im 21. Jahrhundert dabei schaut, ist vielfältig an Theorien und Entwürfen sowie reich an entwickelten Inhalten und Themenfeldern. Es ermangelt jedoch insgesamt eines integrativen Zugangs, welcher alle pluralen Theorien und Ansätze gemeinsam methodisch strukturiert zu reflektieren und zu vernetzen vermag, um dadurch auch Neues und Anderes zu entwickeln.[34]

1.1 Seelsorge als Verfahren und unabgeschlossener Entwurf

Integrative Seelsorge, wie sie mit diesem Entwurf vorgelegt wird, sieht sich in der Tradition der klassischen Seelsorgetheoriebildung, und stellt sich darauf aufbauend den Herausforderungen des nötigen Wandels im 21. Jahrhundert anknüpfend an integrativem Denken und transversaler Hermeneutik sowie der Mystagogik.[35]

Sie meint zuallererst – praktisch wie theoretisch – Seelsorge in einem integrativen *Verfahren*. Sie ist damit kein Konzept, kein geschlossenes Lehr-, Praxis- oder Denksystem. Seelsorge im integrativen Verfahren ist vielmehr eine *methodische Vorgehensweise*. Sie ist eine permanente Überschreitung von Wissensständen unter Durcharbeitung des relevanten Wissens und der relevanten Erfahrungsfelder, welche dann neu miteinander verknüpft werden. Dieses offene,

---

[33] Siehe ausführlich Kapitel 3 zur Methode des Lebenspanoramas und 5 zum *tree of science*.

[34] Vgl. Prolegomena (1) und Ausführungen zum Paradigma Integrativer Seelsorge unter 4.2.3 bzw. den integrativen Ansatz unter 5.

[35] Vgl. dazu ausführlich die Kapitel 4 und 5 vorliegender Arbeit.

nichtlineare, pluriforme, prozessuale (transversale) und vernetzende (konnekti-vierende) Denken und wissenschaftliche Arbeiten führt in konsequenter Weise zu einem unabgeschlossenen Seelsorgeentwurf. Die möglichen Wissens- und Erfahrungsfelder sind dabei grundsätzlich offen, werden aber mit theologisch erweiterten Kernkonzepten der integrativen Therapie wissenschaftstheoretisch reflektiert, sodass sich eine pastoralpsychologisch reflektierte wissenschaftlich fundierte Integrative Seelsorge – theoretisch wie praktisch – entwickeln kann. Eine solche Integrative Seelsorge beinhaltet folglich immer seelsorgliche Positi-onen auf Zeit. Sie kennt eine gestalttheoretische Grundlegung innerhalb einer transversalen Hermeneutik, ein übergeordnetes wissenschaftstheoretisches Reflexionsmodell (*tree of science* Integrativer Seelsorge) und theologische Grundmodelle (z. B. Ko-respondenzmodell für die Integrative Seelsorge, Multip-les Pathogenesemodell). Dieses Verfahren grenzt sich grundlegend von pluralis-tischen, kombinatorischen, eklektischen oder additiven Vorgehensweisen ab, weil es etwas Neues schafft, das anders als die Summe der jeweiligen Teile ist. Dabei ist v. a das wissenschaftstheoretische Reflexionsmodell des *tree of science* für die gesamte Disziplin der Praktischen Theologie in Theorie und Praxis be-deutsam. Es fordert alle praktisch-theologischen Disziplinen zu einer grundle-genden wissenschaftstheoretischen Reflexion und Handlungstransparenz auf.[36]

1.2 Seelsorge in pastoralpsychologisch-mystagogischer Perspektive

Seelsorge hat grundsätzlich in diesem Verfahren eine a) persönliche lebenslauf-bezogene Dimension und b) eine geistliche Dimension. Beide gilt es in einem pastoralpsychologisch fundierten Verfahren fruchtbar zu machen.

Um das Moment der Transzendenz bzw. die geistliche Dimension der Seel-sorge vertiefender zu erfassen, kann an die christlich mystagogische Tradition angeknüpft werden, um eine Mystagogik[37] zu entwickeln, die zuallererst eine geistliche Haltung und ein erfahrungsbezogener Lernweg ist. Mystagogik stellt für die Seelsorge geistliche Übungen und Methoden zur Verfügung, welche es ermöglichen, spirituelles Erleben zu fördern und religiöse Erfahrungen zu ma-chen, die als »geistliche Erfahrungen« fruchtbar werden können. Als eine pasto-ralpsychologisch fundierte Integrative Seelsorge steht sie zugleich in einem weiteren Referenzbezug zu wissenschaftlichen Theorien aus der Theologie, Psy-chologie, Soziologie, Psychotherapie u. a. Integrative Seelsorge bezieht sich so-

---

[36] Siehe dazu die Entfaltungen unter den Kapiteln 5–7.
[37] Der Begriff »Mystagogik« setzt sich zusammen aus den griechischen Wörtern *mysterion* und *agogein*. Die griechische Bedeutung meint eine (päd-)agogische Einweisung in den Weg zu den Geheimnissen in kontemplativ-geistlicher Haltung und dann auch eine Be-gleitung aus den Erfahrungen mit Gottes Heilshandeln in den Alltag des Lebens. Vgl. 1.6.

mit zugleich auf mystagogische Ansätze und auf Kernkonzepte der Integrativen Therapie. Diese werden im Folgenden in die Seelsorge neu integriert, d. h. nach genanntem Verfahren methodisch erschlossen.

Das Anliegen dieser Untersuchung ist es, eine integrierende Verbindung zwischen theologisch-mystagogischer (erfahrungsbezogener) Seelsorge (*theologia experimentalis*) und pastoralpsychologischen Erkenntnissen im Verfahren Integrativer Seelsorge zu ermöglichen. Für eine solche Unternehmung bedarf eine mystagogisch orientierte Seelsorge einer persönlichen erfahrungsbezogenen geistlichen Methodik und einer Verfahrensstruktur in pastoralpsychologischer Fundierung. Eine solche wird hier phänomenologisch in intermedialer Vorgehensweise mittels der kunsttherapeutischen Methode des geistlichen Lebenspanoramas (2. und 3. Kapitel der Untersuchung) erschlossen.

1.3 Historie des Begriffs »integrative Seelsorge«

Der Begriff »integrative Seelsorge« wurde erstmals von Hilarion G. Petzold[38] während einer Seminar- und Vorlesungstätigkeit zur ostkirchlichen Pastoraltheologie und Pastoralpsychologie in den Jahren 1970–1972 am Ökumenischen Institut des Weltkirchenrates verwendet. In den Seminaren ging es u.a. um die integrierende Verbindung einer »mystagogisch« orientierten Seelsorge und ihrer Methoden der Meditation und der hesychastischen Kontemplation – eine Tradition des geistlichen Lebens und der »Herzenserfahrungen«, die von den Wüstenvätern über die syrische, byzantinische und russische, serbische monastische und pastorale Praxis bis in die ostkirchliche pastorale Praxis tradiert wurde. Seelsorgliche (nicht psychologische) Beratung von Lebensproblemen sollte mit Anleitungen zu spiritueller Erfahrung verbunden werden. Die Teilnehmenden, Seelsorgende verschiedenster Konfessionen des westlichen Kulturkreises, sollten im ökumenischen Austausch mit Wegen ostkirchlicher Seelsorge bekannt gemacht werden. Er wählte damals einen »intermedialen« Ansatz: so wurde z. B. das Erleben der Gruppenteilnehmenden von »Ikonen«, das Erfahren der »Botschaft« dieser »Bildverkündigungen« als Anregung zu eigenen ikonographischen Gestaltungen genutzt.

Intermediale Praxis des geistigen Lebens finden wir auch in der westlichen mystisch-klösterlichen Tradition (Hildegard von Bingen), aber auch im Bereich der Volksfrömmigkeit (geistliche Spiele; religiöse Volkskunst). Diese intermediale Arbeit hat also vielfältige Hintergrundbezüge: die kunst- und kreativ-therapeutische Arbeit der Integrativen Therapie, aber auch Traditionen der Sakralkunst und ihrer Symbollehre, die eine inspirierende Alternative bzw. Ergänzung

---

[38] Petzold begründete das Psychotherapieverfahren der Integrativen Therapie und ist Mitbegründer des Fritz-Perls-Instituts in Düsseldorf/Hückeswagen. Er ist promovierter russisch-orthodoxer Theologe und Psychologe. Vgl. Frambach (2018), 202–211.

zur psychologischen (psychoanalytischen, tiefenpsychologischen) Arbeit mit Symbolen bietet. Je nach Interesse, Konfessionszugehörigkeit, Zielsetzung und Zielgruppe kann damit in der Integrativen Seelsorge auf verschiedene Traditionsströme zurückgegriffen werden.[39]

Integrative Seelsorge, wie sie hier aufgezeigt wird, erschließt im Unterschied zu Petzold – aber in gemeinsamer Wertschätzung der mystagogischen Tradition –, mittels individueller geistlicher Lebenspanoramen geistliche Erlebnisse und Erfahrungen von Menschen und zeigt auf, wie es in transversaler Vorgehensweise mittels integrativer und geistlicher Methoden mit diesen möglich ist, seelsorglich förderlich zu arbeiten. Sie arbeitet mit geistlichen Ereignissen, die geistliches Erleben bilden und zu geistlichen Erfahrungen werden können. Letztere sind dann mittels religiöser Kultur, Sprache und Ritualen erschlossenes geistliches Erleben. Ein geistliches Ereignis ist ein transzendentes Widerfahrnis, welches einen Menschen treffen kann und von ihm generell als über sich hinausweisend (z. T. auch göttlich) erfahren wird. Dieses kann sich vor allem dualistischen Verstehen (so auch vor aller Sprache) ereignen. Geistliches Erleben meint das leiblich-sinnliche Erfassen des Ereignisses in der Person. Durch Ko-respondenzprozesse in Kultur und Religion kann dieses dann zu einer geistlichen Erfahrung werden, die bestenfalls der Person bewusst ist.[40]

Aktuell wird der Begriff, der seit seiner Genese in Genf durch Petzold theologisch keine Aufnahme fand, in der Wissenschaft verwendet, wenngleich mit gänzlich anderer inhaltlicher Bedeutung. Zuletzt erschien eine Aufsatzsammlung in der Zeitschrift *Wege zum Menschen* (3/2022), wo der Frage nach einer »integrativen Seelsorge« nachgegangen wird.[41] Dazu trafen sich am 12./13. März 2021 ein Teil der Autoren und Autorinnen an der Universität Heidelberg zu einem Online-Fachgespräch. Die Veranstaltung wurde in Kooperation von dem Zentrum für Seelsorge der Badischen Kirche und dem Theologischen Seminar des Fachbereichs Poimenik der Universität Heidelberg durchgeführt. Eine Ausschreibung fand auch an der Universität Marburg statt.[42] Die Universität Heidelberg lud zu dem Fachgespräch mit folgender Definition von Integrativer Seelsorge in pluralistischer Orientierung ein:

> »Integrative Seelsorge steht für das Anliegen, Seelsorge als plurales Phänomen zu stärken: Kein ›one size [sic] fits all‹, sondern eine vielgestaltige, theorie- und methodenreiche Seelsorge, die am Individuum und der jeweiligen Situation ausgerichtet ist. In den Praxisfeldern von Seelsorge und verstärkt auch in der Fortbildung wird diese Pluralität längst sichtbar. Auch in der theoretischen Fundierung wird Seelsorge im-

---

[39] PETZOLD (2005b), 6f. Die Zitate aus dem Werk Hilarion Petzolds und Johanna Siepers, v. a. Hinweise auf Gesamtwerke folgen der Systematik des bibliographischen Gesamtverzeichnis Hilarion Petzolds. Siehe https://www.fpi-publikation.de/textarchiv-petzold/.

[40] Vgl. GORRES (2018), 60–65 und 4.3. Mystagogische Perspektive.

[41] Siehe im Ganzen: WzM 74. Heft 3 Mai/Juni (2022).

[42] Vgl. SCHULT (2021). URL: s. u. HAUSSMANN (2021).

mer pluraler: Sie lernt von einer Vielzahl an psychologischen Therapieschulen und
-methoden, wie der tiefenpsychologischen oder systemischen Therapie, der Gestalttherapie, Gesprächsmethoden aus der humanistischen Psychologie, aber auch von
der Kognitiven Verhaltenstherapie.«[43]

Eine »integrative« Sicht im Sinne der Integrativen Therapie, wiewohl diese seit
den 1970er Jahren auch in späterer Zusammenarbeit mit der Deutschen Gesellschaft für Pastoralpsychologie (DGfP) steht, fand jedoch keine Aufnahme ins
Heft. Deutlich wird in dieser Publikation ein gänzlich anderes und inkohärentes
Verständnis von »Integration«.[44] Von einem solchen pluralen Verständnis ist die
hier vorgelegte Konzeption »Integrativer Seelsorge« essenziell unterschieden.
»Integrative Seelsorge« folgt dem Verständnis von Integration gemäß dem integrativen Ansatz nach der »Integrativen Therapie« (Petzold) auf Basis der Gestalttheorie.

1.4 »Integration« auf gestalttheoretischer Basis

Integration (von lat. *integer* – ganz, vollständig, unverletzt) bedeutet: die Zu-
sammenfassung differenzierter oder disparater Teile zu einem übergeordneten
Ganzen bzw. das Lösen von Problemen und Aufgaben auf höherer Strukturebene.[45] Gemeint ist eine immer neue Herstellung, Entwicklung und Erneuerung
eines Ganzen, eines Sinnes im Lebensvollzug von Menschen, die Seelsorge in
Anspruch nehmen. Integrieren ist ein steter Prozess,[46] dessen Folge *Ganzheit*
(nicht *das* Ganze) ist, in der Differentes nicht eingeebnet wird, sondern klar
erkennbar bleibt. Es geht um Verbindungen von Zerstreutem und Unterschiedlichem durch Vernetzungen, Synopsen, Synergieeffekte, sodass durch die ko-
kreative Wirkung der Teilaspekte Sinnbezüge hergestellt werden und Innovationen geschehen können. Ein Novum kann entstehen. Damit werden die Begriffe
Differenzierung, Integration und Kreation in ein Verhältnis wechselseitiger Be-

---

[43] HAUSSMANN (2021): https://www.uni-heidelberg.de/md/theo/einrichtungen/ts/faecher/
pt/einladung_integrative_seelsorge_marz_2021.pdf.de.

[44] Inkohärent meint, dass das Verständnis von Integration in diesem Gebrauch unzusam-
menhängend und unvollständig erfasst ist, da es integratives Denken und eine ebensolche Theoriebildung außer Acht lässt und damit folglich nur plural-additiv gearbeitet werden kann. Vgl. 2.5.

[45] PETZOLD (1992g), 927.

[46] Dieser Prozess bezieht sich auf alle Ebenen wissenschaftstheoretischer Reflexion in der
Integrativen Seelsorge: auf die konkrete Praxis der Seelsorge, auf die Zielgruppe der
Seelsorgenden und auf diese Praxis allgemein reflektierender Theorien (Praxeologie und
die realexplikativen Theorien) wie auch auf die Metatheorien. Siehe »*tree of science* Integrativer Seelsorge« unter 5. Architektur einer Integrativen Seelsorge.

zogenheit gestellt. Metamorphosen können sich vollziehen.[47] Das so neu Verbundene ist folglich etwas anderes als die Summe der Einzelteile. Dieses Integra-
tionsverständnis geht auf die Gestalttheorie, deren Hauptbegründer u. a. Max
Wertheimer ist, zurück. Formelhaft lässt sie sich zusammenfassen mit dem Satz:

> »Es gibt Zusammenhänge, bei denen nicht, was im Ganzen geschieht, sich daraus
> herleitet, wie die einzelnen Stücke sind und sich zusammensetzen, sondern umge-
> kehrt, wo – im prägnanten Fall – sich das, was an einem Teil dieses Ganzen ge-
> schieht, bestimmt von inneren Strukturgesetzen dieses seines Ganzen (ist). [...] Ge-
> stalttheorie ist dieses, nichts mehr und nichts weniger.«[48]

Eine Gestalt (griechisch: $\mu o \rho \varphi \eta$) ist damit stets eine lebendige Form, in welcher
einzelne Teile, die aus welchen Gründen auch immer separat wurden, wieder in
einer lebendigen übergeordneten Struktur verbunden werden. Diese so zu be-
zeichnende integrative Orientierung unterscheidet sich damit grundlegend von
pluralistischen[49], kombinatorischen bzw. eklektischen[50] Orientierungen.[51] Die
pluralistische Orientierung möchte eine mehrperspektivische, methodologische,
empirische Sicht und Vorgehensweise sowie die Integration mehrzähliger und
verschiedener spezialisierter Wissensformen und Interventionstechniken in
einer wissenschaftlich fundierten Seelsorge fördern. Diese soll einer ausschließlich eindimensionalen Betrachtung (z. B. der psychoanalytischen, systemischen,
gestalttherapeutischen, klinisch-seelsorglichen o.a.) entgegenstehen und damit
größtmögliche Optionen der Beratung, Begleitung, Behandlung und Heilung der
Seelsorge in Anspruch nehmenden Menschen ermöglichen. Die kombinatorische
bzw. eklektische Orientierung bedient sich an Methoden, Stilen und Philoso-
phien aus verschiedenen z. B. psychotherapeutischen Systemen und setzt deren
Elemente in eine sinnvolle Verbindung oder geistige Verknüpfung. Beide arbeiten jedoch nicht in dem Sinne integrativ, da sie nicht transversal vorgehen oder
differenzierte oder disparate Teile zu einem übergeordneten Ganzen überführen
bzw. das Lösen von Problemen und Aufgaben auf höherer Strukturebene anstre-
ben. Sie bilden ebenso keine theoretischen Konzepte aus, wie sie die Integrative
Theoriebildung bietet bzw. Integrative Seelsorge im hier vorgelegten Verständnis
entwickeln möchte.

Integrative Seelsorge rekurriert im Folgenden auf das Verständnis von »In-
tegration« oder »integrativ«, im Sinne der oben ausgeführten Definition auf der
Basis der Gestalttheorie. Um vielfältige inter-subjektive, koinoniale Prozesse der
Wertorientierungen und Sinnsuchen hermeneutisch zu erfassen, ist diese um

---

[47] Vgl. dazu PETZOLD (1990b).
[48] WERTHEIMER (1924), 3.
[49] BASTINE (1980), 302–322.
[50] GARFIELD (1988).
[51] Vgl. dazu grundlegend auch SIEPER (2007), 64–151, 106ff und PETZOLD (1992g), 107ff.

eine transversale Hermeneutik weiterentwickelt. Auf dieser theoretischen Basis innerhalb einer transversalen Hermeneutik und auf einer neu zu erarbeitenden wissenschaftstheoretischen Grundlage für eine Integrative Seelsorge ist ein eigenes »Integrationsparadigma« für die Prozesse innerhalb der Seelsorge zu erarbeiten, um eine fundierte wissenschaftliche Theorie für die zwischenmenschliche Beziehung in der Seelsorge und die in ihr stattfindenden spirituellen Prozesse zu entwickeln (Kapitel 4 und 5 dieser Arbeit). Der integrative Ansatz ist in seiner generellen Natur nicht auf die Seelsorge beschränkt. Er trägt darüber hinaus als Denk- und Verfahrensansatz auch in weiteren Zusammenhängen. So ist er bedeutsam für die gesamte Praktische Theologie in Zeiten vielschichtiger Komplexität und Veränderung. Er vermag durch seinen transversalkonnektivierenden, diskursiven, meta-reflexiven, reflexiven und interventiven Umgang mit Themen und Grundmodellen Komplexität transversal zu durchschreiten und neue Lösungen auf eine andere Ebene zu überführen. Neues und anderes kann in Zeiten der Veränderung integrativ entstehen. Alles Methodische dient dabei für eine Integration, die letztlich nicht machbar ist, vielmehr als ein Unverfügbares sich in dem Prozess der Integration einstellt und sich immer neu einzustellen vermag. Es handelt sich somit um ein emergentes Geschehen, d. h. gemäß dem lateinischen *emergere*: unverfügbar Neues und Anderes kann im integrativen Prozess auftauchen, herauskommen bzw. emporsteigen.

1.5 Integration des Ansatzes integrativer Therapie

Für jede Form pastoralpsychologischer Seelsorge, die konzeptuell auf Verfahren herkömmlicher Psychotherapie rekurriert, stellt sich die Frage, ob bei diesen Ansätzen zu den theologischen und seelsorglichen Anliegen überhaupt eine Anschlussfähigkeit besteht, oder ob nicht zum religiösen bzw. theologischen Raum fundamentale Unvereinbarkeiten bezüglich Welt-, Menschenbild oder ethische Orientierung vorliegen. Wenn Seelsorge in einen Dialog mit Formen der Psychotherapie oder Methoden psychosozialer Intervention eintritt oder gar Methoden aus dem interventiven Repertoire solcher säkularen sozialen Methoden aufnimmt, stellt sich die Frage, wie dies mit seelsorglichen Anliegen und Proprien zu vereinbaren ist. Sind Menschenbild und normative Orientierung des Therapieverfahrens mit einem christlichen Menschenbild und christlichen Werten zu konsolidieren oder kommt es zu normativen Konflikten, konzeptuellen Dissonanzen? Diese Fragen sind nicht mit einem interventiven Pragmatismus eklektischer, kombinatorischer oder pluraler Natur abzuhandeln. Um wissenschaftstheoretisch fundiert Dialoge und Polyloge zwischen den seelsorglichen, klinisch-therapeutischen und klinisch-seelsorglichen Positionen und anderen Referenztheorien durchzuführen, Methoden und Praxen zu reflektieren, braucht es eine theoretische Sensibilität und konzeptuelle Arbeit an neuen Integrationsparadigmen und Grundmodellen. Psychotherapeutische Methoden, die in das poimenische Feld Eingang gefunden haben – psychoanalytische, tiefenpsychologische, systemische, humanistische oder behaviorale Orientierungen–, haben sehr unterschiedliche theoretische bzw. metatheoretische Positionen, und es kann durchaus bezweifelt werden, ob ihre Basiskonzepte und die Grundannahmen christlicher Seelsorge immer in Einklang zu bringen sind. Wenn das nicht gelingt, steht die Frage im Raum, was verbunden werden kann und wo eine Klarheit der Differenz deutlich gemacht werden muss.[52] Zugleich gilt es natürlich auch, die Aufnahme genuin christlicher Verfahren wie die der Mystagogik kritisch in den Blick zu nehmen und bezüglich ihrer Integration und deren Folgen zu befragen. Diese Arbeit ist im Bereich pastoralpsychologischer Seelsorge bislang noch keineswegs auf einem elaborierten Stand. Um eine weitere Wegstrecke in diesem Diskursfeld zu markieren und zu erschließen, werden im Folgenden zwei Meilensteine erarbeitet: zum einen die Entwicklung einer Wissenschaftstheorie zur Reflexion aller in der Poimenik stattfindender Prozesse, sodass ein kritisch konstruktiver Umgang mit aufgenommenen und aufzunehmenden Theorie- und Praxisanteilen aus Referenzfeldern (Theorien, Methoden etc.) in die Poimenik möglich ist[53], und zum anderen ein Beitrag zur Praxis der Seelsorge mit der Methode der Lebenspanoramen als eine grundlegende erfahrungsbezogene geistliche Seelsorgearbeit (*life span development approach*).[54]

Die Referenztheorie Integrative Therapie ist dabei eine theoriegeleitete Verbindung von verschiedenen Methoden und Medien im Rahmen eines konsistenten Verfahrens mit klar identifizierbarer Praxis auf der Basis ihrer theoretischen Modelle und Kernkonzepte.[55] Aus diesem Grunde ist sie wie andere psychotherapeutische Verfahren (z. B. die Psychoanalyse oder die systemische Therapie) dazu geeignet, zwischenmenschliche Prozesse, Entwicklungen, Störungen und Identitätsentwicklungen, die sich auf der zwischenmenschlichen Interaktionsebene und, bezogen auf die beteiligten Subjekte im Beziehungsgeschehen der Seelsorge ereignen, in differenzierter, ganzheitlicher und wissenschaftsgestützter Weise zu beschreiben, zu fördern und zu heilen. Sie bietet dafür eine fundierte Wissenschaftstheorie und psychologische Kernkonzepte an, die es ermöglichen, integrative pastoralpsychologisch fundierte Seelsorge zu gestalten, zu

---

[52] So mit PETZOLD (2005b), 265–374.

[53] Siehe Kapitel 5 der vorliegenden Arbeit.

[54] Siehe die Kapitel 2 und 3.

[55] Die Integrative Therapie ist deshalb von Seiten des BDP (Berufsverband Deutscher Psychologen) als wissenschaftliche und klinische psychotherapeutische Behandlungsmethode anerkannt. Die Anerkennung nach dem deutschen Psychotherapeutengesetz wird weiterhin angestrebt (in Teilbereichen ist sie nach den Standards des deutschen Psychotherapeutengesetztes von 1999, das vollständig in der Aus- und Fortbildungsarbeit umgesetzt wurde, erreicht). In vielen Ländern Europas ist sie bereits vollständig anerkannt: https://www.eag-fpi.com/ueber-unsere-akademie/strukturen/anerkennungen-inlandeuropa bzw. an der Donau-Universität in Krems findet eine akademische Ausbildung statt. Vgl. https://www.donau-uni.ac.at/de/studium/psychotherapie-integrative-therapie.

reflektieren und für die konkrete Seelsorge transparent zu machen. Sie greift dazu auf eine komplexe, neurowissenschaftlich fundierte Lerntheorie zurück, die die Basis der intersubjektiven Ko-respondenzprozesse bildet, die innerhalb einer seelsorglichen Beziehung geschehen. Sie vermag damit eine praktische und theoretische Orientierung, Förderung und eine Struktur der Begegnung zu geben. Darüber hinaus bietet sie – im Unterschied zu anderen Verfahren – für die Seelsorge ein Verständnis von Integration an, das in praktischer wie theoretischer Weise die eklektischen Prozesse, die in der Seelsorge stattfinden, neu und in integrativer Weise zu erfassen vermag.

Die Integrative Therapie besitzt damit allgemein, wie andere psychotherapeutische Verfahren auch, bezogen auf die seelsorglich-pastoralpsychologische Dimension Kernkonzepte, Methoden und praktische Techniken, um die seelsorgliche Beziehung zu gestalten und zu verstehen. Im Besonderen ermöglicht sie darüber hinaus, zum einen durch ihr Verständnis von Integration, neue Wege, die vielfältigen eklektischen Prozesse in der Praxis zu entwickeln und theoretisch zu reflektieren und zum anderen durch ihre Wissenschaftstheorie, namentlich durch den *tree of science*, eine formale hermeneutische Struktur zu geben, um Seelsorge grundlegend wissenschaftlich zu reflektieren, was wiederum im Rückschluss für ihre Kernkonzepte, Methoden und Techniken neue Sinnerfassungskapazitäten bietet.

Integrative Seelsorge in diesem Verständnis reflektiert damit die gegenwärtig stattfindenden Integrationsprozesse im Rahmen der Seelsorge und entwickelt eine eigene Theorie des Integrierens unter Aufnahme des gestalttheoretischen Ansatzes für die Theorie und Praxis der Seelsorge, die derzeit noch wissenschaftlich fehlt.[56] Der naive spirituelle Eklektizismus der seelsorglichen Praxis erfährt eine kritische Sichtung bezüglich Methodentheorie, Anthropologie, Theologie und Entwicklungstheorie von spirituellen und zwischenmenschlichen Prozessen und deren wechselseitiger Durchdringung in Theorie und Praxis. Die formale Folie für diesen Reflexionsprozess ist der »*tree of science* Integrativer Seelsorge« – auch im Hinblick auf mögliche andere therapeutische Verfahren für die zwischenmenschliche Beziehungsarbeit. Die durch eine kritische Analyse gewonnenen Erkenntnisse können mit diesem Integrationsmodell kritisch reflektiert und bewusst neu geordnet werden. Neue Modelle für die konkrete seelsorgliche Arbeit können entstehen. Dies hat zur Folge, dass auf dem reichlich bestellten Feld der Seelsorge neue und andere Modelle entstehen können, die im Anschluss dann mittels des »Integrationsparadigmas der Seelsorge« transparent in der Seelsorge kommuniziert werden können. So erwächst ein neuer seelsorglicher Entwurf unter einer integrativen pastoralpsychologisch-mystagogischen Perspektive (Kapitel 4 und 5).

---

[56] Diese Wissenschaftstheorie ist nicht nur als »*tree of science* Integrativer Seelsorge« zu verstehen, sie ist auch als »*tree of science* Praktischer Theologie« weiterentwickelbar. Vgl. Abschnitt 5.1 zum »*tree of science* Integrativer Seelsorge« bzw. die Ausführungen unter 7.

1.6 Integration mystagogischer Perspektiven

Der Begriff »Mystagogik« (oder: »Mystagogie«) setzt sich zusammen aus den griechischen Wörtern μυστήριον und ἀγωγή. Oftmals wird »Mystagogik« übersetzt als »Geleit in die Geheimnisse«.[57] Zu bedenken ist allerdings, dass zum einen *mysterion* (dt. »Geheimnis, Unerklärliches«) als ein Unverfügbares, nichts für den Menschen Enträtselbares oder gar Greifbares enthält, und zum anderen *agogein*, (von lat. *initio* – dt. »einführen«) abgeleitet wird von dem, was im Griechischen neben der Bedeutung für ein (pädagogisches) »Führen und Leiten« auch ein »Lippen schließen«; »Schweigen, Ruhe finden«; »sich beruhigen«, »Augen schließen« bedeutet.[58] Folglich heißt: »Einführung/Geleit in das Geheimnis« auch ein »Schließen der äußeren Sinne und Hinwendung zu den inneren geistigen Augen, den Augen des Herzens«. Eine kontemplative Grundhaltung, die Erfahrungsweg und -grund differenziert, ist damit schon von der etymologisch gegründeten ursprünglich griechischen Begriffsbestimmung her inklusiv mit einem mystagogischen Weg verbunden und sollte alles mystagogische Handeln mitbestimmen. Integrative Seelsorge folgt dem Verständnis von Mystagogik nicht nach der lateinischen Bedeutung des *initio*, welches ein aktives Tun menschlicher Begleitung im Sinne eines Einführens *in* Gottes Wesensgrund nahelegt, das der griechischen Grundbedeutung fern ist. Die griechische Bedeutung kennt eine (zuallererst für Kinder, später auch für Erwachsene) pädagogische Einweisung in den Weg *zu* den Geheimnissen in kontemplativ-geistlicher Haltung und dann auch eine Begleitung *aus* den Erfahrungen mit Gottes Heilshandeln in den Alltag der Welt, wie sie auch in der Traditionsgeschichte aufgezeigt werden kann.[59] Mystagogik ist eine geistliche Tradition, die eine geistliche Haltung zu kultivieren, Halt und Trost zu schenken und auch Verhalten und Verhältnisse zu prägen vermag. In der Integrativen Seelsorge ist es die mystagogische Haltung, die damit rechnet, dass es spirituelle Erfahrungen gibt und dass diese sich in der persönlichen Lebenswelt eines Menschen finden können. Diese Grundhaltung ermöglicht es schon als solche, seelsorglich heilsame Prozesse zu eröffnen. Zusammen mit pastoralpsychologischer Methodik kann sie sich vertieft förderlich und heilsam erweisen, indem diese Erfahrungen bewusst erschlossen werden. Daneben bieten die mystagogischen Traditionen einen reichen Schatz an Methoden und Praktiken, die, integrativ erarbeitet, ebenfalls diesem Zwecke dienen.

Es geht in einer seelsorglichen Beziehung mit mystagogischer Grundierung immer um das Erschließen des bereits Erlebten, sich Ereigneten, des Erfahrenen, d. h. durch die spirituelle bzw. religiöse Tradition bereits Verarbeitete. Es geht nicht um das Machbarmachen von spirituellem Erleben als solchem, gleichwohl

---

[57] Wollbold (1998), 570f.
[58] Etymologisches Wörterbuch der deutschen Sprache (2002), 641.
[59] Gorres (2018), 89–150, 197ff.

es sich in der Seelsorge ereignen kann. Dieses Erleben liegt unverfügbar für menschliches Machbarkeitsstreben in der Dimension des Transzendenten (des Göttlichen, Gottes), wie auch immer diese Dimension durch reflektive Prozesse benannt wird. Seelsorgende begleiten den Erfahrungsprozess eines anderen Menschen, einer anderen Seele, wie er erzählt oder mittels kreativen Ausdrucks (z. B. durch Lebenspanoramen) gestaltet wurde.[60] Mystagogik kann in diesem Verstehen als eine spirituelle Querschnittsperspektive für die Praktische Theologie verstanden werden.[61]

1.7 Hermeneutischer Grundansatz der Integrativen Seelsorge

Hermeneutisch folgt diese Arbeit im Aufbau dem Ansatz, aus der Phänomenologie (2. und 3. Kapitel), Strukturen herauszuarbeiten (4. Kapitel) und die Architektur zu einem Entwurf zu entwickeln (5. Kapitel). Das Vorgehen orientiert sich folglich an der Empirie (Phänomenologie), entwickelt aus ihr realexplikative Theorien und macht diese dann in einem Entwurf Integrativer Seelsorge für eine Metatheorie fruchtbar. Daraus abgeleitet wird ein Curriculum der Lehre »Integrativer Seelsorge« mit lerntheoretischer Grundierung (6. Kapitel) und eine wissenschaftstheoretische Entfaltung des metatheoretischen Ansatzes für die Fächer der Praktischen Theologie gegeben (7. Kapitel). Unter »Essenz und Impulse« (8. Kapitel) werden aus rückblickender Perspektive in involvierter Distanz eine wesentliche Zusammenschau getätigt und Impulse für neue Forschungsmöglichkeiten aufgespürt.

---

[60] Vgl. ausführlicher mystagogische Entfaltungen unter 4.3.
[61] Vgl. dazu die mystagogischen Ausführungen unter 4.3.

2 Phänomenologische Untersuchung geistlicher Lebenspanoramen

Die Jünger redeten miteinander von allen diesen Geschichten.
Und es geschah, als sie so redeten und einander fragten,
da nahte sich Jesus selbst und ging mit ihnen.

Lukas 24, 14.15

2.1 Motivation und Ziel der Untersuchung

Glaubenserfahrungen sind immer zugleich Lebenserfahrungen. In Seelsorgegesprächen, der Ausbildung von Seelsorgerinnen und Seelsorgern und in eigenem Erleben zeigt sich wie eng die eigenen spirituellen Erfahrungen mit den individuell-persönlichen verbunden sind. Dabei stehen uns in erster Hinsicht nur die bewussten, sprachlich ausgedrückten Erfahrungsanteile zur Verfügung. Wie können darüber hinaus die menschlich unbewussten persönlichen und geistlichen Erfahrungen in der Vergangenheit und Gegenwart sowie imaginativ mit der Zukunft in der Seelsorge für einen anderen Menschen gehoben und zugängig gemacht werden, ohne sich seiner/ihrer zu bemächtigen, indem interpretiert oder gewertet wird?[62] Wie können die bewussten und die unbewussten Anteile konstruktiv für sein/ihr Leben werden, destruktive Erlebnisse gewandelt, defizitäre gelindert und prospektive in den Blick genommen werden? Was drückt sich konkret in diesem Prozess spirituell aus?

Dies sind Fragen, die zur Beantwortung auf eine persönliche erfahrungsbezogene geistliche Methodik und Verfahrensstruktur in der Seelsorge zielen.

Zu Beginn ein Exkurs zum Spiritualitäts- und Religionsbegriff und zur Spiritualitätsforschung, um grundlegende Begriffe und Themen zu sondieren:
Im 21. Jahrhundert ist die Frage nach einer lebendigen Spiritualität für das eigene Leben, für das politische und gesellschaftliche Handeln und den interreligiösen Dialog neu ins Bewusstsein getreten.[63] Zugleich erfolgte in den letzten Jahrzehnten ein enormer Plausibilitätsverlust der Kirchen und der Theologie bzw.

---

[62] Grundlegend dazu: KLESSMANN (2023). Insbesondere seine Reflexion zu Figurationen von Macht und Ohnmacht in der Seelsorge und Beratung, 233–257.
[63] Vgl. PLATTIG/STOLINA (2008).

ein »militanter Säkularismus«[64], der sich u.a. in großen Austrittszahlen der Kirchen äußerte[65], aber nicht dazu führte, dass den Menschen keine Erfahrungen der Transzendenz mehr zuteilwürden. Diese Erfahrungen werden vielfach als spirituell charakterisiert. Zusehends mehr Menschen verstehen sich als spirituell, aber weniger als kirchlich. Spiritualität, die noch vor wenigen Jahrzehnten mit binnenkirchlicher Frömmigkeit als identisch verstanden wurde, expandierte. Gleichzeitig wurde Spiritualität in den letzten Jahrzehnten auch innerhalb der Theologie intensiv erforscht.[66]

Der Einzug des Begriffs »Spiritualität« in die evangelischen Kirchen begann mit der 5. Vollversammlung des Ökumenischen Rates in Nairobi 1975.[67] In Deutschland setzte sich kirchlich der Begriff letztlich mit der Ende der 1970er Jahre erschienenen EKD-Studie zur Spiritualität durch.[68] Weitere Studien folgten.[69] Spiritualität ist dabei nicht immer gleich christliche Spiritualität, die sich der eigenen geistlichen Tradition bedient. Spiritualitäten sind zu unterscheiden.

Wegweisend für die Klärung des Begriffes »Spiritualität«, seine Bedeutung und seine Inhalte sind die Arbeiten des Theologen Kees Waaijmans.[70] Waaijman schlägt für das Studium der Spiritualität eine Forschungsrichtung vor, die sich in einer zirkulären Methodik bewegt. Unterschieden werden: die formschreibende Forschung (Tradition, Schule, Einzelpersonen, deren Konturen und Kernmomente); die hermeneutische Forschung, die auf die Interpretation von spirituellen Texten, Regeln, Ritualen schaut; die systematische Forschung, die spirituelle Themenkomplexe analysiert, strukturiert und im wissenschaftlichen Diskurs kritisch betrachtet, und die mystagogische Forschung, die das Wachstum und die Entwicklung eines geistlichen Weges thematisiert und auf die Endbestimmung einer bestimmten spirituellen Form zielt.

Die Theologin Corinna Dahlgrün unternimmt auf der Basis dieser Arbeiten Waaijmans einen Versuch, christliche Spiritualität zu beschreiben.[71] Sie bietet Entfaltungen und Klärungen christlich spiritueller Begrifflichkeit, ihrer Haltungen und Ausdrücke. Für sie ist christliche Spiritualität »die von Gott auf dieser Welt hervorgerufene liebende Beziehung des Menschen zu Gott und Welt, in der der Mensch immer von neuem sein Leben gestaltet und die er nachdenkend

---

[64] So Zas Friz De Col (2016), 1.
[65] Vgl. dazu 6.1.
[66] Einen Forschungsüberblick über 25 Jahre Spiritualitätsforschung bietet v. a. auch in europäischer Weite Zas Friz De Col (2016), Zur theologischen deutschsprachigen Spiritualitätsforschung siehe: Kunz/Kohli Reichenbach (2012) bzw. Allolio-Näcke (2022).
[67] Vgl. Zimmerling (2003), 15f.
[68] Vgl. Kirchenkanzlei im Auftrage des Rates der EKD (1979).
[69] So Barth (1993). Hier wird die Bandbreite ökumenischer innerchristlicher Spiritualität dargestellt.
[70] Waaijman (2004/2005/2007).
[71] Dahlgrün (2009).

verantwortet«[72]. Angesichts der gegenwärtigen Herausforderungen für die Theologie und Seelsorge verweist sie grundlegend mit Theologinnen und Theologen wie z. B. Ralf Stolina, Sabine Bobert, Claudia Kohli Reichenbach und Peter Zimmerling auf die Notwendigkeit, die erfahrungsbezogene Dimension der Spiritualität zu bedenken.[73]

Der Theologe Anton Bucher stellt als Fazit seiner umfangreichen Studien zum Thema »Spiritualität im religionspluralen Kontext« heraus: »Angesichts der Vielfalt der spirituellen Phänomene ist es nicht wünschenswert, eine abschließende Definition festzulegen, weil eine solche immer auch definiert, d. h. ausgrenzt; vielmehr ist im Sinne von Arbeitsdefinitionen zu kommunizieren, was jeweils unter ›Spiritualität‹ verstanden wird.«[74] Angesichts der Grenzen, an die traditionelle psychologische Forschungsmethoden stoßen, wenn es darum geht, spirituelle Phänomene zu erfassen, verweist er auf die Notwendigkeit, einen Methodenpluralismus zu leben und qualitative und phänomenologische Zugänge zu wählen. Auch das unmittelbare Erfahrungswissen, wie es durch meditative oder kontemplative Praxis gewonnen werden kann, soll nach Bucher als legitime Quelle psychologischer Erkenntnisse anerkannt werden. Um angemessen eine Psychologie der Spiritualität zu betreiben, braucht es auch für den deutschsprachigen Raum interdisziplinäre Teams, wie sie im angelsächsischen Forschungsbetrieb Standard sind.[75]

Claudia Kohli Reichenbach zeigt in ihren Veröffentlichungen, dass der Sprachgebrauch in der angloamerikanischen Forschung zunehmend von einer neuen religionsübergreifenden bzw. transreligiösen Spiritualität bestimmt wird.[76] Mit dem Begriff »transreligiös« ist dabei nicht eine interreligiöse, sondern die Religion im Sinne von organisierter Glaubensgemeinschaft mit spezifischen Überzeugungen, Aktivitäten und Riten überschreitende Spiritualität gemeint.[77] Diese Tendenz sieht sie besonders in gewissen US-amerikanischen seelsorglichen Begleitmodellen, die sich von ihrer christlichen (oft römisch-katholischen) Verwurzelung emanzipiert haben und eine neureligiöse, kosmische Spiritualität transportieren.[78] Sie erkennt in dieser Entwicklung die Gefahr, dass eine solche Spiritualität sich von dem *verbum externum* des Evangeliums abkoppelt und sich in subjektivistischer Innerlichkeit verlieren könnte. Dies geschieht, weil diese Modelle »den subjektiven Erfahrungsbegriff einseitig betonen, diesen primär im Bereich der Gefühle ansiedeln und ihn nicht mehr in Beziehung setzen zur Sper-

---

[72] Dahlgrün (2009), 152f, 153.
[73] So Zimmerling (2008), 130–143 und Bobert (2010), 11ff. Siehe Aufsätze derselben in: Kunz/Kohli Reichenbach (2012).
[74] Bucher (2007), 169.
[75] Bucher (2007), 170.
[76] Kohli Reichenbach/Sonnabend (2011), 155–167, 156.
[77] Grom (2009), 12–17, 13.
[78] Kohli Reichenbach (2011), 185. Siehe auch dies. (2010), 326, Anm. 46.

rigkeit des jüdisch-christlichen Narrativs«[79]. Auch in Deutschland werden die Arbeiten aus dem US-amerikanischen Diskurs aufgenommen[80] bzw. es zeigen sich eigenständige Entwicklungsformen dieser transreligiösen Spiritualität.[81] Die wissenschaftliche Spiritualitätsforschung geschieht in Deutschland im Rahmen der klassisch-theologischen Fächer (vornehmlich der Praktischen Theologie). In Amerika weist die Forschung zur Spiritualität darüber hinaus.[82]

Doch »was mit Spiritualität gemeint ist, auf welche Praxis oder auf welche Theorie mit dieser oder jener Bezeichnung gezielt wird, steht heute nicht fest«[83]. Es bedarf weiterer Präzisierungen:

Der systematische Theologe Ralf Stolina zeigt auf, dass die Schwäche der Begriffe »Spiritualität« und »spirituell« sowie »Mystik« und »mystisch« nicht in der Schwierigkeit einer eindeutigen Definition liegt, oder in der umgangssprachlichen Neigung begründet ist, aus Mystik und Spiritualität eine Art Containerbegriff zu machen, in den nach Belieben alles hineingeworfen werden könne. Vielmehr liegt sie darin, dass es im Verstehen und Gebrauch der Begrifflichkeiten zu einer Neigung kommt, die als »Fokussierung der subjektiven Erfahrung und Ausblendung des Erfahrungsgrundes bzw. des Gegenübers der Erfahrung«[84] beschrieben werden kann. Der Erfahrungsgrund bzw. das Gegenüber der Erfahrung ist jedoch für den christlichen Gebrauch von spirituell und mystisch »konstitutiv«.[85] So bezeichnet »mystisch« in biblischer Bedeutung das Christusmysterium, das, gleichsam vor aller Zeit existent, nun offenbar geworden ist. Dies geschieht in liturgischer Bedeutung im Sakrament und in spiritueller Bedeutung im geistlichen Sinn der Schrift. An Letztere anknüpfend, »bezeichnet das Wort mystisch schließlich (auch) eine unmittelbare, erfahrungsmäßige Gotteserkennt-

---

[79] KOHLI REICHENBACH (2011), 185. Siehe auch dies. (2010), 326. Vgl. KOHLI REICHENBACH/ SONNABEND (2011), 156. Beispielhaft nennt sie die Organisation *Spiritual Directors International*, die in ihren Anfängen explizit christlich orientiert war und heute religionsneutral von »The mystery we name God« spricht, das man suchen wolle. http://www.sdiworld.org.

[80] Vgl. KUNZ/KOHLI REICHENBACH (2012), KOHLI REICHENBACH (2011) oder PENG-KELLER (2010).

[81] Vgl. z. B. JÄGER (2011) und WILBER (2007). Unter dem Begriff »Integrale Spiritualität«, »Integrales Christentum/Spiritualität« und *spiral dynamics* finden sich beispielhaft weitere transreligiöse Spiritualitätsverständnisse mit evolutiven dynamischen Entwicklungsmodellen von Menschen, Spiritualität bzw. Christentum. Vgl. https://humanemergence.de; https://socialarchitect.de; https://spirituelle-intelligenz-21.de oder https://www.integralesforum.org.

[82] Vgl. DREYER/BURROWS (2005), 5 ff. In der Studie postulieren die Herausgebenden die Geburt einer neuen akademischen Disziplin außerhalb der Theologie und laden Forscherinnen und Forscher ein mitzuarbeiten.

[83] So mit KOHLI REICHENBACH/KUNZ im Vorwort des von ihnen herausgegebenen Studienbuches (2012), 8.

[84] STOLINA (2008), 10f.

[85] STOLINA (2008), 11.

nis«.[86] Das Adjektiv »spirituell« kommt vom lat. *spiritualis/spiritalis*. Es ist ursprünglich eine christliche Wortschöpfung, mit der das neutestamentliche *pneumatikos* (»geistig/geistlich«) übersetzt wird. »Spirituell ist [folglich] der mit dem Geist Gottes begabte, der vom Geist Gottes beseelte Mensch«[87]. Ob eine Erfahrung dem Menschen offenbar wird – und wenn ja, welche –, bleibt dabei offenes, unverfügbares Geschenk. Dies gilt für alle Erfahrungen und sämtliche Erfahrungskontexte, die stets kulturell gebunden sind »So erfährt der Mensch Gott bzw. das Göttliche im Horizont der jeweiligen Religion«[88]. Die Substantive »Mystik« und »Spiritualität« sind Begriffe des 17. und 18. Jahrhunderts und signalisieren eine Wende zur religiösen Subjektivität: Mystik und Spiritualität bezeichnen demnach primär die anthropologische und subjektive Dimension des Glaubens und seiner Erfahrung, die sich zunehmend von dem Glaubensgrund, dem Mysterium Gottes, verselbstständigt (so Stolina). Spiritualität meint gegenwärtig, wo die Hinwendung zur religiösen Subjektivität vollends vollzogen ist, »einen offenen [offen heißt: dem Anspruch nach nicht durch den Horizont *einer* Religion begrenzten] Transzendenzbezug in anthropologischer Fokussierung; es geht um Gott bzw. das Göttliche, wobei paradoxerweise der Mensch im Zentrum steht«.[89] Stolina gebraucht innerhalb seiner weiteren Erörterungen die Substantive gemäß ihrer adjektivischen inhaltlichen Bedeutungsebene. »Spirituell« meint dabei den weiteren Begriff: die Gabe des Geistes Gottes. Ein solcher Mensch setzt in allen seinen Bezügen und Verhältnissen eine seine »ganze Person und Existenz betreffende Lebensbewegung frei«[90]. Mystik[91] ist der konkretere Begriff, der ein wesentliches Element dieser Lebensbewegung benennt: die *cognitio Dei experimentalis*, die Erfahrungserkenntnis Gottes, die Erkenntnis mittels Erfahrung. Diese ist »ein komplexes Geschehen, in dem der Mensch es nicht allein mit sich zu tun hat, sondern zuvorderst mit Gott und mit sich selbst in Beziehung zu Gott«.[92] Die menschliche Seite ist darin grundsätzlich die empfangende Seite der konstitutiven Beziehung zu dem Mysterium Gottes.

> »Die spirituelle Erfahrung ist (damit), wie jede andere Erfahrung, wesentlich bestimmt von ihrem geschichtlichen, weltanschaulichen, religiösen und sprachlichen Kontext, von Standpunkt und Perspektive des Erfahrenden innerhalb seines weltanschaulich-

---

[86] Stolina (2008), 11.
[87] Stolina (2008), 11.
[88] Stolina (2008), 12.
[89] Stolina (2008), 12.
[90] Stolina (2008), 12.
[91] Einen kompakten Überblick über die Begriffsbestimmung von »Mystik« bietet die fünfbändige Reihe »Die Mystik im Abendland« von McGinn (1994/1996/1999/2008); hier zitiert: Bd.1, 265ff.
[92] Stolina (2008), 12.

religiösen Horizontes, der [...] das Erfahrungsfeld eröffnet, das er umschließt. So erfährt der Mensch Gott bzw. das Göttliche im Horizont der jeweiligen Religion.«[93]

Der Versuch, einen absoluten Standpunkt einzunehmen, gemeint ist ein von Raum, Zeit und Geschichte unabhängiges und somit weltanschaulich indifferentes Wahrnehmen und Erfahren Gottes, stellt ein Verlangen dar, die Begrenzungen des Horizonts aufzuheben, um »dahinterzublicken«, was nach Stolina jedoch nur durch die Selbstmitteilung Gottes allein möglich wird. Demzufolge gibt es für ihn auch keine weltanschaulich neutrale spirituelle Übung. Vielmehr ist »eine spirituelle Praxis/Methode [...] ohne einen ihr innewohnenden und sie gestaltenden Geist sinnlos«[94]. Und umgekehrt gilt ebenso: »[E]ine geistig-geistliche Ausrichtung ist wesenlos, illusionär, wenn sie nicht in einer gelebten Praxis Gestalt gewinnt«.[95]

Für die gelebte Praxis waren durch die Jahrhunderte die Religionen zuständig. Ein Blick in die Religionsgeschichte zeigt, dass die mit dem Begriff »Religion« assoziierten Inhalte sich nicht vereinheitlichen und auf eine allgemeingültige Formel bringen lassen. Vielmehr wurde der Begriff im Laufe seiner gut zwei Jahrtausende umfassenden, weitgehend auf Europa (und Nordamerika) begrenzten Geschichte in durchaus verschiedenartige Kontexte, in zeit- und gruppenspezifische Diskurse integriert und dabei inhaltlich zum Teil nachhaltig transformiert.[96]

Religion steht allgemein für den Glauben an als existent vorausgesetzte überirdische, heilige, göttliche Mächte, ihren Lehren (Festlegungen, Dogmen, Schriften) und Ausübungen. Entlehnt wurde der Begriff wohl in der 1. Hälfte 16. Jh. aus lat. *religio* (Genitiv *religiōnis*). Gemeint ist die gewissenhafte Beachtung dessen, was sich auf die Verehrung der Götter bezieht: Sorgfalt, Gewissenhaftigkeit (gegenüber dem Heiligen), religiöses Gefühl, fromme Scheu, Gottesfurcht, Glaube, das Heilige, kultische Verehrung. Es handelt sich wahrscheinlich um eine Bildung zu lat. *relegere* »von neuem in Gedanken durchgehen«, eigentlich ›wieder zusammennehmen, zurücknehmen, wieder, von neuem lesen‹ (vgl. lat. *legere* ›auflesen, sammeln, auslesen, auswählen, lesen‹).[97] Diese ist mit Mühling eine wohl historisch falsche, aber dennoch hermeneutisch wertvolle Etymologie, weil sie Religion als eine Praxis bezeichnet, die »vom immer und immer wieder Lesen und Entdecken der *traditio* bestimmt ist«.[98] Als solche ist sie eine leibhaft-partizipatorische Praxis (wie z. B. das laute Lesen im Kloster). Dort wo sorgfältiges, leibhaftig-partizipatorisches *re-legere* fehlt, da ist Nachlässigkeit am

---

[93] STOLINA (2008), 12.
[94] STOLINA (2008), 12f, 13.
[95] STOLINA (2008), 14.
[96] AHN/WAGNER/PREUL (1997), 513ff.
[97] Vgl. https://www.dwds.de/wb/Religion#etymwb-1.
[98] Mühling (2020), 588.

Werk (*neg-legere*).[99] Religion ist in dieser Bestimmung ein immer wieder neues sich Vertrautmachen mit der Tradition durch leibhaftig-praktiziertes Ausüben von geistlichem Tun (Beten, Meditieren, Singen etc.). Sie repräsentiert die Wirklichkeit, an der sie partizipiert.

Anders verhält es sich mit einer ebenfalls antiken, jedoch bereits christlich geprägten Auffassung (bei Lactantius, um 300) von Religion. Danach geht etymologisch lat. *religio* auf lat. *religāre* zurück und meint ein Zurück-, Auf-, Anbinden oder Befestigen (vgl. lat. *ligāre* ›binden, an-, festbinden, verbinden, vereinigen‹). Diese Bedeutung wird von Augustin aufgenommen, der *religio* als »Bindung des Menschen an Gott« begreift, und sie wird dadurch Bestandteil der Kirchensprache.[100] In diesem Sinne sind mit Mühling gesprochen »Religionen menschliche Praxen- und Kommunikationssysteme, die nicht einfach eine auf eine beliebige Orientierungsleistung im Handeln aus sind, sondern die unsere reflexiven und diskursiven Fähigkeiten mit unserem unmittelbaren Wahrwertnehmen vermitteln wollen. Religionen hätten dann die Aufgabe […] Wege zu einer versöhnten Partizipation (mit der Wirklichkeit) zu finden oder bereitzustellen. Sie würden uns wieder mit der Wirklichkeit des Werdens verweben, von der wir uns losgelöst betrachten.«[101] So sind Religionen Weglinienperspektiven, Weisen der Wahrnehmung.

Der Religionsbegriff bleibt schillernd und in seinem Verständnis lange christlich eurozentrisch geprägt,[102] so auch die eben skizzierten, aus der Etymologie zu verstehen gesuchten Zugänge. Es handelt sich um einen positiven Religionsbegriff (der jeweils eine negative – inhaltsverkehrte Seite kennt: Anbindung – Loslösung; sich vertraut machen – vernachlässigen). Ob der Glaubensbegriff in Gänze für ein christliches Religionsverständnis »weitaus präziser« ist wie Mühling konstatiert,[103] bleibt noch weiter zu prüfen. Funktionale Religionsbeschreibungen, wie sie sich unter soziologischer Forschung entwickelt haben,[104] beschreiben aus mystagogischer Perspektive, auf die dieses Werk sich aus dem Duktus der Arbeit heraus konzentrieren möchte, eine Außenperspektive auf die Religion und geben keine Auskunft über die Innenperspektive der Religionszugehörigen. Von diesen berichten die Verstehensversuche wie sie in Anlehnung an die etymologischen Bedeutungsinhalte versucht wurden. Sie erzählen von den inneren Möglichkeiten geistlichen Praktizierens: einer Partizipation an der Wirklichkeit[105] durch ein immer neues sich vertraut machen (*re-legere*)

---

[99] Für Mühling (2023), 589 im Anschluss an Serres ist das Gegenteil von Religion damit nicht Religionslosigkeit oder atheistische Religion, sondern Nachlässigkeit in der Praxis.

[100] Vgl. https://www.dwds.de/wb/Religion#etymwb-1.

[101] Mühling (2020), 590.

[102] Ahn/Wagner/Preul (2010), 513ff.

[103] Mühling (2020), 592.

[104] Vgl. Luhmann (2017).

[105] Kluge (2002), 992f weist darauf hin, dass Wirklichkeit ein zu »wirksam« gebildetes Abstraktum ist, welches im 13. Jahrhundert von den Mystikern zu *wirken* als *würk(en)lich*,

bzw. ein Streben nach Vereinigen mit der Wirklichkeit, die eine Trennung mit ihr überwindet und Versöhntheit schafft (*re-ligare*). Beides sind unterschiedliche Teilperspektiven auf einem mystagogischen Weg.[106] Systematisch-theologisch kann mit Mühling Religion in zweifacher Hinsicht verstanden werden: zum einen als eine sekundär-narrativ geformte Weglinienperspektive, die unabhängig davon ist, ob sie mit der primären Narrativität der Wirklichkeit harmonisch in dramatischer Kohärenz resoniert oder nicht (*religio* von *re-legere*, wiederlesen) und zum anderen (von *re-ligare*, »wieder-anbinden oder wieder-verweben«) als eine Weglinien-Perspektive, die zu einer harmonischen Resonanz mit der primären Narrativität der Wirklichkeit führt.[107] Der Begriff »Religion« kann in dieser Differenzierung konstruktiv für die Integrative Seelsorge verwandt werden. Dabei ist zu prüfen, ob nicht der Begriff des Glaubens, im Sinne eines Sich-Vertrautmachens mit Weglinienperspektiven, angemessener ist.[108]

Der Theologe Peter Zimmerling argumentiert aus der Überzeugung, dass ein Weg hin zu solchen religiösen Erfahrungen mit der Wirklichkeit Gottes wieder angeregt, praktiziert und auch in die Ausbildung der Geistlichen gehören. Er plädiert für eine Erneuerung der evangelischen Spiritualität. Für ihn gilt es, eine vergessene Dimension wieder ins Bewusstsein und in eine erneuerte spirituelle Praxis zu setzen. Den Grund des Vergessens sieht er in der zuletzt spannungsreichen Beziehung zwischen Theologie und Spiritualität, Mystik und Protestantismus, die eine durch Verwerfungen (er nennt die dialektische Theologie an dieser Stelle) hervorgerufene »zerbrochene Einheit« darstellt. Er konstatiert: »[I]n einer bis zu den aktiven Gemeindegliedern weithin säkularisierten Kirche, die das Engagement für die Gesellschaft in das Zentrum ihres Lebens gestellt hat, ist eine Erneuerung der Frömmigkeit dringend nötig. Die Sehnsucht nach geistlichen Erfahrungen ist unübersehbar«, und fragt: »Müsste nicht aus diesen Gründen [...] das Augenmerk gegenwärtig wieder mehr auf die Gestaltung des geistlichen Lebens gelegt werden?«[109] Dieses fordert er auch für das Studium der evangelischen Theologie. Dazu gehören für ihn, eine individuelle Identität auszubilden und nach Antworten auf die Gottesfrage zu suchen. Er stellt heraus,

---

wirklich mit der Bedeutung »im Wirken, durch Handeln geschehen« gebildet wurde. In Abgrenzung gegen »wirksam« bekommt das Wort im 18. Jahrhundert allgemein die Bedeutung »real«. Meister Eckhart führt das deutsche Wort Wirklichkeit als Übersetzung von lateinisch *actualitas* ein. Es beschreibt allgemein Gottes Wirken, Handeln in der Gegenwart des aktuellen Moments. Vgl. dazu BÜCHNER (2018).

[106] Vgl. mystagogische Entfaltungen unter 4.3.

[107] MÜHLING (2020), 588ff. Religionen dienen an dieser Stelle als Arbeitsbegriffe für Weglinienperspektiven im Blick behaltend die Kritik Karl Barths, nach dessen Verständnis letztlich die Offenbarung als Aufhebung der menschlichen Religion verstanden wird. Als Weglinienperspektiven in o. g. Differenzierung scheinen sie mir eine hinreichend vernünftig praktikable Weise den alltagssprachlichen Gebrauch theologisch angemessen zu händeln.

[108] Mit MÜHLING (2020), 592.

[109] ZIMMERLING (2012), 123–142, 123.

dass bis heute Fragen der Spiritualität in der evangelischen Ausbildung eine individuelle Angelegenheit seien, während sie in der römisch-katholischen Ausbildung verankert sind. Die Integration spiritueller Bildung ist gerade vor dem Hintergrund massiver fortschreitender Entkirchlichung der west- und mitteleuropäischen Gesellschaften notwendig. Gründe für eine Integration sieht er in den reformatorischen Ursprüngen existenzieller und erfahrungsbezogener Theologie: bei Luther in der Verbindung von Theologie und der geistlichen Praxis von *praxis pietatis: oratio, meditatio, tentatio* oder bei Melanchthon in der engen Verbindung von Spiritualität und Bildung. Spiritualität dient dabei für Zimmerling als Inspirationsquelle, Korrektiv einseitiger Intellektualisierung und für eine Verbindung zwischen Gemeinde und Theologie. Auch sieht er ein verändertes Pfarrbild sich entwickeln. Pfarrerinnen und Pfarrer müssen in Zukunft stärker von ihren Glaubenserfahrungen und ihrer gelebten Spiritualität sprechen, vor allem auch in Konkurrenz zu anderen spirituellen Anbietenden.[110]

Die gegenwärtigen Studien zur Spiritualität bereichern die Forschung, weil sie präzise und wissenschaftlich fundiert Ziele, Chancen und Gefahren sowie Inhalte und Formen herausarbeiten. Grundlegende spirituelle Kenntnisse in einem Studium der Theologie, wie Zimmerling sie fordert, sind sinnvoll und nötig, um den gesellschaftlichen Anforderungen mit einem veränderten Pfarr- und Kirchenbild begegnen zu können. Jede nicht zuletzt auch dazu nötige Profilierung spiritueller Theorie und Praxis wie Kohli Reichenbach sie fordert, setzt jedoch eine eigene Reflexion des »Anbieters« voraus: Reflektiert werden sollten das Menschenbild, die Rede von Gott, die Methoden und die Interaktionstheorie. Ein für diese wissenschaftliche Reflexion notwendiges wissenschaftliches Strukturmodell für die Theorie und Praxisreflexion spiritueller Theorie und Praxisprozesse ist zu entwickeln.

Kohli Reichenbach und Stolina weisen grundlegend für alle christlichen spirituellen Erörterungen darauf hin, dass die subjektive Erfahrungsgestalt (das menschliche Erleben) und der objektive Erfahrungsgrund (Gott) grundsätzlich voneinander zu unterscheiden sind und dass die Selbstmitteilung Gottes, seine Gnade, unsere Erfahrung zuallererst begründet. Kohli Reichenbach macht deutlich, dass es in einem religionspluralen Kontext notwendig ist, nach kreativen Anschlussmöglichkeiten des christlichen Narrativs an die neu sich präsentierende spirituelle Vielfalt Ausschau zu halten und nicht allein auf die Initiation in das christliche Narrativ zu schauen und an ihm festzuhalten. Religionen können spirituelle Erfahrungen transportieren und in ihnen ist Partizipation bis hin zu Vereinigung mit der göttlichen Wirklichkeit aus mystagogischer Perspektive in Anlehnung an die genannten etymologischen Überlegungen möglich zu begleiten.

Eine kreative Anschlussmöglichkeit des christlichen Narrativs an religiösen und spirituellen Erfahrungshorizonten stellt sich in der kunsttherapeutischen

---

[110] Zimmerling (2012), 123–142, 138.

Methode des Lebenspanoramas dar, die im Folgenden dargestellt wird. Sie versucht den geistlichen Erfahrungsgehalt zu erschließen.

Die kreativitätstherapeutische Methode des Lebenspanoramas ist Bestandteil der therapeutischen Ausbildung im Verfahren der Integrativen Therapie. Diese Methode ermöglicht zum einen, eine emanzipierte, selbständige Erschließung eigener bewusster und unbewusster persönlicher Anteile im eigenen Lebenslauf und zum anderen die Integration dieser bewussten Anteile für das eigene Leben.

Nachdem die Lebenspanorama-Technik in die Seelsorgeausbildung im Kirchenkreis Leverkusen übernommen und praktisch erprobt wurde, wird sie mit dieser Untersuchung wissenschaftlich für die Praktische Theologie als eine neue pastoralpsychologische Methode erschlossen und aus den Erkenntnissen zugleich Strukturen und Grundmodelle für eine Integrative Seelsorge entwickelt.

2.2 Anlage und Vorgehensweise

Der Aufbau dieser Untersuchung folgt der hermeneutischen Methode, die adäquat auch in der Erschließung der Lebenspanoramen liegt: Erkenntnisse von den Phänomenen, zu den Strukturen zu den Entwürfen zu entwickeln.[111]

Untersucht werden 35 »geistliche Lebenspanoramen«, die im Zeitraum von 2017 bis 2020 im Rahmen der Ehren- und Hauptamtlichen-Seelsorgeausbildung im Kirchenkreis Leverkusen zur Schulung der geistlichen Kompetenz in der Seelsorge entstanden sind. Die Teilnehmenden der Ausbildungskurse sind zwischen 25 und 73 Jahre alt. Der Frauenanteil beträgt Zweidrittel und ist damit deutlich höher als der Männeranteil. Es finden sich die unterschiedlichsten Berufs- und Erfahrungsfelder in der Ausbildungsgruppe. Sie entstammen zu einem Drittel dem binnenkirchlichen Milieu. Die meisten Teilnehmenden möchten einen sinnvollen Beitrag für die Gesellschaft und sich selbst in ihrer Entwicklung leisten. Sie sind hochmotiviert. In der Regel ist die größte Lernunsicherheit im Bereich ihrer theologischen und spirituellen Bildung zu finden. Sie sind größtenteils evangelisch, es finden sich auch freikirchliche und römisch-katholische Christinnen und Christen unter ihnen. Zu Beginn der Ausbildung besteht im Kirchenkreis Leverkusen nicht die Notwendigkeit, Kirchenmitglied (weitergehend Mitgliedschaft in der ACK: Arbeitsgemeinschaft Christlicher Kirchen e. V.) oder getauft zu sein. Für eine Beauftragung zur Seelsorge der Evangelischen Kirche im Rheinland in den angebotenen Ehrenamtsfeldern, ist dies später jedoch eine Voraussetzung. Die Teilnehmenden äußern ihre Bereitschaft zur Taufe bzw. neuen oder erneuten Kirchenmitgliedschaft (ACK) und bis auf eine Person haben sie diese auch vollzogen. Die Absolventinnen und Absolventen engagieren

---

[111] Sie dazu ausführlicher die Ausführungen zur integrativ-therapeutischen Perspektive unter 4.2.

sich ehrenamtlich nach der Ausbildung in den Bereichen Altenheimseelsorge, Krankenhaus-Seelsorge, Notfallseelsorge und Gemeindeseelsorge (Demenz-Café; seelsorglicher Besuchsdienst).[112]

Die Lebenspanorama-Arbeit gestaltet sich in mehreren Schritten: Nach einer imaginativen Hinführung in ihr Leben malen die Teilnehmenden auf einem DIN-A3-Bild ihren geistlichen, religiös-spirituellen Lebensweg. Die Arbeitsanweisung umfasst die Aufforderung, gelungene (konstruktive/salutogene), misslungene (destruktive/pathogene) und fehlende (defizitäre) Erfahrungen mit der eigenen Spiritualität angesichts der Vergangenheit (Retrospektive), der Gegenwart (Aspektive) und der Zukunft (Prospektive) zu Papier zu bringen. Durch dieses Gestalten können bewusste und unbewusste Anteile des eigenen geistlichen Lebensweges zum Ausdruck gebracht und in einer Über- und Zusammenschau neu und anders erfasst und gewichtet werden. Es vollzieht sich somit eine Synopse durch involvierte Distanz. Eine Integration mehrerer und anderer Anteile zu einem neuen Ganzen im Leben der Malenden ist möglich. Durch diese kreative Darstellung von erinnerten Erfahrungen, die sich phänomenologisch in den Lebenspanorama-Bildern ausdrücken, werden die Erfahrungen strukturell systematisch erfasst. Danach werden sie ausgewertet, um die geistlichen Lebensstrukturen und -entwürfe (Gottesbilder, Glaubens- und Lebenserfahrungen, gelungene Lebenswege und Irrwege, geistliche Übungen und ihre Wirkungen, spirituelle Begleiter und Lehrende u. a.) zu erschließen. Eine Sinnfindung des persönlichen und auch geistlichen Weges wird möglich.

Im Folgenden wird als erstes in die durchgeführte kreative Methodik und in die Referenztheorie der integrativen kunsttherapeutischen Theorie eingeführt. Im Folgenden werden mittels eines eigens entwickelten Auswertungsrasters vorhandene Phänomene der 35 Untersuchungsobjekte aufgezeigt, um in einem weiteren Schritt die zugrundeliegenden Strukturen und weiterführende Entwürfe in den Blick zu nehmen. Ein Untersuchungsschwerpunkt liegt dabei in der geistlichen Dimension, dies meint auf den spirituellen Ausdrucksformen des Glaubens z. B. in Zeichen, Symbolen; Glaubensimaginationen. Die Ergebnisse werden danach gebündelt präsentiert und mit einem Brückenschlag auf vorhandene Forschungsergebnisse und weitere Referenztheorien im Weiteren diskutiert, Strukturen herausgearbeitet sowie für die Architektur eines Entwurfes Integrativer Seelsorge untersucht.

---

[112] Die Ehrenamtsausbildung im Kirchenkreis Leverkusen folgt den Richtlinien zur Ehrenamtsausbildung der EKiR. Siehe EKiR (2015).

2.3 Soziologisch-theologische Einordnung

Menschen erleben sich spirituell als eigenständige Individuen, die ihr persönliches geistliches Lebenskonzept immer neu verwirklichen. Es gibt keine normierten religiösen Lebensläufe, die für alle gültig sind. Dennoch wurden allgemeingültige Entwürfe immer wieder gestaltet und eine Normierung versucht und zur Inspiration z. B. in Kunstausstellungen anderen vor Augen gestellt, in alltagspraktischen Versuchen dies einander angeboten oder auch in wissenschaftlichen Modellen etabliert (Stufen des Glaubens u. a.).[113] Gleichwohl gibt es Wegmarken, sog. *rite de passage*, wie Taufe, Firmung/Konfirmation, Trauung, Beerdigung, deren Bedeutung sich im Kontext des gelebten Lebens erschließt. Auch diese Kasualien sind kollektive Deutungsangebote zum Zwecke normierender Lebenslaufperspektiven. Es gibt Optionen gegenüber den standardisierenden Lebensläufen mit kulturell festen Riten und Bräuchen: ich wähle meine geistliche und persönliche Biografie, schreibe sie selbst. Aus dem »Entweder-oder« gegenüber tradierter Religion scheint ein »Sowohl-als-auch« zu werden. In diesem Prozess kommt es durchaus auch zu Bruch- und Zusammenbruchbiografien.[114] Geistliche Lebensläufe sind dementsprechend individuelle Karriereverläufe, mitunter »Patchwork«-Biographien aus verschiedensten Erfahrungen. Aber auch dort, wo die Freiheit zur Wahl kulturell, politisch oder familiär beschnitten ist, können sich Positionierungen und Fragen nach der Relevanz des Geistlichen für das eigene Leben auftun. Persönliche Relevanzerfahrungen auf die Frage: »Was bringt Spiritualität mir persönlich? Hilft Religion mir? Was habe ich von einem geistlichen Leben? Passe ich mit meinen Ansichten und Wünschen da rein?« entscheiden über die Aufnahme von Spiritualität in die persönliche Biografie, in soziale, religiöse und spirituelle sowie kirchliche Zugehörigkeiten und über gelingende seelsorgliche Beziehungen. Eine große Herausforderung für Seelsorgende ist eine individuell passend gestaltete Kommunikation und offene Beziehungsfähigkeit, um individuelle Karriereverläufe seelsorglich zu erfassen und förderlich zu begleiten.

---

[113] Vgl. dazu KEMNITZER (2013).

[114] Vgl. BECK/BECK-GERNSHEIM (1994), 13. Es sind *riskante* Freiheiten. Zugleich ist die skizzierte Freiheit kein durchgängig gesellschaftliches Phänomen. Die Wirklichkeit ist differenter: Bestimmte Menschen wählen (dies vor allem gegenüber der standardisierten Religion), andere können oder wollen nicht wählen (stärker fundamentalistischer Hintergrund oder hohe Bindung an eine Religion), andere spüren nicht einmal einen Impuls zu wählen, weil die Relevanz gänzlich dazu fehlt. Vgl. BERGER/HITZLER (2010). Schöll stellt für die Jugend bzgl. ihrer religiösen Biografie 2015 ein stärkeres optionales »Sowohl-als-auch« statt »Entweder-oder« heraus, wovon Menschen mit Migrationshintergrund, und jene mit weniger liberalem Bildungsbürgerhintergrund weniger profitieren. Vgl. SCHÖLL (2015), 9–11. Gerade diese brauchen für ihr »Sowohl-als auch« ein Integrationsparadigma, um bewusste Prozesse für ihre Lebensbiografie anbahnen zu können.

So wie die individuellen Karriereverläufe hat sich auch der soziale Kontext ausdifferenziert. Die Religion ist ein Teilsystem mit eigenem Wertesystem unter vielen (Wirtschaft, Politik, Wissenschaft) mit spezifischer Funktion für das Gesamtsystem. Im Modell Luhmanns ist eine Funktion von Religion die Kontingenzbewältigung, d. h. Sinnstiftung im Angesicht aller Bedingt- und Begrenztheiten des menschlichen Lebens.[115] Dies geschieht in einer pluralisierten Gesellschaft, in einer Vielheit verschiedener Kulturen, Religionen, Weltanschauungen und Sinnkonzepte, die nebeneinander und miteinander existieren.[116] Jeder einzelne Mensch ist gefordert, angesichts dieser Vielfalt eine Auswahl zur persönlichen Orientierung und Kohärenz zu wählen. Sinnfindung als individuelle Entscheidung ist somit eine komplexe Herausforderung. Dies geschieht zunehmend auch im Digitalen und mittels sozialer Medien.[117]

Kohärenzentwicklung braucht Zeit und Begleitung. Zugleich ist eine soziale Beschleunigung wahrzunehmen. Menschen machen die Erfahrung, dass sich ihr Leben hinsichtlich der Technik, Digitalität, im sozialen Wandel und angesichts des gefühlten Lebenstempos beschleunigt, was zu Unruhe und Zerfahrenheit führt.[118]

Darüber hinaus beeinflussen die Divergenz der sozialen Lebenslagen[119], der demografische Wandel[120], die Herausforderungen der Corona-Pandemie mit den sozialen Verhaltensänderungen, beruflichen Aufgaben wie Homeoffice und Homeschooling, Existenzängste und die generelle Gesundheitsgefahr[121] die persönlichen und geistlichen Lebensläufe. Seelsorge kann und muss an dieser Stelle kohärente individuelle Begleitung leisten.[122]

Eine besondere Herausforderung ist dabei, mit der sog. amorphen Gestalt der geistlichen Lebensäußerungen umzugehen wie von Armin Nassehi beschrieben. »Die Gesellschaft wird amorph religiös, sodass das Kirchliche womöglich als zu rationale Insel des Religiösen erlebt wird«.[123] Obwohl er Verständnis für systemimmanente Entscheidungen der Kirche hat, sich auf das Kerngeschäft zurückziehen zu wollen, kritisiert er bezogen auf die Zukunft der Kirchen und damit auch seelsorglichen Arbeitens in Auseinandersetzung mit dem Kapitel »Frömmigkeit« der »11 Leitsätze der EKD«[124]: »Hier wird interessanterweise weniger auf das Innenleben der Gläubigen rekurriert, sondern auf Wissen. Man sieht, dass nicht einmal mehr das Wissen darüber vorhanden ist, wie man Fröm-

---

[115] Vgl. Luhmann (2017). Siehe zum Religionsbegriff den Exkurs unter 2.1.

[116] Vgl. Welsch (2002) oder Klempt (2019).

[117] Vgl. Merle (2019).

[118] Vgl. Rosa (2013).

[119] 7. Armuts- und Reichtumsbericht des Bundesministeriums für Arbeit und Soziales (2024); Diakonie RWL (2020).

[120] Destatis Statistisches Bundesamt (2023).

[121] Vgl. Forschungsüberblick von Lincoln/Ossenbrügge (2021).

[122] Vgl. Perspektivschrift EKiR (2022), 9ff.

[123] Nassehi (2020), 4f.

[124] Im Ganzen dazu EKD (2020).

migkeit in kirchenintern verarbeitbare Formen bringen kann. Die Kirche erlebt eine Gesellschaft, für die sie nicht einmal mehr ein Traditionsspeicher ist – umso mehr muss sie genau das tun: die Tradition speichern, die sie unterscheidet.«[125]

Dass Kirchlichkeit schwindet, bedeutet folglich nicht zugleich das Verschwinden von persönlich-religiösem Erleben und der individuellen geistlichen Aneignung wie es sich in den Lebenspanoramen zeigt. Die Frage bleibt nach einem Verfahren adäquaten Bewusstmachens und Verstehenlernens dieser persönlichen geistlichen Lebensläufe und ihrer Glaubenslebenslauf-Imaginationen[126], um Destruktivem förderlich zu begegnen, Konstruktives zu fördern und Ersehntes verwirklichen zu helfen und als traditions-kundige und selbst geistlich erfahrene Seelsorgende zu begleiten. Angemessenes Verstehenlernen ist sich dabei mit Foucault kritisch der eigenen Wissens- und Interpretationsmacht und der eigenen Grenzen bewusst, hinterfragt die eigene Rolle und fördert in partnerschaftlicher Ko-respondenz selbstwirksame seelisch-geistliche Zugänge.[127]

2.4 Stand der Forschung

Die Lebenspanoramatechnik in der Form eines geistlichen Lebenslaufes war als eine empirische Untersuchung in vorliegender Weise noch nicht Gegenstand einer praktisch-theologischen Studie gleichwohl die Methode in der Praxis Verwendung findet.[128] Einen ersten theologischen Zugang arbeitete der 2018 verstorbene Theologe Kurt Lückel heraus.[129] In seinen Interviews mit Sterbenden ist sie als eine gestalttherapeutische Technik am Lebensende (Lebensschau) zu finden, allerdings ohne integrativ-therapeutische Theoriebildung, ohne Praxeologie und ohne dreigliedriges Karriereschema (Vergangenheit, Gegenwart, Zukunft) sowie ohne geistlich-spirituelle Zupassung. Eine Integration dieser integrativ-therapeutischen Methode als eine pastoralpsychologische in die Seelsorge

---

[125] EKD (2020), 3/5.

[126] Siehe dazu KEMNITZER (2013). Glaubenslebenslauf-Imaginationen werden von Kemnitzer als Vorstellungen zur Gestalt des Glaubens im Lauf der Lebensalter verstanden, die im Raum der Wissenschaft, der alltäglichen Lebenswelt und des christlichen Bildgedächtnisses betrachtet und miteinander in Beziehung gesetzt werden. Sie arbeitet sechs Modellvorstellungen heraus, die ko-kreativ aufeinander bezogen werden können und so alternativ und regulativ z. B. in seelsorglichen Begegnungen wirken können. So können die dynamisch konnotierten zu den statischen alternativ wirken, etwa die separierende Treppe mit dem zentrierenden Sinnkreisel, die individualisierende Lebensreise mit dem relativierenden Staubkorn im Universum, die fragmentierende Koralle mit der determinierenden Sanduhr. Dadurch können Menschen seelsorglich Trost und Halt, Sinn und Struktur, Maß- und Zielvorstellungen für ihre je eigene geistliche Entwicklung finden.

[127] Mit STEINKAMP (1999), 24–33, 104–112 und KLESSMANN (2023), 256f, 262ff.

[128] LADENHAUF (2016), 347–357, 347.

[129] LÜCKEL (1981).

bzw. Theologie wird mit der vorliegenden Arbeit somit wissenschaftlich erstmalig vollzogen.[130]

2.5 Das Referenzverfahren Integrative Therapie

Das Referenzverfahren der Integrativen Therapie ist ein bio-psychosoziales, tiefenpsychologisch fundiertes Psychotherapieverfahren mit einem methodenübergreifenden, entwicklungs- und ökologie-orientierten Ansatz ganzheitlicher und differentieller Humantherapie.[131] Sie orientiert sich an der empirischen Therapieforschung, der klinischen Psychologie, den Erkenntnissen der Neurobiologie sowie der modernen Wissenschaftstheorie und der klinischen Philosophie[132]. Sie möchte Menschen, die sich in Krankheit und Leiden befinden, behandeln und unterstützen sowie sie auf der Suche nach Orientierung und Sinn begleiten. Der Begriff »Integrative Therapie« ist von Hilarion Gottfried Petzold, der zusammen mit Johanna Sieper die Therapierichtung maßgeblich entwickelt hat, in den 1960er Jahren geprägt worden. Erstmalig wurde »Integrative Therapie« als ein programmatischer Begriff für ein spezifisches methodisches Vorgehen 1965 von Petzold verwendet und seit 1967 in der konkreten therapeutischen Arbeit umgesetzt. Die Wurzeln der Integrativen Therapie reichen in die frühen 1960er Jahre zurück, in denen Hilarion Petzold und Johanna Sieper von 1963 bis 1971 in Paris studierten. Persönliche Studien und Begegnungen mit namhaften Vertretern und Vertreterinnen der Psychoanalyse, der Verhaltenstherapie, des Psychodramas und der Gestalttherapie wurden prägend für die Entwicklung der Integrativen Therapie. Zusammen mit weiteren Referenzverfahren, wie der systemischen Therapie oder der Psychoanalyse, legten diese Elemente die Grundlagen für eine mehrdimensionale und differenzierte Kulturarbeit.[133] Petzold praktizierte damals bereits das, was er später konnektierendes (vernetzendes) oder transversales (offenes) Denken nannte. Letzteres meint eine permanente Überschreitung von Wissensständen unter Durcharbeitung des relevanten Wissens und der relevanten Erfahrungsfelder, welche dann neu miteinander verknüpft werden.[134]

Von der Entwicklung der Integrativen Therapie kann historisch in zwei Abschnitten gesprochen werden: In der ersten Phase ihrer Entwicklung (Mitte

---

[130] Die vorliegende Untersuchung führt dabei eine erste punktuell-spezifische seelsorgliche Forschung mit integrativem Ansatz zur Geistlichen Begleitung in umfassendem Sinne weiter. Siehe GORRES (2018).

[131] Vgl. PETZOLD (1974j; 1992a).

[132] Klinische Philosophie befasst sich mit den Heilungskräften philosophischer Weltanschauung für das therapeutische Geschehen im Gesundheitswesen.

[133] So mit LEITNER (2010), 43–76.

[134] Vgl. PETZOLD (1992a).

1960er Jahre bis ca. 1980) standen vor allem die Erfahrung und die Auseinandersetzung – in integrativer Weise – mit den psychotherapeutischen Verfahren der Psychoanalyse, des Psychodramas, der Gestalttherapie, der Verhaltenstherapie, des therapeutischen Theaters und der leib- und körpertherapeutischen Verfahren sowie fernöstlicher Kampfkunst (z. B. Aikido).[135] In der zweiten Phase (1980er Jahre bis heute) kam es zu wissenschaftlichen Auseinandersetzungen und zur Neugründung der Integrativen Therapie auf der Basis der eben benannten reichen Vorgängertraditionen. Diese Einflüsse wurden neu rezipiert, d. h. es wurden eigenständige Entwicklungen betrieben und anschlussfähiges Material aus den infrage kommenden Verfahren kritisch gesichtet, neu interpretiert und einer theoretischen Neubegründung und systematischen Neuverordnung unterzogen. Derart qualitativ verändert, wurden die psychotherapeutischen Referenzansätze in den theoretischen und praxeologischen Gesamtrahmen der Integrativen Therapie eingefügt. Sie ist somit ein Novum auf einem reich bestellten Feld. Es handelt sich damit nicht um eine unreflektierte Addition von Therapiefeldern, sondern um eine Neuschöpfung durch kritische Analyse und Neuordnung auf höherer Strukturebene im Rahmen des *tree of science*.

Mit dem Wissensstrukturmodell der Integrativen Therapie wurde in dieser zweiten Entwicklungsphase eine innovative, neue erkenntnistheoretische Basis für alle Prozesse der Integration geschaffen.[136] Es wurde eine fundierte anthropologisch-wissenschaftliche Position entwickelt[137], die auf der Grundlage einer Persönlichkeitstheorie ausgearbeitet[138] und mit der klinischen Psychologie und psychotherapeutischen Praxis verbunden wurde. Anschließend wurde diese Position in das Integrationsmodell und die theoretische Wissensstruktur übernommen und mit eigenen Entwicklungskonzepten wie dem Korespondenzmodell, der Pathogenese und der Identitätstheorie verknüpft. Im Rahmen der theoretischen und auch praktischen Diskurse mit den psychotherapeutischen Praktiken bildeten sich selbständige, konsistente und kohärente Arbeitsweisen.[139]

Das Besondere an der Integrativen Therapie besteht somit in ihrem anspruchsvollen wissenschaftstheoretischen Programm, das zu einer steten Prob-

---

[135] Mit LEITNER (2010), 48. Vgl. SIEPER (2006), 64–151. Dort finden sich wie bei Petzold (1992a), 962 weitere Informationen zu den spezifischen Vertretern der psychotherapeutischen Verfahren: u.a. der Psychoanalyse (ungarischer Prägung: Sándor Ferenczi; Michael Balint), des Psychodramas (Jacob und Zerka Moreno), der Gestalttherapie (Fritz und Lore Perls, Paul Goodmann), der Verhaltenstherapie (Frederick Kanfer), des therapeutischen Theaters (Vladimir Iljine) und der leib- und körpertherapeutischen Verfahren (Wilhelm Reich, Alexander Lowen, Elsa Gindler).

[136] Vgl. PETZOLD (1992a).

[137] Vgl. PETZOLD (1988n).

[138] Siehe PETZOLD (2001p/2004/2012q).

[139] Vgl. die Grundregel der Integrativen Therapie. Aufschlussreich im Kontrast zur psychoanalytischen. Im Ganzen dazu: LEITNER (2010), 50, 99f.

lematisierung und, wenn nötig, einer Revision von Psychotherapie anregt.[140] Sie nimmt alle grundlegenden theoretischen Annahmen und Praktiken exzentrisch (d. h. aus einer übergeordneten wissenschaftstheoretischen Position gemäß dem *tree of science*) in den Blick, diskutiert sie kritisch im Hinblick auf inhärente und unausgewogene Gedanken, Modellvorstellungen, Ideologien und Mythen, den philosophischen Hintergrund ihres Menschenbildes und im Hinblick auf eine Ethik der Alternität (Emmanuel Levinas). Ferner kann als eine wesentliche Äußerung ihre offene, indikationsspezifische, szenisch-kreative Gestaltung des therapeutischen Settings und Verfahrens genannt werden. Insgesamt kommt die Integrative Therapie zu einem Therapieverständnis im Sinne des griechischen *therapeuein*: Psychotherapie wird als pflegen, fördern, Sorge tragen, wertschätzen, heilen und entwickeln verstanden – Salutogenese und Pathogenese begegnen sich.[141] Neu ist somit die metahermeneutische Folie zur systematischen Reflexion, Problembearbeitung, Diskussion und Revision von Psychotherapie, der *tree of science* und originell die damit verbundene Art des transversalen Denkens und integrativen Vorgehens samt Referenzen und Begriffswahl. Damit unterscheidet sie sich von der üblichen Tradition im Bereich der Psychotherapie. Sie fußt auf einer definierten, erlebnistheoretischen und diskursiv verfassten methodischen Grundlegung und auf empirischen Forschungsgrundlagen.[142]

Die Integrative Therapie wurde angesichts dieser wissenschaftlichen Haltung bewusst als Entwurf konzipiert. Sie vertritt Unfertigkeit letztlich mit methodischer Konsequenz. Symbol für ihre integrative Orientierung in dieser steten Transversalität ist die heraklitische Spirale bzw. Heraklits philosophisches, evolutionäres Grundverständnis des Lebens: die Idee des fortwährenden Wandels und permanenter Entwicklung des Lebens, des Wissens und der Gesellschaft. Das transversale Denken stellt ein spezifisches Charakteristikum der Integrativen Therapie dar. Die Integrative Therapie entwickelte durch Ilse Orth, Johanna Sieper und Hilarion Petzold eine eigenständige »Integrative und intermediale Kunsttherapie«.[143]

---

[140] Vgl. LEITNER (2010), 48f. Petzold spricht mittlerweile von einer »dritten Welle« in der Psychotherapie. Umfassende Neuentwicklungen in der modernen Psychotherapie in Neurobiologie, Genetik/Epigenetik, Traumatherapie, Stress- und Therapieforschung, die körperorientierten Verfahren, haben hierzu Beiträge geleistet, aber auch die ökologischen, naturtherapeutischen Ansätze und die aktuelle, kulturkritische Philosophie. So arbeitet er an einer Integration dieser modernen Erkenntnisse. In Vorbereitung: PETZOLD (2026).

[141] SCHUCH (2000), 17–74.

[142] LEITNER (2010), 97. Zur Forschung: PETZOLD/HAAS/MÄRTENS/STEFFAN (2000).

[143] ORTH/PETZOLD (2011), 375–380; PETZOLD/ORTH (1990/2007).

3 Lebenspanoramen als Methode

In seiner Biographie tritt uns ein Mensch
als Subjekt mit der ganzen Wucht seiner
Andersartigkeit entgegen,
als eine existentielle Realität.

Levinas (1992)

Als ich ein Kind war, redete ich wie ein Kind,
dachte wie ein Kind und urteilte wie ein Kind.
Als ich erwachsen wurde, legte ich ab,
was Kind an mir war.

1Kor 13,11

3.1 Die integrative Methode »Lebenspanorama«

Die komplexe menschliche Wirklichkeit erfordert über die
Lebensspanne hin beständiges Differenzieren, Vernetzen,
Verbinden von Vielfalt, damit kreative Entwicklungen zu Neuem
möglich werden. Im Integrieren sich selbst zu überschreiten,
das macht das Wesen transversaler Integrationsarbeit aus.

Petzold (1982c)

Die Lebenspanorama-Methode ist innerhalb der »Integrativen und intermedialen Kunsttherapie« eine kreativitätstherapeutische Technik. Sie wurde ab Mitte der 1960er Jahre durch Petzold u.a. für die therapeutische Arbeit innerhalb des Verfahrens der Integrativen Therapie entwickelt. Sie hat ihre theoretische Referenz in der Hermeneutik (Dilthey), der Gestalttheorie und Gestalttherapie (Perls), dem Psychodrama (Iljne), der Theorie der phänomenologischen Wahrnehmung (Merleau-Ponty) sowie in den persönlichen Lebenserfahrungen Hilarion Petzolds

(Picasso bzw. Lebensschau in lebensbedrohlicher Situation).[144] Neben der Darstellungsweise des Lebenslaufes wurden darüber hinaus themenspezifische Zupassungen dieser Technik (Gesundheits-/Krankheitspanorama; Karrierepanorama u. a.) entwickelt.[145]

Der (Ober-)Begriff »Panorama« von altgriechisch πᾶν »alles, ganz« und ὁράω »sehen« steht zum einen für eine Rundsicht, einen Rundblick, ein Rundgemälde oder Rundfoto, eine 360-Grad-Ansicht; zum anderen auch für eine Ansicht einer Landschaft, ein Geländemodell in einem Schaukasten.[146] Im übertragenen Sinne meint es einen Rundblick, Überblick über ein Themengebiet. Dieses kann auch ein Teilgebiet bezeichnen: z. B. ein Bergpanorama oder eben im vorliegenden Fall ein Lebenspanorama. In diesem Sinne verwendet es die Integrative Seelsorge: die kunsttherapeutische Technik möchte einen Überblick über das Leben bzw. einen spezifischen Aspekt des Lebens, hier den geistlichen, rundum ermöglichen. Es handelt sich um eine innere Aufschau und Überschau auf das erfahrene geistliche Erleben und die gemachten Lebenserfahrungen in diesem Themenfeld, die sich mittels kreativer Maltechnik zum Ausdruck bringen. Innerlich wie äußerlich nimmt die malende Person eine zentrierte exzentrische Haltung ein, die es ihm/ihr ermöglicht, Aufschau auf die Erfahrungen seiner/ihrer Lebensbiografie zu nehmen. Zur Klärung hilft dabei auch gelegentlich eine Aufschau auf das Bild – stehend-leiblich vollzogen –, um diese Perspektive einzunehmen. In dieser Haltung kann sich mittels des kreativen Ausdrucks das imaginative Potential des Begriffs Panorama entfalten: Das eigene Leben in den drei Dimensionen Vergangenheit, Gegenwart und Zukunft kann so über den Lebenslauf in geistlicher Hinsicht vorgestellt werden. Dies trifft sich mit dem Kunstverstehen: In der Kunst bezeichnet man als Panorama eine perspektivische Darstellung von Landschaften oder Ereignissen, die von einem festen Punkt aus von mehreren Personen gleichzeitig betrachtet werden. Sind die Bilder feststehend, so werden die zylindrischen Flächen als Rundbilder oder Rundgemälde bezeichnet, zu deren Betrachtung sich der Beschauer in der Mitte befindet. Die Wahl des Standpunktes des Betrachters ist sehr wichtig, da nicht einfach (durch künstlerische Freiheit) Dinge hinzugefügt oder weggelassen werden konnten – schließlich sollte das Panorama absolut wirklichkeitsgetreu sein. Für die Integrative Seelsorge ist wichtig festzuhalten, dass es sich bei der Lebenspanoramatechnik um einen Aufblick auf einen persönlichen innerlich erlebten geistlichen Karrierelauf handelt, der eine individuelle narrative Wahrheit darstellt.

---

[144] Vgl. Petzold (1993a/2012), 142ff.
[145] Petzold (1993a/2012), 148ff.
[146] Vgl. https://www.dwds.de/wb/Panorama. Hier findet sich auch ein Überblick über die vielfältigsten Verwendungen des Begriffs »Panorama« in der Kunst, der Musik, der Technik bis hin zur Bezeichnung von Orten oder Fernsehsendungen.

3.1.1 Karrierelauf und Biografie-Erarbeitung

Bei einem geistlichen Lebenspanorama handelt es sich um einen spirituellen Karrierelauf (von lat. *carraria* = Fahrweg, frz. *carrière* = Laufbahn)[147]. Damit wird sozialwissenschaftlich das über längere Strecken der Lebensspanne betrachtete geistliche Entwicklungs- und Sozialisationsgeschehen mit seinen *salutogenen*, *pathogenen* und *defizitären* Einflüssen verstanden. Es kann sich in Mikrosegmente von Wochen und wenigen Monaten, Mesosegmente von Monaten und Jahren und in eine Gesamtkarriere eines Lebensverlaufes im Sinne eines *lifespan development approach* unter *retrospektiver, aspektiver* und *prospektiver* Betrachtung vollziehen. Die Karriereperspektive wird durch die Entwicklungsforschung empirisch abgestützt. Mit einem Blick auf die pathogenetischen geistlichen Einflüsse, verlangt es nach Strategien der Pathogenese vermindernden bzw. beseitigenden Hilfeleistung und der Salutogenese orientierten Entwicklungsförderung, die als geistliche Karrierebegleitung nachhaltige Hilfe und Förderung entsprechend den individuellen Entwicklungsprozessen geben sollte. Interventionsmaßnahmen und Einrichtungen der Hilfeleistung und Förderung sollten zur Seite stehen (z. B. in kirchlichem Missbrauchsfall).

Für die Seelsorge ist damit – auch in multifunktionalen Teams – eine professionelle Begleitung als *convoy of support and empowerment* zu stellen, damit geistliche Negativkarrieren eine neue, positive Orientierung erhalten können. Bei den zum Teil höchst desolaten Karriereverläufen von z. B. kirchlichen Missbrauchsopfern, aber auch Enttäuschten und Suchenden ist das Konzept der geistlichen Karrierebegleitung in differenzierten und flexiblen Systemen eine der Antworten, die für die Betroffenen hinlängliche Chancen und nachhaltige Wirkungen für ein gesünderes, besseres geistliches Leben – auch in einer kirchlichen Gemeinschaft bieten kann.[148]

Die seelsorgliche Arbeit mit der Lebenspanoramatechnik als eine Gestalt eines geistlichen Karrierelaufes ist damit stets zugleich Arbeit mit und an der eigenen Biografie. Biografie und das Erleben der eigenen Identität (Selbsterfahrung) sind stets wechselseitig aufeinander bezogen. Lebenserfahrungen und die spezifischen Lebensereignisse wären zusammenhanglose und ungeordnete Teile, wenn sie sich nicht in einem Menschen zu einer erlebbaren Einheit und Kohärenz zusammenfinden.[149] Aus dieser gesuchten und veränderbaren Identität heraus sind in der Retrospektive Ereignisse und Ereignisketten zu verstehen,

---

[147] Karrierelauf in diesem Sinn ist abzugrenzen von der ausschließlichen Verstehensmöglichkeit als »beruflicher Karriere« im Sinne von »Karriere machen«. »Karriere« wird in dieser Arbeit im Wortsinn benutzt. Eine berufliche, leistungs- und monetär bezogene Bedeutung ist nicht gemeint. Ausgesagt wird in allgemeiner Wortbedeutung die persönliche Lebens- und Glaubenslaufbahn im Sinne von einem geistlichen Lebens-(Fahr)weg über die gesamte Lebensspanne. Vgl. https://www.dwds.de/wb/Karriere.

[148] PETZOLD (2000h).

[149] STEFFAN/PETZOLD (2001b).

lassen sich in der Aspektive sinnvoll verbinden und bestenfalls auch bewusst in Beziehung setzen und als solche auch perspektivisch händeln. Einzelereignisse, Ereignisabfolgen, -szenen und -ketten sowie Gespräche sind dabei im freien Fluss der Lebensereignisse zu unterscheiden.

In der Integrativen Therapie werden sie *Biosodie* (von griech. *βιοσ*: das Leben, *οδοσ*: der Weg) genannt: die ungehindert fließende Folge der Ereignisse auf dem Lebensweg, die die Lebenserzählung konstituieren, welche damit zur Matrix allen Sinnerlebens werden.[150]

Die Lebenserzählung wird dabei im autobiografischen Gedächtnis archiviert. Werden ihre Elemente in eine sequenzielle Ordnung gebracht, indem vor allem die bedeutsamen Episoden (festgehalten im episodischen Gedächtnis), Erlebnisse und Geschichten erzählt, mitgeteilt, berichtet oder sonst wie vergegenwärtigt werden, so entsteht Biografie, Lebensgeschichte, die im cerebralen Gedächtnis, im Leibgedächtnis gespeichert und daher weitgehend wieder abrufbar ist. Dabei geht es nicht nur um die Frage: »Wie war das damals?«, um die genaue chronologische Rekonstruktion vergangener Ereignisse, die historische Wahrheit also. Von mindestens ebensolcher Bedeutung sind die Gefühle, die Stimmungen und Atmosphären, die emotionalen Events sowie die Sinnesqualitäten, von denen sie begleitet waren.[151] Hierbei handelt es sich um eine individuelle narrative Wahrheit. Diese hat insbesondere beim Abrufen von Erinnerungen wie in der Lebenspanoramaarbeit entscheidende Bedeutung. Zu bedenken ist, dass unsere Erinnerung durch Suggestion und nach dem Ereignis eingelassene Erinnerung beeinflusst wird, sodass Konfabulation und falsche Erinnerungen (eben narrative individuelle, nicht objektive Wahrheit) entstehen. Dies hat entscheidenden Einfluss auf die bestehenden eigenen Gedächtnisinhalte. Somit wird in der Integrativen Seelsorge immer von einer eigenen erinnerten individuellen narrativen Praxis ausgegangen.[152] Geistliche Lebenspanorama-Arbeit ist folglich immer Biografie-Arbeit in diesem subjektiven Sinne.[153] Die Arbeitsprozesse in der Erarbeitung des geistlichen Lebenspanoramas, das autobiografische Erinnern wie in Beziehung setzen zum Lebensganzen, sind stete kognitive, emotionale und volitionale, seelische, individuelle Prozesse.

3.1.2 Partnerschaftlichkeit in Ko-kreativität

Biografie-Erarbeitung heißt dann, aufgrund einer Übereinkunft in Vertrauen und Zuwendung, im Respekt vor der Integrität und Würde des/der Anderen gemein-

---

[150] ORTH/PETZOLD (2004).

[151] PETZOLD (1991o), 299–340. Dies ist ein Unterschied zum künstlerischen Verständnis von Panorama als wirklichkeitsgetreue Darstellung.

[152] Vgl. LOFTUS (1998), 63ff oder KOTRE (1996).

[153] Einen systematischen Gesamtüberblick über Biografieforschung und Praxis der Biografie-Arbeit bietet MIETHE (2017).

sam partnerschaftlich lebensgeschichtliche Ereignisse zu teilen und zu betrachten, um damit Biografie zu erarbeiten (nicht etwa *zu bearbeiten*). Dies geschieht in selbstbestimmter Offenheit, Achtsamkeit und Wechselseitigkeit der beteiligten Seelen. Zielsetzung ist, dass jeder/jede von ihnen seine/ihre Lebensgeschichte, sein/ihr Leben, seine/ihre Persönlichkeit besser in der und durch die Erzähl- und Gesprächsgemeinschaft mit dem Anderen, vor dem Hintergrund der gegebenen Kultur und der Weltverhältnisse, zu erfassen und zu verstehen vermag. Entfremdetes Leben vermag sich in einer Neugestaltung schöpferisch wieder durch Offenlegung von Entfremdetem (Armut, Elend, Gewalt, Vereinsamung, Verstressung) in Akten der Befreiung zu verwandeln. Es handelt sich um Erfahrungen gemeinsamer Hermeneutik. Diese sind in Prozesse ko-kreativer zwischenmenschlicher Kulturarbeit eingebettet. Dadurch wird es möglich, einander besser verstehen zu lernen, den anderen Menschen und in gleichem Maße sich selbst in der eigenen Vielfalt.[154]

Schöpfungstheologisch betrachtet weist Mühling mit Tolkien gegen Hefner darauf hin, dass alle Fantasie, Imagination und Kreativität theologisch strikt den Menschen als *sub-creator* nicht als *co-creator* versteht. »Der kreatürlichen Kreativität sind scharfe Grenzen gesetzt: Die geschaffene Natur ist eben *nicht* mitschöpferisch tätig.«[155] Fantasie in aller Kreativität ist dem Schöpfungshandeln nachgeordnet. Es besteht keine Ko-Kreativität mit dem Schöpfer. Dies bedeutet für den Menschen, dass er in all seiner Kreativität, mit aller Imagination und in allem Erfindergeist auf den Pfaden der geschaffenen möglichen Linien und Wege wandelt.[156] »Wenn Schöpfung zuallererst die Bereitstellung von Möglichkeiten bedeutet, dann kann die Tätigkeit der Phantasie (..) nur als Entdeckungen des Landes geschaffener Möglichkeiten angesehen werden.«[157] Die entsprechenden soteriologischen Wirkungen liegen theologisch nach Mühling mit Tolkien in der Erholung (*recovery*), Flucht (*escape*) und im Trost (*consolation*).[158] Die Schöpfung des Möglichen ist dabei nicht eine erste Sequenz einer Schöpfungsgeschichte, sondern vielmehr eine, die sich dauerhaft und begleitend mit den Aktualisierungen des Werdens ereignet. Somit gibt es für ihn keine Vorgängigkeit des Mögli-

---

[154] PETZOLD (2022b), 1–11, 2ff.

[155] MÜHLING (2020), 311.

[156] Bzw. auf das Ereignis von Kreativität und Innovation wartet. Vgl. KEMNITZER (2023), 229–245. Kreativität ist Frucht der Schaffenskraft des Schöpfers am Menschen. So KEMNITZER (2023), 242 mit WELKER (2021), 111f. Siehe auch Abschnitt 4.3.5 der Veröffentlichung.

[157] MÜHLING (2020), 400, 312.

[158] Vgl. MÜHLING (2020), 402. Für Mühling ist Tolkiens Fantasietheorie eine theologische. Sie ist kompatibel für ihn mit Whiteheads Abenteuertheorie der Imagination. Imagination wie Fantasie sind Motor der Zivilisationsprozesse. Gleichsam partizipiert die Fantasie/Imagination als *sub-creator* an den Möglichkeiten der Schöpfung, ebenso am Heilswerk des Sohnes in der Eukatastrophe der Inkarnation und schafft Hoffnung auf eine eschatologische Erlösung durch den Trost mit dem Aspekt der Freude *(joy)*. Vgl. MÜHLING (2020), 401f.

chen (im Sinne einer *creatio ex nihilo* wie z. B. bei Calvin), vielmehr entsteht das Mögliche aus den Aktualisierungen. Mögliches und Wirkliches sind danach gleich-ursprünglich.[159]

Grundlegend wird in der Integrativen Seelsorge Ko-kreativität[160] als zwischenmenschliches Geschehen gedacht. Für die kreative Arbeit wesentlich ist, dass ein machtkritischer narrativer Raum des Erzählens möglich wird, indem ein Klima des Erzählens und Hörens entsteht, wo sich eine narrativ-offene Kultur entfalten kann. Diese beinhaltet keinen Machtmissbrauch im Sinne von Beeinflussung durch Suggestion (z. B. in Imaginations-Direktion oder Hypnose) oder Zusetzen anderer Gedächtnisinhalte als die eigen erinnerten.[161] Eine partnerschaftliche intersubjektive ko-kreative narrative Praxis ermöglicht vielmehr Kontextualisierungen von Leib, Gedächtnis und Sprache, in welcher die Begleitenden mit hineingenommen werden und mit den Erzählenden eine Gemeinschaft bilden. In dieser wird die eigene Biografie geteilt und dadurch in einer anderen, neuen Weise verstanden. Mit dieser integrativen Strategie nähert der Begleitende sich dem erzählenden Fremden in der Wertschätzung der Anders- und Fremdheit des Anderen.

Jede narrative Praxis als seelsorgliche, pastoralpsychologische kreative Methodik spricht die narrative Qualität der eigenen Biographie an: Seelsorgende vermitteln durchaus auch psychologische Erklärungen in einer erzählerischen, eingängigen Weise, ohne zu infantilisieren und Macht durch Interpretationen, Bewertungen oder Ideologisierungen auf die fremde andere Biografie zu demonstrieren oder gar auszuüben. Seelsorglich adäquates Handeln braucht dazu auch Transparenz und eine Ethik, die wissenschaftstheoretisch gegründet ist (*tree of science* Integrativer Seelsorge). Es gilt vielmehr, die evokative Macht, die Heilkraft der Sprache und ihre sinnstiftende Qualität zur Geltung zu bringen, um Selbstwirksamkeit zu bewirken. Dies geschieht durch kreative Medien und Prozesstechniken wie sie von der Integrativen Therapie entwickelt wurden und in der Integrativen Seelsorge aufgenommen werden.[162] Ein Handeln Gottes als *creator* und eine Bestimmung der Seelsorgenden wie der malenden Menschen als *sub-creator* ist dabei als jederzeit möglich vorgestellt und durch eine geistliche Wahrnehmungsperspektive wie sie die Mystagogik in ihrer phänomenologischen Betrachtung des Möglichen und Aktuellen des Werdens der Schöpfung bietet zu erschließen.[163]

---

[159] MÜHLING (2020), 313.

[160] Schreibweise ist Eigenname nach Petzold.

[161] Siehe: LOFTUS/KETCHAM (1995). Vgl. KLESSMANN (2023), 229ff.

[162] Der Begriff wurde 1965 durch Petzold geprägt; den Begriff der kreativen Medien und die vielen kreativ-methodischen Ansätze durch Johanna Sieper und Ilse Orth (PETZOLD/ORTH 1990). Es handelt sich dabei nicht um eine Form kunsttherapeutischer Praxis, sondern um eine eigenständige Form »Integrativer Kunst- und Kreativitätstherapie«. PETZOLD/ORTH (2007).

[163] Siehe ausführlicher dazu Abschnitt 4.3.

3.1.3 Multi- und Intermedialität

Die Integrative Seelsorge vertritt eine Multi- und Intermedialität in ihrer Praxis und Praxeologie. Medien sind dabei Träger von bewussten und unbewussten Informationen in einem kommunikativen Prozess zwischen mindestens zwei Personen oder einer Person, die über ein Medium mit sich selbst kommuniziert. Medium dieser Selbstkommunikation kann z. B. das Medium Lebenspanorama sein ebenso wie ein gemaltes Bild, eine Bewegungsfolge oder ein geschriebener Text. Die Integrative Seelsorge unterscheidet dabei:

Personale Medien: Personen, die in einem kommunikativen Prozess Informationen durch Aussehen, Status, Bewegung und Sprache, Kompetenz und Performanz vermitteln.

Handlungsmedien: Handlungsabläufe, die auf der Handlungsebene Informationen übermitteln z. B. Sprache, Mimik, Gestik, auch Techniken wie z. B. Entspannungsübungen, Visualisierungen; Imaginationen oder das psychodramatische Rollenspiel.

Sachmedien: materielle Informationsträger und Materialien, die zum eigenen Benutzen einladen. Dabei sind *technische Sachmedien*, zu denen MP3-Medien oder andere digitale Trägermedien, CDs u. a. gehören, von den *nicht-technischen Sachmedien* (Schreibmaterial, bunte Farbkarten und Klötze, Wachsmalstifte, Collagematerial, verschiedenfarbige Wollknäuel etc.) zu unterscheiden.[164]

Diese Vielzahl an Medien können in Quergängen kombiniert werden. So können z. B. *intramediale Quergänge* im Bildnerischen selbst (Wasserfarben und Filzstifte) oder mit verschiedenen kreativen Medien (Bild und Gedicht) unternommen werden.[165]

Kreative, mediengestützte Prozesstechniken bilden eine spezifische Arbeitsmethodik in der Integrativen Seelsorge. In ihrer Entwicklung des integrativen Ansatzes haben neben Hilarion Petzold auch Johanna Sieper und Ilse Orth in besonderer Weise mitgewirkt.[166] Diese gebrauchen die kreativen Medien prozessorientiert zugleich in diagnostischer und in therapeutischer Ausrichtung unter Einbezug projektives, unbewusstes Material evozierender, und semiprojektiver, bewusstes und unbewusstes Erinnerungsmaterial aufrufender, Prozesse.[167] Dies geschieht auf der Grundlage der anthropologischen, persönlichkeits- und entwicklungstheoretischen und gesundheits-/krankheitstheoretischen Theoriebildung der Integrativen Therapie. Damit sind diese Methoden mehr als blo-

---

[164] Sieper/Petzold (2001), 202.
[165] Diese kreative Arbeit fußt auf der sog »Anthropologie des schöpferischen Menschen«. Siehe Orth/Petzold (2007).
[166] Petzold/Orth (1990), 721–773.
[167] Petzold/Orth (1994a), 340–391.

ßes Handwerkszeug. Sie werden genutzt, weil sie theoriegebunden und forschungsunterstützt sind.

3.1.4 Kreative Prozesstechnik

Aus der Fülle der kreativen Prozesstechniken, auch mediengestützte Prozesstechniken genannt, werden nachfolgend die wichtigsten vorgestellt. Alle wurden in klinischer Erfahrung und Theorie-Arbeit konzipiert und sind für die Integrative Seelsorge einsetzbar. Dabei ist die spirituelle Dimension zu beachten: Gottesbilder, geistliche Erfahrungen (zu denen auch traumatische gehören können), Welt-, Menschen- und Kirchenbilder, Autoritätsvorstellungen, Wahrheitsambitionen etc. Zu ihnen gehören neben den Lebenspanoramabildern:

Körperbilder (*body charts*), relationale Körperbilder, die z. B. die eigene Leiblichkeit im Bezug zum Körper des Vaters, der Mutter, des Partners, des eigenen Kindes, des Vorgesetzten als Zwischenleiblichkeit darstellen[168]; *body parts*, die Darstellung wichtiger Teilbereiche des Körpers: des Kopfes, der Hände, der Füße, der Brust usw. auf großem Papier, umgeben von und ausgemalt mit bedeutsamen Symbolen, lebensgeschichtlichen Szenen. Phänomene des disziplinierten oder domestizierten Körpers, der Anästhetisierung und Dekarnation werden hier gut erkennbar[169];

Selbstbilder und Selbstportraits als freie projektive, bzw. semi-projektive Bilder des Selbst oder als realistische und semi-projektive Selbstportraits nach dem Spiegel gemalt, Identitätsbilder, Ich-Funktionsbilder, Souveränitätsbilder (hier wird der innere Ort und der äußere Raum der Souveränität als Rahmenbild dargestellt);

personal powermaps; Eltern-Kind-Triptychon; projektives soziales Netzwerk; Konvoi-Diagramme; Familien- und Netzwerkskulpturen plastiziert in Ton oder als Körperskulpturen als Personenaufstellungen (hier werden in Ausarbeitung von Morenos Ansatz des sozialen Atoms Familienmitglieder vom Protagonisten in Aufstellungen gesetzt);

Ressourcenfeld oder Konfliktfeld; innere Beistände / innere Feinde (auch als »Über-Ich-Bänke« bekannt. Unsere Persönlichkeit ist von internalisierten positiven und negativen Menschen bevölkert, deren Atmosphären und Botschaften unser Denken, unsere Gefühle und unser Verhalten bestimmen.

Der Gottesbezug ist gesondert zu betrachten in seiner Wirk- und Ausdruckskraft. Die bildliche Darstellung macht diese Einflüsse erkennbar.[170] Die kreativen Pro-

---

[168] Petzold/Orth (1994a); Orth-Petzold (2009), 4–48.
[169] Petzold/Orth (1994a), 340–391.
[170] Petzold/Lückel (1985/2017), 467–499.

zesstechniken stellen der bewusstseinsfähigen Erinnerung zugängliche Ereignisse, Szenen, Personen, Fakten dar, weil sie aber Medien mit ihren Ausdrucks- und Gestaltungsmöglichkeiten in Formen, Farben, Symbolen nutzen, fließen immer auch unbewusste, projektive Momente ein.[171] In diesem Phänomen liegt eine große Chance gegenüber rein projektiven Verfahren. Jede Gestaltung wird dadurch nämlich eine Botschaft von mir, über mich, für mich und an andere.[172]

Als ein Kontinuums-Chart ist die Lebenspanoramatechnik ausgerichtet an dem Konzept der Lebensspanne durch die *life span development psychology*[173], einer Entwicklungstherapie in der Lebensspanne, aber auch an der *éducation permanente*, dem lebenslangen Lernen.[174] Sie basiert auf der Erkenntnis, dass Raum und Zeit, Kontext und Kontinuum nie voneinander getrennt werden können. Daher sind in allen Kontext-Ansätzen die Dimensionen des Kontinuums von Vergangenheit, Gegenwart, Zukunft zu finden, welche wiederum (diagnostisch) retrospektiv, aspektiv und prospektiv in den Blick genommen werden. Durch dieses differenzierte Vorgehen unterscheidet sich die Integrative Therapie vom psychoanalytischen Ansatz, der die Vergangenheit fokussiert, und vom gestalt-therapeutischen Ansatz, indem sie nicht nur das Hier-und-Jetzt betrachtet, sondern zugleich auch immer die Zukunftsvisionen, Erwartungen und Befürchtungen, Pläne und Ziele eines Menschen und seines Konvois mitbedenkt. Damit ist Integrative Seelsorge niemals ein reines retroaktives, vergangenheitsbewältigendes Durcharbeiten als Veränderung biografisch bedingter Muster oder eine ausschließlich aktive, gegenwartszentrierte Lebensgestaltung, sondern vielmehr immer auch zugleich eine proaktive zukunftsorientierte Lebensplanung und Vorsorge.[175] In dem proaktiven zukunftsorientierten Element liegt ihre Besonderheit.

Von den in der Integrativen Therapie entwickelten Panoramatechniken ist die Lebenspanoramatechnik eines der bedeutendsten diagnostischen Instrumente.[176] Sie zielt darauf, Menschen eine Überschau über wesentliche, lebensbestimmende Themen und Einflüsse ihrer Vergangenheit und Gegenwart zu geben und ihnen eine prospektive Aussicht auf ihren Zukunftshorizont zu ermöglichen. Das Lebenspanorama ist semiprojektiv. Als dreizügiges Karrierepanorama sucht es die Negativeinflüsse (*chain of adverse events*), die Positiveinflüsse (*chain of protective events*) und Defiziterfahrungen (*chain of deficits*) in ihrer Interaktion zu erfassen.[177] Damit werden durch diese Prozesstechnik im Erfassen im Überblick auch *critical life events*, Mangelerfahrungen, pathogene und salutogene Einflüsse in Einmaligkeit und Wiederholungen zugänglich. Diese können nun in Prozes-

---

[171] PETZOLD/ORTH (1994a), 340–391.
[172] PETZOLD/ORTH (1990/2007).
[173] PETZOLD/SIEPER/ORTH (2006). Vgl. PETZOLD/GOFFIN/OUDHOF (1993), 173–266.
[174] SIEPER/PETZOLD (1993c).
[175] PETZOLD (2006m/2019).
[176] PETZOLD/ORTH (1994a), 340–391.
[177] PETZOLD (1993p), 985–1048.

sen der Ko-respondenz proaktiv geschaut werden: z. B. mit der Fragestellung: »Wie soll es anders werden, was will ich und was will / werde ich verändern?«

Panoramatechniken können themenspezifisch zugepasst werden. So kann ein Arbeitspanorama,[178] ein Gesundheits- Krankheitspanorama, oder eben auch ein geistliches Lebenspanorama angefertigt werden.

Eine kreativitätstherapeutische Methode in die Seelsorge und damit in die Praktische Theologie zu übernehmen ist ein transversales Vorgehen. Es bedarf einer wissenschaftlichen Fundierung. Gemäß einem transparenten, hermeneutischen Vorgehen wird im Folgenden nach einer ersten theologischen Reflexion zu den unterschiedlichsten Theorien zu Lebensgeschichte, Lebenslauf und Biografie die Arbeit mit geistlichen Lebenspanoramen entfaltet, um im Abschluss phänomenologisch Strukturen und Grundmodelle für eine wissenschaftstheoretische Grundlegung und Integrative Seelsorge zu erarbeiten.

3.1.5 Theologische Referenztheorien zu Lebensgeschichte, Biografie und Lebenslauf

Die Diskussion über praktisch-theologische Theoriebildung zu Lebensgeschichte, Biografie und Lebenslauf entzündet sich an prominenten Modellen: Davon seien Fowler, Streib, Büttner, Kemnitzer sowie Rupp und Schwarz kritisch aufgegriffen.

James William Fowler fragt nach den Werten einer pluralen Gesellschaft und wie diese zu fördern sind. 1981 veröffentlichte er in den USA seine Stufentheorie in der Monografie »Stages of Faith. The Psychology of Human Development and the Quest for Meaning«. Die deutsche Übersetzung, »Stufen des Glaubens. Die Psychologie der menschlichen Entwicklung und die Suche nach Sinn« wurde erst zehn Jahre später veröffentlicht. Er hat darin ein Modell vorgelegt, in welchem er in sieben Stufen beschreibt wie *faith* sich lebensgeschichtlich entfalten kann. Basis für sein Stufenmodell sind qualitative Leitfadeninterviews von ca. zweieinhalb Stunden Dauer, die er mit gut 300 Probanden und Probandinnen vorwiegend christlichen Bekenntnisses führte. Sie schauten auf ihr Leben zurück, gliederten es in Abschnitte und thematisierten prägende Erfahrungen. Fowler bezeichnet sein Stufenmodell als eine »säkulare ordo salutis«[179]. Insbesondere die entwicklungspsychologische Beschreibung des Lebenszyklus von Erik H. Eriksson, die Fowler aufnimmt, gründet sich in geistlich religiösen Vorstellungen bzw. Erfahrungen. Das Stufenmodell liefert bis heute ein Strukturmodell, an welchem entlang religiöse Orientierung gegeben wird.[180] Faith ist für Fowler ein »allgemein zum Menschen gehöriges, universelles und sich dynamisch entwickelndes Phänomen.«[181] Jeder Mensch kann nach seiner Auffassung

---

[178] Heinl/Petzold/Fallenstein (1983), 356–408.
[179] Fowler (1986), 275–301 (285).
[180] Klappenecker (1998), 163, 188f.
[181] Fowler (1991), 15.

dazu befähigt werden, solches zu erleben und aus dieser Glaubenserfahrung heraus zu handeln. Seine Definition ist von den Theologen Paul Tillich und Reinhold Niebuhr beeinflusst, die den Glauben als das, was uns unmittelbar angeht, und Glaubensinhalte als satzhafte Wahrheiten beschrieben haben. Diese Definition von Glauben lässt sich sowohl auf unterschiedliche Religionen sowie in einem atheistischen Umfeld anwenden. Glaube muss also nicht unbedingt religiöser Natur sein, sondern kann dem Menschen helfen, Beziehungen zu anderen Menschen aufzubauen und sie gewissenhaft und mit Liebe zu pflegen, wenn eine gemeinsame Sinnrichtung und eine gemeinsame Zielsetzung gegeben sind.[182] *Faith* ist dabei ein Geschehen sinngebender Strukturierung des Lebens und ist tiefer, reicher und persönlicher als *religion*, die als Ansammlung von Traditionen zu verstehen ist. *Faith* überschreitet kulturelle, historische und religiöse Unterschiede; *religion* bleibt eine traditionelle Ressource für *faith*. Folgende Stufen werden von Fowler lebensgeschichtlich unterschieden:

Stufe 1: Undifferenzierter *faith*: Fürsorgerituale schaffen Bilder unbedingter Vertrauenswürdigkeit und bilden die Grundlage für Hoffnung. Verbindliche Beziehungen zu frühen Bezugspersonen bilden für ihn die psychische Grundlage des späteren faith.

Stufe 2: Intuitiver-projektiver *faith*: Die Vermittlung tiefgehender Bilder, Symbole und Geschichten können Kindern im Vorschulalter helfen, ihren Ängsten angesichts der Ohnmacht des Lebens standzuhalten.

Stufe 3: Mythisch-wörtlicher *faith*: kognitiv reifere Kinder im Grundschulalter bestehen auf Beweisen, sie nehmen die Schöpfungserzählung wörtlich und können andere biblische Geschichten behalten und nacherzählen.

Stufe 4: Synthetisch-konventioneller *faith*: Der Glaube wird gemäß dem Bild der nahen Bezugspersonen im sozialen Feld gestaltet. Im Spiegel vertrauter Menschen wird Orientierung Sicherheit und Halt entwickelt.

Stufe 5: Individuell-reflektierender *faith*: Diese Stufe kann auch als Entmythologisierungsstufe bezeichnet werden. Diese geschieht oftmals im Alter zwischen 30 und 40 Jahren. Der naive Symbolbezug geht verloren. Fragen nach der Relevanz und der eigentlichen Bedeutung entstehen.

Stufe 6: Verbindender *faith*: Gott wird transzendent und immanent zugleich gedacht. Die Symbole bekommen erneute Bedeutung.

Stufe 7: Universalisierender *faith*: Der ganze in Gott gegründete Mensch versteht sich als ein begrenzter, kann sich und andere Geschöpfe im Lichte Gottes sehen und ist

---

[182] FOWLER (1991), 26ff.

zur Feindesliebe fähig. Diese Stufe basiert nicht auf Interviews, sondern wurde von Fowler aufgrund von Kenntnissen spiritueller Vorbilder entwickelt.

Für Gabriele Klappenecker speisen sich Fowlers Ansichten aus »religiösen Grundwassern«, die sie in Luthers *fides infantium* grundgelegt findet.[183] Martin Luthers Theorie ist gekennzeichnet davon, dass er schon bei kleinen Kindern Glaubensvorstellungen, *fides infantium*, wahrnimmt.[184] Luther stellt das Fortschreiten im Glauben unter das Vorzeichen eines Gerechtfertigtseins, welches von Anfang an wachsen und sich entwickeln kann, wenngleich weiterhin Anfechtungen im Leben stets greifen können. Insgesamt trägt der Protestantismus des 16. und 17. Jahrhunderts einen vagen Begriff biografischer Erfahrungsprozesse. Die pädagogischen Schriften Martin Luthers, Johann Amos Comenius oder August Hermann Franckes thematisieren eine schrittweise sich vollziehende Entwicklung kognitiver und emotionaler Fähigkeiten von Kindern. Exemplarisch für die katholische Tradition steht Ignatius von Loyola, der in seinen Exerzitien von einer authentischen Nachfolgemöglichkeit Christi für den Menschen ausgeht. Für ihn bedeutet dies, dass mittels geistlicher Übungen, die unter Anleitung eines geistlich kundigen Menschen durchgeführt werden, in der Spanne des Menschenlebens das Leben, Sterben und Auferstehen Jesu Christi mitvollzogen und Gott in allem gefunden werden kann.[185]

In der Praktischen Theologie, namentlich in der Religionspädagogik, entzündete sich eine berechtigte Kritik am Stufenmodell Fowlers. Die Kritik setzte bei seinem Postulat an, dass seinem Stufenmodell mit seinen Leistungsimplikationen universale Bedeutung zukomme. Hinzu tritt eine idealisierte, nicht auf Interviews gegründete siebte Stufe, die vorwiegend Männer als Vorbilder kennt. In jedem Falle haben seine Forschungsergebnisse weitreichende Auswirkungen auf die Praktische Theologie.[186] Dabei ist festzuhalten: Fowler geht es in seiner Modelltheorie ausdrücklich nicht um eine Weiterentwicklung im Sinne fortschreitender Aufwärtsbewegung. Für die Praxis ist es ihm darum wichtig, Menschen nicht durch die Stufen »hindurchzujagen«, um eine vermeintlich bessere Stufe zu erreichen. Nicht religiöses Leistungsdenken ist folglich sein Anliegen, sondern die saubere Diagnostik der jeweiligen Glaubensstufe soll – z. B. in religiöser Bildung, Erziehung und Seelsorge – einen adäquaten Zugang zu *faith* ermöglichen.[187] Die Bedeutung von Fowlers Stufenmodell liegt bis heute darin, dass sie eine Basisstruktur eigener Reflexionen und Auseinandersetzungen bietet. Gleichwohl gibt sie den Anschein fester Entwicklungsordnungen. Fowlers Forschung wird unter anderem im Bezug zu den Ergebnissen Fritz Osers und

---

[183] KLAPPENECKER (2017), 1–13, 2f.
[184] LUTHER (2015), 443–508.
[185] LOYOLA (2005). Vgl. GORRES (2018), 132–139.
[186] Vgl. ausführlich FOWLER (1989).
[187] Vgl. FOWLER (1981), 114.

Paul Gmünders diskutiert, die fast zeitgleich ihre »Stufen des religiösen Urteils« entwickelten.[188] Auch die religiösen Stile nach Heinz Streib[189] sowie die Studien zu »kognitiven Voraussetzungen religiöser Entwicklung« nach K. Helmut Reich und die Forschungen Ana Maria Rizzutos, einer Religionspsychologin und Psychoanalytikerin, orientieren sich an der Stufentheorie Fowlers.[190]

Heinz Streib[191] benutzt nicht den Begriff der »Stufen«, sondern den Begriff der »religiösen Stile" und betont damit, dass religiöse Entwicklung multifaktoriell bedingt und damit nicht nur kognitiv zu betrachten ist. Diese religiösen Stile sind wie die aufsteigenden Stufen zwar auch hierarchisch angeordnet, aber vergangene Stile sind nicht überwunden, sondern Regressionen in frühere Stile sind möglich. Dahinter steckt die Annahme, dass verschiedene Formen des Umgangs mit Religiosität sich nicht notwendigerweise gegenseitig ausschließen müssen. Somit ist eine Vermischung verschiedener Stile möglich, was folgendes Schaubild verdeutlichen mag:

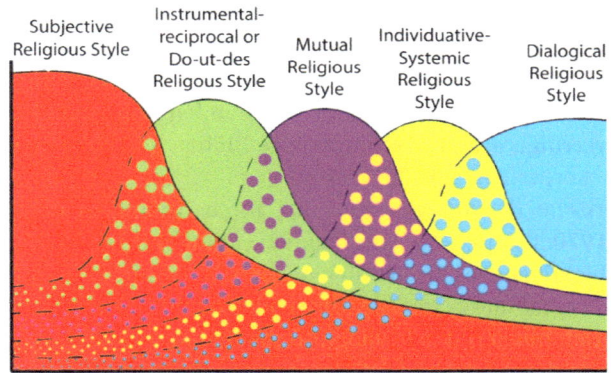

Abbildung 1: Grafische Darstellung der religiösen Stile nach Streib.[192]

Gerhard Büttner und Veit-Jakobus Dieterich weisen darauf hin, das neuronale Forschungen speziell zu religiösen Entwicklungen, die es im angelsächsischen Raum gibt, in Deutschland in der Breite nicht rezitiert werden[193], was für eine komplexe Lerntheorie gerade auch für die Seelsorge wichtig wäre.

Interessant wäre auch die theologische Auseinandersetzung mit Justin L. Barrett, einem experimentellen Psychologen, der in seiner Schrift *Born Believers*

---

[188] SCHWEITZER (2016), 121ff.
[189] BÜTTNER/DIETERICH (2013), 68ff.
[190] Vgl. ROLLETT (2004), 43ff.
[191] STREIB (2005), 99–121.
[192] STREIB/KELLER (2018).
[193] So mit BÜTTNER/DIETERICH (2013), 10.

von 2012 religionsentwicklungspsychologisch davon ausgeht, dass Kinder bereits geborene Glaubende sind, die von Anfang an und naturgemäß Gottesvorstellungen in sich tragen, welche *nicht* dem Einfluss erwachsener Personen geschuldet sind.[194] In der psychologisch ausgerichteten Spiritualitätsforschung wird das integrale Stufen-Bewusstseinsmodell Ken Wilbers in den Diskurs aufgenommen, welches in der theologisch-europäischen Forschung nicht und in der angelsächsischen Wissenschaft äußerst kritisch bzgl. wissenschaftlicher Standards, Vorgehensweise, wissenschaftlichen Diskurs und gleichsam auch inhaltlich bzgl. seines Evolutionsverständnisses, seiner Anthropologie und seiner fachwissenschaftlichen Rezeption diskutiert wurde.[195] Eine solide Einordung der geläufigen Stufenmodelle in spiritueller Hinsicht findet sich bei Anton A. Bucher.[196] Er kennzeichnet die meisten gängigen spirituellen Entwicklungsmodelle als mit dem Modell »Stufen« arbeitend und »infolgedessen (als) linear und hierarchisch«, insbesondere das von Ken Wilber.[197] Er plädiert mit Ferrer zum einen für eine Vielfalt spiritueller Entwicklungspfade, stufenförmig, aber auch spiralförmig, an welchen partizipiert werden kann, und zum anderen für eine »spirituale Individuation«, die nicht kognitionszentristisch ist, sondern Spiritualität wirklich verkörpert (*embodied*). Eine solche ist die integrative Arbeit mit dem Lebenspanorama. Darüber hinaus gilt: An den Früchten sollt ihr sie erkennen. Spirituelle Entwicklung, wie auch immer verstanden, sollte narzisstische Selbstzentriertheit verringern und das »integrierte Blühen aller Dimensionen der Person fördern« – körperlich, geistig, seelisch.[198]

Die empirische *Biografieforschung* hat ihren Anfang in den Sozialwissenschaften der 1970er Jahre. Die Auseinandersetzung mit Biografie eröffnet einen Zugang zu subjektiven, gesellschaftlichen wie zeitgeschichtlichen Prozessen und machte auf diese aufmerksam. Sie verwendet qualitativ-empirische Methoden: vielfältigstes Datenmaterial wie biografische Erzählungen, Briefe, Tagebücher etc. Zentrales Instrumentarium ist das sogenannte narrative Interview.[199] Der Anspruch theologischer Biografieforschung ist es, die lebensgeschichtlichen Prozesse religiöser Bildung zu erkennen und zu begleiten. Dazu muss die Lebenswelt und -praxis eines erhebenden Subjekts umfassend berücksichtigt werden. Es zeigt sich, dass Säkularisierung und Individualisierung einen grundlegenden Wandel der Gestalt von Religion und Religiosität herbeigeführt haben. Institutionelle Kirchlichkeit und private Religiosität driften auseinander. So hat z. B. Annegret Reese in ihrer empirischen Studie zeigen können, dass viele Singlefrauen Lebens- und Glaubensreflexionen vornehmen, die bis dahin noch nicht

---

[194] BARRETT (2012).
[195] WILBER (2007). Kritisch zu Wilber: BUCHER (2017), 81–92, 91f.
[196] BUCHER (2017), 81–92. Vgl. auch: BUCHER (2014).
[197] BUCHER (2014), 91.
[198] Mit BUCHER (2014), 91f im Anschluss an FERRER (2011), 1–34.
[199] KALLOCH/LEIMGRUBER/SCHWAB (2014), 304ff.

in den theologischen Diskurs aufgenommen worden sind.[200] Die Auskunft über die Relevanz oder den Relevanzverlust traditioneller Glaubensaussagen und – formen sowie die Suche nach einer adäquaten religiösen Glaubenspraxis und angemessenen Ausdrucksformen bleibt nach wie vor in biografischer Hinsicht von zentraler Bedeutung. Zugrundeliegende Modelle und ihre inhärenten Erwartungshorizonte müssen kritisch gesichtet werden.[201]

Der Begriff *Lebenslauf* ist in der Praktischen Theologie von Konstanze Kemnitzer eingetragen worden. Kemnitzer versteht unter dem Begriff Lebenslauf die gesamte Lebensspanne eines Menschen. Während sich die Forschung in der Praktischen Theologie in den letzten Jahrzehnten vorwiegend auf die individuelle Dimension und hier besonders auf die Entwicklung der Lebensgeschichte und der Biografie-Arbeit konzentriert hat, geht es Kemnitzer in ihrer Untersuchung »Glaubenslebenslauf-Imaginationen« (2013) darum, die individuellen und kulturell-kollektiven Muster zu analysieren, mit denen Menschen ihren eigenen Weg darstellen.[202] Der Glaubenslebenslauf, verstanden als das Ergebnis der Verwobenheit von menschlichem Leben und Glauben, stellt einen Schatz kultureller Zeichen einer Tradition dar. Menschen können sich mit ihrer Hilfe entlang ihrer Muster *rückblickend* auf eine spirituelle Reise begeben und *vorausschauend* ihr eigenes Modell entwickeln.[203] Jedem Modell, so z. B. dem des Lebensbaumes, liegen Imaginationsprozesse zugrunde. Imagination bezeichnet die in der Historie oft mit Misstrauen begleitete »Gabe der Komprimierung unanschaulicher Sachverhalte in einem Bild.«[204] Kemnitzer fragt danach, wie der christliche Glaube sich selbst in seiner Verwobenheit mit dem menschlichen Lebenslauf als ganzen und in seinen einzelnen Abschnitten zu verstehen vermag und konzentriert sich auf Vorstellungen der Gestalt des Glaubens im Laufe der Lebensalter, die sich in der Wissenschaft, in der alltäglichen Lebenswelt (zum Beispiel bei Geburtstagswünschen) und im christlichen Bildgedächtnis zeigen.[205] Sie unterscheidet grundsätzlich zum einen dynamisch-lineare Modelle der Glaubenslebenslauf-Imagination, die auf die Veränderung des Glaubens im Wandel der Lebensalter bezogen sind, dabei Konstantes nicht abbilden, von zum anderen räumlich-statischen, die Beständigkeit fokussieren und Veränderungen nicht in den Vordergrund stellen.[206] Diese grundsätzliche Differenzierung wird in sechs Imaginationen ausdifferenziert, die eine eigene Ästhetik und Anästhetik aufweisen. Stufungen des Lebens, z. B. in Treppen und Schichten, gehören dabei zu den dynamisch-linearen, speziell zu den separierenden Imaginationen. Dabei macht Kemnitzer eine interessante Beobachtung: In der heutigen westlichen Lebens-

---

[200] REESE (2006).
[201] Mit KLAPPENECKER (2017), 6.
[202] KEMNITZER (2013).
[203] KEMNITZER (2013), 21.
[204] KEMNITZER (2013), 23.
[205] KEMNITZER (2013), 41.
[206] KEMNITZER (2013), 247.

welt mit ihren wissenschaftlichen Theorien zur Beschreibung altersspezifischer Religiosität ist nicht mehr das Modell einer in ihrer Symmetrie ausgewogen Treppe vorherrschend, sondern dass einer arythmisierten Treppe. So steigt ein Mensch Stufe für Stufe bis zum 30. Lebensjahr hinauf, verweilt auf einer Art sozialem Plateau und begibt sich schließlich auf einen kurzen, harten Abstieg. Modelle dieser Art können gemäß Kemnitzer die Sensibilität für Bilder erhöhen, was wiederum bedeutsam für kirchliche, pädagogische und wissenschaftliche Arbeit ist. Die glaubensbildende Kraft der Bilder kann Imaginationspotenzial und im Anschluss daran Aktionspotenzial bilden.[207] Mit ihrem Tableau an Glaubenslebenslauf-Imaginationen hat Kemnitzer Muster von Lebenslauf-Vorstellungen gehoben und in deren Stärken und Schwächen problematisiert. Ihrem Plädoyer für eine angemessene Imaginationserprobung neben dem stufenartig-dynamischen Modell sollte nachgegangen werden.[208] Es ermöglicht eine Reflexion der Glaubenslebensläufe und zugleich ein bewussteres tieferes Verständnis des eigenen Seins.

Horst Rupp und Susanne Schwarz[209] haben sich mit der Notwendigkeit der Standardisierung eines Lebenslaufes befasst. Aus soziologischer Beobachtung stellen sie sich der Frage, wer oder was Lebensläufe überhaupt strukturiert? Ist zum Beispiel die Dreiteilung eines Lebenslaufes in die Sequenzen Bildung – Erwerbsarbeit – Wohlstand mit den innewohnenden Sinnstrukturen Investitionen – Erzielen von Arbeitsergebnissen – Belohnung nicht Ausdruck institutioneller Vorgaben, die aus rechtfertigungstheologischer Sicht nicht übernommen werden können? Oder sind sie Ausdruck freier Individualität? Sie fragen weiter nach den möglichen Verhaltenserwartungen standardisierter Lebensläufe, ihren Geschlechter- und Altersrollen-Klischees. Schwarz stellt heraus, dass neben aller Strukturskepsis ebenso Strukturbedürfnisse soziologisch gesehen werden müssen.[210] Es kommt also wesentlich darauf an, biografische Kompetenz, die Fähigkeit zur planenden Selbstorganisation des einzelnen, zu entwickeln.[211]

Die Lebenspanoramatechnik fördert eine solche Kompetenz und ist gleichsam Ausdruck derselben. Über die Phänomene, die im Bild sichtbar werden, kann seelsorglich weiter nach den Strukturen und den Entwürfen geistlichen Lebens im individuellen persönlichen Karrierelauf gefragt werden.

---

[207] KEMNITZER (2013), 256–269. Sie führt dies am Beispiel der Glaubenslebenslauf-Imagination des Abendmahls aus.

[208] V. a. Imaginationen wie Lebenskreise, -bäume und Korallen entfalten neue Möglichkeiten in Zeiten großer Komplexität.

[209] RUPP/SCHWARZ (2015).

[210] RUPP/SCHWARZ (2015), 20.

[211] Mit RUPP/SCHWARZ (2015), 32.

3.2 Durchführung der Methode »Lebenspanorama«

3.2.1 Das Setting – Vorbereitungen

Die Vorbereitung braucht einen zum Malen adäquaten störungsfreien Raum. In der Regel erfolgt die Hin- und Durchführung in Gruppen. Entsprechend ist für eine ausreichende Raumgröße zu sorgen. Es bedarf für jede Person ein DIN-A3-Blatt. Die Blattgröße ist ebenso wie die Wachsmalstiftauswahl (sechs Farben) festgelegt, um eine vergleichbare Standardisierung in der Auswertung zu bekommen. Es wird bei der Untersuchung an Tischen gemalt. Dabei ist neben dem Malen mit den Wachstiften auch das Schreiben möglich. Die Form ist offen. Generell kann auch auf dem Boden gemalt werden, was in therapeutischen Settings auch üblich ist. Die Malenden bereiten vor der imaginativen Hinführung ihre Malutensilien und ihren Platz vor und positionieren sich, wenn möglich – sitzend oder liegend – in der Nähe, sodass unmittelbar nach Beendigung der Imagination gemalt werden kann. Die Stiftdose ist offen, sodass direkt ein Aufforderungscharakter durch die Farben gegeben ist, wenn mit dem Malprozess begonnen wird.

Da es sich beim Malen um ein dreizügiges Panorama mit drei Aspekten als Entwicklung über die Lebensspanne handelt, beinhaltet es die Perspektiven der Gegenwart, Vergangenheit und Zukunft unter den Aspekten des Konstruktiv-salutogenetischen, Destruktiv-pathogenetischen und des Defizitären (*life span development*). In diese wird imaginierend eingeführt, um eine größtmögliche innere Involvierung an diesem Prozesspunkt zu erreichen.

3.2.2 Die Imagination des geistlichen Lebenslaufes – Hinführung/Initialphase

Dass der Mensch seinen Glaubenslebenslauf imaginieren kann, hat Konstanze Kemnitzer in ihrer Schrift »Glaubenslebenslauf-Imaginationen« (2013) für die Praktische Theologie herausgearbeitet, insbesondere auch in ihrer historischen und alltagspraktischen Dimension (Geburtstagsgedichte). »Imagination« ist der Schlüsselbegriff ihrer Habilitationsschrift. Sie weist auf das historisch seit den Anfängen bei Plato und Aristoteles anhaftende Misstrauen gegenüber der »Imagination« hin, welches eine Geringschätzung der Vernunft assoziierte und mitunter gar als gefährlich eingestuft wurde. Die Kirchenväter verurteilten sie als *cupiditas oculorum* (Begierde der Augen). Kant forderte ihre »Bezähmung« ein und wies auf die Abgründe einer regellosen Phantasie hin. Gleichsam arbeitete er an einer Beschreibung ihrer epistemologischen Bedeutung. Neue Bedeutung erlangte die Imagination im 18. Jahrhundert. Die Einbildungskraft wurde von Spinoza bis Schelling aufgewertet. In der Romantik wurde sie gar Ausdruck der schöpferischen, autonomen Aisthesis in Traum und Spiel mit inneren Bildern. Auf die zerstörerische Kraft wurde gleichsam hingewiesen. Seit ihrer Neubewertung in der Romantik ist sie nicht weiter verpönt. Sie nimmt vielmehr eine höchste Position unter allen geistigen Tätigkeiten ein. Daran anknüpfend beschreiben im 20. Jahrhundert Psychologie, Phänomenologie und Hermeneutik ihr Potential. Hinzu trat die Analyse wissenschaftlicher Theoriemodelle als Bilder, die theoretische Durchdringung aus bildtheoretischer Sicht im Rahmen des sogenannten *iconic turn*.

Kemnitzers Untersuchung von Glaubenslebenslauf-Modellen als bildliche Vorstellungen, eben als Imaginationen, fügen sich an dieser Stelle ein, ebenso die vorliegende Untersuchung der Lebenspanorama-Technik. Wie Kemnitzer setzt sie die anthropologische Fähigkeit der Imagination, gemeint ist damit, Bilder zu wagen, zu setzen und mitzuteilen, als anthropologische Fähigkeit voraus. Kemnitzer fokussiert sich dabei auf die Verwobenheit von Glauben und Leben: Glaubenslebenslauf-Imaginationen. Die vorliegende Schrift verdichtet diese im individuell angelegten Lebenspanorama. Im Hintergrund beider steht die theologische Metaphern-Theorie, die davon ausgeht, dass in Theorie und Praxis bildliche Redeweisen jedes Denken begleiten. Die bildakt-theoretische Forschung, insbesondere bei Horst Bredekamp, weist darauf hin, dass Entscheidendes geschieht, wenn wissenschaftliche Erkenntnis im Modell fixiert wird, dass jenseits dieses Ereignisses eben noch nichts ist. Erst im Schema werden Gedanken zu einer verdichteten Erkenntnis. Denken heißt zeichnen jenseits aller Fragen nach künstlerischer Qualität. Theorien werden gebildet (namentlich steckt im Wort schon das »Bild«). Kemnitzer geht in ihrer Studie davon aus, dass jede menschliche Theorie das Ergebnis eines verdichteten Imaginationsprozesses ist, sozusagen eines bildgebenden Verfahrens (Ulrich Ratsch). Mittels dieser versuchen Menschen Erkenntnis zu gewinnen. Dabei sind diese Imaginationen wie auch das Lebenspanorama beeinflusst von der aktuellen Perspektive, vorhandenen Modellangeboten (oder keinen dieser), gegenwärtigen Eindrücken und dem aktuell verfügbaren Potenzial der Fantasie im Spiel mit der von ihr wahrgenommenen Realität unter einer wachsamen kritischen Vernunft.[212]

Zu Beginn der Imagination des geistlichen Lebenslaufes gilt es, körperlich zur Ruhe und »zu sich« zu kommen sowie den Ablenkungen nicht weiter nachzugehen. Dazu kann z. B. eine kurze eutonische Übung dienen.[213]

Anschließend beginnt die Reise in sich selbst, in die eigenen Erinnerungen und persönlichen Vorstellungswelten. In dieser Initialphase werden die Seelsorge-Auszubildenden angeleitet, ihr Leben von der Gegenwart bis in den Mutterleib und von dort wieder zurück bis in die Gegenwart und darüber hinaus mit einer Zukunftsvision vor ihrem »inneren Auge« revue-passieren zu lassen bzw. prospektiv zu imaginieren. Konkrete Aufgabe ist es nun, den Weg anzusagen, den die Teilnehmenden zurücklegen sollen: zum einen von der Gegenwart zurück bis zur Geburt mit kurzem Blick darüber hinaus (z. B. mit Worten wie »Bitte

---

[212] Vgl. BREDEKAMP (2010), 290.
[213] Z. B. BRANDT (1988), 136f.

nehmen Sie wahr, welche besonderen Ereignisse, Personen, Orte kommen Ihnen in den Blick; gehen Sie die letzte Wegestrecke zurück bis zum 40. Geburtstag; gehen Sie weiter zurück bis in die Zeit der Familiengründung und zum Berufstätigkeitsbeginn, nehmen Sie ihre Studien- bzw. Berufsausbildungszeit in den Blick, ihre Jugend- und Schulzeitzeit bis zum Grundschulalter; ihren ersten Schultag; ihre Kindheit bis Geburt – vielleicht auch etwas darüber hinaus?«).

Zum anderen gehen Sie nun den Weg nach vorne: von der Geburt bis in die Gegenwart mit Blick in die Zukunft (z. B. mit Worten wie »Bitte schauen Sie nun, welche geistlichen-spirituellen Ereignisse, Personen und Orte ihnen in den Sinn kommen.« Es ist immer wieder im Verlauf zu erfragen, was erfüllend (konstruktiv-salutogenetisch) war und was unerfüllt (defizitär) blieb; was oder wer konstruktiv-förderlich war, aber auch was misslungen bzw. wer/was destruktiv-pathogen war. Beginnen sie z. B. mit der Frage: Wie war es aus der Geburt ins Leben hineinzukommen? Gibt es Erinnerungen, Bilder, Wahrnehmungen? Wie war unter spirituellem Blick ihre Kindheit? Sind Sie als Kind getauft worden oder später; gab es jemanden, der mit ihnen gebetet hat, gab es geistliche Erfahrungen? Gehen wir weiter zur Jugendzeit, bis zum Schulabschluss – gab es auf diesem Weg Menschen, Personen, Ereignisse, die in besonderer Weise für Sie wichtig sind/waren (dies gilt in förderlich-konstruktiver Weise, misslungener wie auch ausbleibender, unerfüllter Weise)? Hatten Sie Kommunion/Konfirmation mit der entsprechenden Unterrichtszeit, Religionsunterricht in der Schule? Mit wem konnten Sie über die großen Fragen des Lebens reden? Gehen Sie nun weiter in die Jahre des Studiums, der Berufsausbildung, des jungen Erwachsenenseins – Wer oder was war geistlich-spirituell förderlich, hinderlich, misslungen, was blieb unerfüllt? Kommen Sie weiter auf ihrer inneren Reise in das Erwachsenen-Alter und durchschreiten Sie es bis in die Zeit ihres letzten runden Geburtstags: Was und wer hat Sie geistlich/spirituell geprägt? Gab es wichtige Orte, Zeiten, Handlungen? Gehen Sie nun weiter und kommen Sie in der Gegenwart an: Wie ist es heute? Schauen Sie nach vorne, in ihre Zukunft: Was wünschen, ersehnen Sie sich bzgl. ihres persönlichen geistlichen Lebens für die Zukunft?

Wichtig bei den Ansagen ist es, wertneutrale Formulierungen ohne intrinsische Bewertungen und einen ruhigen Sprachduktus zu wählen, mit viel Zeit zwischen den Ansagen, sodass die Imaginierenden Raum für ihre spezifischen Erinnerungen finden.

Abschließend wird die sogenannte Panoramaperspektive[214] angeleitet z. B. mit folgenden Worten: »Nehmen Sie nun ihr geschautes Leben, so wie es ist, im Ganzen in den Blick, als ob Sie von etwas oberhalb drauf schauen würden: ihre Vergangenheit, Gegenwart und Zukunft«. Es folgt der individuelle Malprozess des Geschauten.

---

[214] Vgl. die Ausführungen unter 3.1 Panoramatechnik.

3.2.3 Das Malen – Durchführung/Aktionsphase

Die Teilnehmenden malen nun ihren Lebenslauf mit Wachsmalkreiden »von vor der Geburt, über die Geburt bis zum gegenwärtigen Tag und darüber hinaus« auf ein Papier.[215] Es wird die konkrete Malanweisung gegeben, z. B. mit den Worten: »Malen sie nun das Bild auf das Papier, das sie vor Augen haben, mit all den Menschen, Orten, Handlungen, Ereignissen, die sie innerlich wahrgenommen haben. Stifte und Papier liegen vor ihnen; Sie haben 40 Minuten Zeit. Wenn sie meinen fertig zu sein, verweilen sie bitte ruhig am Platz, um ein wenig nachzusinnen. Sie können dann gerne noch ergänzen.«

3.2.4 Der Titel des Bildes – Abschluss/Integrationsphase

In der Integrationsphase wird das Bild exploriert, Primärqualität, Sekundärqualität und Tertiärqualität herausgearbeitet. Dieser Prozess geschieht zuerst in Korespondenz mit sich selbst (aus Hyperzentrizität einen Titel benennen – erste Phase), später mit anderen oder mit der Seelsorgebegleitung (weitere Integrationsphasen). Verschiedene Ko-respondenzprozesse und damit verschiedene Integrationsphasen können entstehen.[216] Die Gesprächspartner und Gesprächspartnerinnen des/der Malenden orientieren sich an ihren Resonanzen (ggf. auch, falls geschult, an möglichen Übertragungen bzw. Gegenübertragungen). Konkret: Nachdem geschaut wurde, ob die Zeit zum Gestalten für alle ausreichend gewesen ist, beginnt der Abschluss. Wird noch zusätzliche Zeit benötigt, ist diese zu geben: in der Regel fünf bis zehn Minuten. Die Leitung sagt nun erneut an, dass die Teilnehmenden noch einmal auf ihr gemaltes Bild schauen mögen: »Das Panorama ihres geistlichen persönlichen Lebens liegt vor ihnen«. Die Leitung bittet die Teilnehmenden nun, ihren Bildern einen Titel zu geben, den diese dann auf der Rückseite aufschreiben mögen.

Es sollte sich eine längere Erholungspause anschließen. Zwei Stunden sollten für den eben geschilderten Prozess inkl. Pause mindestens bereitgestellt werden. In der nächsten Einheit sollten die Teilnehmenden gefragt werden, wie sie den Malprozess erlebt haben, bevor sich weitere Arbeit anschließt.

---

[215] Vgl. Petzold/Orth (1993a/2012), 125–171.
[216] Vgl. 3.4.2 Optionen zur Weiterarbeit.

3.3 Auswertung der Lebenspanoramen

3.3.1 Die Anlage des Auswertungsrasters

Auswertungsbogen

Bild Nr.
Titel:
Kennzeichnung:
Bild:

Auswertungskriterium	Beobachtungen/Aussagen
Farben	
Formen	
Symbole	
Schrift	
Flächen	
Aufteilung	
Komposition (Zusammensetzung / Gewichtung der Teile)	
Material	
Imaginationen	
Titel des Bildes	

Abbildung 2: Auswertungsbogen für die Lebenspanorama-Analyse (Gorres 2022)

Um eine vergleichbare Evaluation der Lebenspanoramen zu erreichen, wurde für diese wissenschaftliche Untersuchung ein Auswertungsbogen entworfen, der bestimmte vergleichbare Phänomene des Malens in den Blick nimmt. Unter einem Phänomen (bildungssprachlich auch »Phänomenon« von altgriechisch *φαινόμενον*) wird hier eine beobachtbare und wahrnehmbare Erscheinung verstanden, welche sich den Sinnen darbietet und sich der Erkenntnis als ein Bewusstseins-Inhalt darstellt. Die zehn Phänomene sind: die Farben, die Formen, die verwendeten Symbole, die Schrift, die Flächen, die Aufteilung, die gesamte

Komposition des Bildes und das verwendete Material, die Glaubensimaginationen und der Titel. Die Malutensilien sind zur Vergleichbarkeit standardisiert (DIN-A3-Block und sechs Wachsmalstifte). Die Fragen nach der Imagination (des Glaubens; der Weltsicht u.a.), metaphorischen Gestaltung und der Titelgebung des Bildes wurden als Auswertungskriterien 9–11 der Untersuchung hinzugefügt. Sie sind phänomenologisch verankert und weisen über die konkreten phänomenologischen Ausdrücke hinaus auf die entdeckbaren Strukturen oder geistig-spirituellen Lebensentwürfe. Alle können dann in eigenen bzw. in Korespondenzprozessen in Begleitung durch die Seelsorgenden weiterentwickelt werden. Die individuellen Lebenspanoramen werden standardisiert und auch anonymisiert, d. h. mit einer Bildnummer versehen.

3.3.2 Die Erkenntnisse der Auswertung der Phänomene

3.3.2.1 Farben

Die vorgegeben acht Wachsmal-Farben waren blau, rot, grün, gelb, violett, orange, schwarz und braun. Die Malenden konnten intuitiv ohne Vorgaben ihre Farben wählen. Es ist festzuhalten, dass bei den 35 Untersuchungsobjekten wenigstens vier Farben gewählt wurden; im Schnitt sechs Farben. Bei der Farbwahl – bezogen auf die drei am meisten genutzten Farben in den 35 Objekten – bilden blau (24/35) und gelb (20/35) mit Abstand die am meisten gewählten Farben, gefolgt von grün (15/35), rot (13/35) und braun (12/35). Es schließen schwarz (9/35), orange (8/35) und lila (4/35) das Ranking ab.

3.3.2.2 Formen

Die Malenden wählen verschiedene Formen. Zu nennen sind: Kreise, Quadrate, Bögen, Trapeze, Vierecke, Rechtecke, Spiralen, Ovale und X-Formen, Linien und Pfeilformen sowie Schalen- und Wolkenformate. Die mit Abstand häufigsten gewählten Ausdrucksformen sind: Kreise (28/35), Bögen und Linien (11/35) sowie Quadrate (9/35) und Dreiecke (11/35).

3.3.2.3 Symbole

Die Malenden verwenden eine Vielzahl an Symbolen. Als die am meisten gebrauchten Symbole sind die Sonne (19/35), das nichtgleichschenklige Kreuz (15/35) und das Herz (13/35) zu nennen. Es folgen Baum (8/35), Wolke (7/35), Musiknoten (6/35), Fluss (6/35), Buch (6/35 davon dreimal mit einem Kreuz bezeichnet) gefolgt von Smileys (5/35), (Tauf-) Schale mit Wasser und Blumen (jeweils 5/35) sowie Kreise (4/35), Fisch (3/35), Mond (2/35), Sterne (3/35), Davidstern (3/35), Regenbogen (3/35). Hinzu treten gelbe Sternkreuze, Brille, Wasserhahn, Berge, Wellen, Schutzschild, Boot, Tränen, Ringe, Wiege, Aureole Auge, (segnende) Hände, Weihnachtsbaum, Flamme, Lorbeerkranz und Brot & Kelch, die jeweils nur ein bis zweimal zum Ausdruck kamen.

3.3.2.4 Schrift

Drei der 35 Untersuchungsobjekte sind vorwiegend im Schriftbild gestaltet. Ungefähr die Hälfte (16/35) der Bilder weisen eine Beschriftung auf, die Erläuterungen, Einteilungen, Überschriften, Titel des Bildes oder Kürzeln enthält. Mehrheitlich wurden dabei die Farben Schwarz und Blau gewählt. Ergänzt werden die drei vorwiegend in Schrift verfassten Untersuchungsobjekte durch kleine Symbole in anderen Farben. Unterstreichungen ordnen und strukturieren das Schriftbild. Inhaltlich bezeichnen die Worte und Kürzel Lebensereignisse und das eigene Leben begleitende Menschen. Jahres- und Jubiläumszahlen werden ebenfalls verwendet. Da die Zahlen und Schriftbilder auf Flächenfarben aufgesetzt wurden, kann von einem nachgeordneten Schreibprozess zumindest bei den Untersuchungsobjekten gesprochen werden, bei denen die Schrift nicht vorwiegend vorhanden ist. Bei eben diesen ist die Schrift (auch farbig) auf weißem Grund gesetzt. In einem Fall ist schriftlich in Form einer Spirale die geistliche Lebenserfahrung formuliert worden, die sich ansonsten schriftlich z. T. in den Titel widerspiegeln.

3.3.2.5 Flächen

Die Fläche des Blattes wurde von der Mehrzahl der Malenden ausgefüllt (20/35). Die restliche Anzahl füllte zu zweidritteln die Fläche des Malpapiers aus (14/35). Lediglich eine Person gestaltete einen konzentrierten Punkt in der Mitte des Bildes und lies die restliche Fläche (80) des Papiers unbemalt. Auffällig ist, dass alle Malenden einen eindimensionalen Malstil in der Fläche wählten. Mehrdimensionalität wurde einzig bei Gebäuden und in der Darstellung von Büchern gewählt. Auch die Menschendarstellungen blieben eindimensional. Sie werden vorwiegend als »Strichmännchen« oder Kreuze gestaltet.

3.3.2.6 Aufteilung

Die Aufteilung des Bildes erfolgt in 27 von 35 Untersuchungsobjekten als Zweiteilung, in 7 von 35 Fällen als Dreiteilung und in einem Fall als konzentrierter Kreis in der Bildmitte (Zweiteilung).

Betrachtet man die mehrheitlich gewählte Zweiteilung, so ist festzustellen, dass ein Weg, ein Fluss, ein Bogen, ein Stufen- oder Säulenweg sowie ein Horizont das Bild in zwei Bildhälften teilen (21/27). Der Weg sowie die Bildhälften werden individuell ausgestaltet. Auffällig ist, dass in 21 von 27 Untersuchungsobjekten die Lebenslinie als Weg, Fluss, Bogen, Stufe, Säule etc. gestaltet ist und davon in drei Fällen als unverbundene Darstellungen, aber als Lebensprozess, geordnet sind. In den meisten Fällen richtet sich der Prozess auf die obere rechte Bild-Ecke hin aus. Sie wird mehrheitlich (21/35) durch eine Sonne markiert, aber auch als Licht oder Regenbogen gemalt. In 3 von 35 Fällen findet sich diese Darstellung auch in der linken Ecke (Sonne / Leuchtturm mit Sonne). In 4 von 21 Fällen ist die Mitte Aufteilungspunkt, markiert durch eine Sonne, ein Herz, einen Kreis oder eine überlaufende Wasserschale.

Bei der Dreiteilung der Bilder ist festzustellen, dass sie entweder der Aufteilung in Kindheit-Jugend-Erwachsenenalter (6/7) oder der Aufteilung in Erde-Wiese-Wolken mit Sonne (1/7) folgen.

3.3.2.7 Komposition

Mit der Komposition sind die konkrete Zusammensetzung und Gewichtung der Teile des Bildes gemeint. Die überwiegende Anzahl der Bilder ist von links nach rechts oben bzw. aus der Mitte nach rechts oben konzipiert. Die Bewegung des Malens und der Ausdrucksgestaltung führt auch sonst in der überwiegenden Mehrheit von links nach rechts. Abweichend davon sind vier Kompositionen von links oben nach rechts und links mit Bogen nach links zusammengesetzt worden, eine von rechts unten nach links oben und eine als mittige konzentrierte Kreiskomposition. Die Gewichte liegen letztendlich immer auf das gemalte Prozess-Ende der dargestellten Lebensbewegung. Dabei fallen v.a. die Sonne(n) auf, die in unterschiedlicher Maldicke in der Farbe Gelb das Bild Gewicht an dieser Stelle verleihen. Den Sonnen folgt der Regenbogen als Zielgewichtung. Die Farbwahl ist überwiegend in Gelb bzw. in den Farben des Regenbogens gehalten, wobei auffälliger Weise auch dabei Gelb gewichtet ist. Einzelne Menschen sind auf dem geistlichen Lebensweg gewichtet durch Farbgebung und Symbolik.

3.3.2.8 Material

Das Material der Untersuchungsobjekte war vorgeben: ein DIN-A3-Zeichenblock und eine Sammelbox von acht Wachsmalstiften in den jeweils gleichen Farben. In allen Fällen wurde der Zeichenblock benutzt. Die Wachsmalstifte wurden entsprechend der individuellen Farbwahl benutzt (siehe Farben). In vier Fällen wurden ergänzend aus eigenem Besitz mit einem Kugelschreiber, Tintenroller bzw. Filzstift schriftliche Erläuterungen getätigt.

3.3.2.9 Imaginationen

In den Untersuchungsobjekten herrscht die Vorstellung vor, dass das spirituelle Leben ein Weg, ein Fluss, eine Bewegung bzw. ein Prozess ist. Diese Vorstellung gestaltet sich konkret in einer Abfolge von Lebensereignissen, -schritten, Etappen, die mal mehr oder weniger verbunden sind, und durch die Farbwahl bzw. Schrift bezeichnet sind. In Reflexion auf die Anleitung der Imagination muss benannt werden, dass die Anleitung letztlich eine geleitete Übung ist. Sie ist geleitet, weil durch die Ansagen zur Imagination in der Panorama-Arbeit weghafte Implikationen liegen, da die Impulse aufgeschlüsselt sind in Hinweisen zur Vergangenheit, Gegenwart und Zukunft. Dieser Weg-Charakter kann sich durchaus in den gemalten Lebenspanoramen Weg-Entwicklungsimaginationen wiederfinden. Lebenspanorama-Arbeit ist damit, gleichwohl sie Imaginationsfreiräume lässt, nicht imaginationsfrei. Vertrauen in die Anleitende bzw. ein Vertrauensvorschuss ist zu geben. Dabei stellt das Gesehenwerden des eigenen Lebens eine Grundimagination dar, in welcher Wertschätzung für das Lebens-Wertvolle geschieht. Damit liegt in der Lebenspanorama-Arbeit grundlegend eine seelsorgliche Dimension, die den Einzelnen mit dem Zuspruch begleitet: Da ist ein erzählbarer Weg. Diese Implikationen seien an dieser Stelle markiert.

Die Bewegung, die Ausrichtung bzw. das Ausschauhalten vollzieht sich dabei in fast allen Fällen zum Lichten, Helleren, Höheren hin, welches als Sonne(n), Regenbogen, Licht, Konzentrierte, Befreite, wenigstens in das konkret Bunte, wo nicht die Farbe schwarz gewählt wurde, entfaltet bzw. symbolisiert ist.

Menschenbilder werden vereinfacht eindimensional als »Strichmännchen« oder mit einem Herzen oder Kreuz symbolisiert. Sie stehen systemisch näher und ferner, mehr oder weniger nah.

In der Vorstellung werden sie erfüllt, erhellt, getragen, genährt. Lebenslinien treffen sich, berühren und entfalten sich. Leben ist Bewegung auf etwas hin. Es überschreitet Stadien und Etappen immer wieder zu etwas Neuem und anderem hin; Lebensabfolgen ergeben sich aus Einzelereignissen. Sie sind immer wieder neu offen. Eine Glaubensentwicklung erfolgt in Phasen oder Schrittfolgen. Geistliches und persönliches Leben ist miteinander auf das engste verschränkt. Geistliches Leben kennt einen Ausgang/Ausfluss und eine Zielperspektive. Dazwischen vollziehen sich individuelle Entwicklungen. Kein Lebenspanorama ist identisch, gleichwohl es symbolische und strukturelle Vergleichspunkte bietet.

Der Lebenslauf wird von Licht (gelbe Farbe) oder Wasser erfüllt, belebt und/oder getragen (blaue Farbe). Der Entwicklungsprozess ist dabei stets individuell eingefärbt (persönliche Farbwahl). Wasser wird als Quelle, Bedrohung, Lebensstrom gesehen, der das Leben durchzieht, Früchte hervorbringt. Das Leben als Taufweg wurde dreimal gemalt (Becken mit Wasser). Interessanterweise einmal ohne Taufbecken mit Wasser.

Als bildliche Stilmittel werden ein Weg oder ein Fluss für das eigene Leben gewählt, der sich schlängelt, verbreitert oder verzweigt und eine Zielperspektive kennt. Daneben werden als metaphorische Gestaltungsmittel Stufen (Zahl 11) oder Tritte, die aufsteigen; eine Wasserschale, die überquillt; Bäume oder vegetabil aussehende Stilmittel, die erblühen und Früchte tragen; Säulen, die wachsen und sich farblich verändern; ein Kreis, der konzentriert aus vielen bunten Punkten um einen blauen Punkt besteht; Lebenslinien und -bögen, die farblich und individuell markiert werden oder als ein Leben, das aufgespannt ist zwischen Geburt und Tod (mit einigen Perspektiven darüber hinaus) sowie Erde und Himmel benutzt. Interessanterweise können mehrere Sonnen als Stilmittel den Lebensweg begleiten (7/35). Hinzu tritt als bildliche Vorstellung ein Lebensbaum mit Wurzeln, Stamm und Krone ggf. mit Früchten.

3.3.2.10 Titel des Bildes

Von den 35 Untersuchungsobjekten tragen 28 einen Titel, sieben sind ohne einen solchen. Die Titel lauten: »Lebensleiter«; »Buntes Leben«; »Der Weg zum Himmel«, »Leben in der Fülle Kraft und Vertrauen«; »Mein buntes schönes Leben«; »Bunt«; »Die Lehre der Leere«; »Mit Mut vorwärts gehen«; »Fluss des Lebens«; »Sehnsucht«; »Farben frohes Leben«; »Recht nüchterner Werdegang«; »It's my life«; »Bitte Alles. Der Kampf ums ›Glück‹«; »Im Fluss«; »Immer wieder schön, wenn das Herz lacht«; »Wenn du durch Wasser gehst, so soll es dich nicht ersäufen (Jesaja)«; »Nomen est omen«; »Getragen sein«; »Fluss aufnehmen und abgeben«; »Magie des Lebens«; »Ernte«; »Das Buch des Lebens«; »Mein spiritueller L(i)ebensweg«; »Standfest gelassen – hin; mein Lebensweg«; »Veränderungen und Perspektivwechsel«; »Mein Licht«.

3.4 Exemplarische Lebenspanoramen und Optionen zur Weiterarbeit

Im Folgenden finden sich neun exemplarische Lebenspanoramen, die mit einem erklärend-erläuternden Untertext versehen sind. Die Bilder sind in Seesorgeaus- und fortbildungskursen der Jahre 2017 – 2020 entstanden.

3.4.1 Exemplarische Lebenspanoramen

3.4.1.1   Lebenspanorama »Standfest-gelassen-bin«

Abbildung 3: Lebenspanorama »Standfest-gelassen-bin«

Lebenspanorama 1 zeigt eine Treppe mit elf Stufen. Sie wird getragen von einem Schwingungsfeld wurzelartiger Linien in blau und schwarz und in dem oberen Bildbereich von Strahlen und weiteren wolkig sich formierenden schwarzen und blauen Linien. Auf den Treppenstufen gehen Strichmännchen auf und nieder. Diese sind jeweils einzeln in verschiedenen Farben gehalten. Die Farben sind auf der unteren Hälfte der Treppe im rot-braun-lila Farbbereich anzusiedeln und in der oberen Hälfte im grünen Farbspektrum. Die Treppenstufen sind gleichförmig aufsteigend dargestellt und blauer Farbgebung. Die Farbe Blau durchzieht auch die Schwingungslinien oberhalb und unterhalb der Treppe. Mit einzelnen Buchstaben und Worten sind die Strichmännchen auf den Treppenstufen bzw. die Treppenstufen als solche bezeichnet. Am oberen Bildrand finden sich zugespitzte Linien. Diese sind in den Farben gelb, blau und schwarz gezeichnet.

3.4.1.2   Lebenspanorama »ohne Titel«

Abbildung 4: Lebenspanorama »ohne Titel«

Das Lebenspanorama 2 teilt sich in drei Bildteile durch zwei gezeichnete Linien auf. Die Bildhälfte wird gestaltet durch eine sanft geschwungene Linie in verschiedenen Farben. Die Farbe Grün überwiegt. Am rechten Ende der Linie teilt sich die Linie auf und wird auf einer unteren grünen Linie fortgeführt zum linken Bildrand hin. Auf den zwei Linien sind Daten und Symbole zu sehen. Es sind folgende Darstellungen zu beschreiben: zwei Daten in lila und rot; ein Becken mit angedeutetem Vogel (Taufbeckensymbol), eine grüne ovale Form mit gelbem Strahlenkranz, eine weitere grüne Form mit Strahlenkranz, ein blaubraunes Männchen, ein schwarzes Buch mit Kreuz, eine rote Form, zwei Quadrate mit Handstil, eine blaue, dreigliedrige Form, eine weibliche Person gezeichnet mit braunem Kleid und gelbem Gesicht, eine Buchform, ein rotes Strichmännchen, ein schwarzes Kreuz, ein braunes Gebäude und ein dahinter liegendes schwarzes Gebäude mit schwarzem Kreuz. Auf der unteren Linie befinden sich der Auflistung folgend: ein schwarzes Kreuz mit roten Strahlenkreuz inmitten, ein rotes Männchen, ein blauer Quader mit angedeutetem buntem Vogel, ein gelbes Männchen, ein schwarz gestricheltes Feld mit braunem Kreuz und braunem Rechteck mit kleiner Person, ein blauer Quader unterteilt in fünf Felder, ein roter Bus, eine blau gezeichnete Kirche mit Kreuz auf dem Kirchturm und hell gezeichnetem Eingangstor. Neben der Kirche ist ein rotes Ausrufezeichen vermerkt. Den Linienabschluss bilden ein Herz und ein Zeichen, das einem Peace-Zeichen ähnelt. Beides ist in Rot gehalten sowie ein kleines schwarzes

Feld mit rotem Fragezeichen. Auf den anderen Flächen des Bildes finden sich keine gemalten Gegenstände. Einzelne rote Fragezeichen und Ausrufezeichen sind einzelnen Symbolen bzw. Darstellungen zugeordnet.

3.4.1.3 Lebenspanorama »Mein spiritueller L(i)ebensweg«

Abbildung 5: Lebenspanorama »Mein spiritueller L(i)ebensweg«

Lebenspanorama 3 zeigt einen Malweg von links unten nach oben rechts. Die Darstellung beginnt mit einem Baby auf dem Rücken liegend auf einem natura-listisch gemalten Haufen von braunen Stöcken. Darüber befindet sich eine ge-malte Sonne mit vielen filigranen Sonnenstrahlen. Es folgen aufsteigend gemalt in der gleichen Hautfarbe, ein Mädchen oberhalb und eine Kirche mit Kreuz. Es reiht sich eine Wurzel, die sich zu einer Wolke hin öffnet, auf der eine blaue Person sitzt, auf. Es schließen sich eine gelbe Sonne mit großen Strahlen und ein blaues Auge mit schwarzen Wimpern an. Das blaue Auge ist umrahmt von der oberen Hälfte eines großen lila gezeichneten Fragezeichens, welches Auge und Sonne übermalt. Es reichen sich zwei schwarzgemalte Notenschlüssel und ein großes rotes Herz auf gelborangem strahlendem Grund auf. Rechts vom Herzen befindet sich ein weiterer Notenschlüssel. Aus der unteren Herzspitze laufen Wurzeln aus. Die längste Wurzel reicht zurück zur Auflage des Babys. Die Auf-lage des Babys aus den Hölzern wie auch das Wurzelwerk sind in hellbraun gezeichnet. Die Mitteldiagonale des Bildes ist mit genannten Darstellungen eng bemalt. Die obere linke Bild-Ecke und die unteren rechten kleineren Bildecken sind frei. Auffällig ist, dass alle Darstellungen durch eine gelbe dick gezeichnete Linie eine Verbundenheit aufweisen.

3.4.1.4 Lebenspanorama »Ernte«

Abbildung 6: Lebenspanorama »Ernte«

Auf dem vierten Lebenspanorama ist auf der rechten Seite eine große Darstellung zu finden, die einen ovalen Kreis geöffnet nach oben bezeichnet. Der untere Teil ist in rot-braun und Ocker gehalten inmitten der geöffneten Ovalen liegt eine Art Frucht mit braun-gelbem Körper und grünroter Spitze. Links davon schließen sich die Darstellungen eines kleinen Dreiecks an. Schwarz skizziert auf orangefarbenem Grund daneben, steht links auf einer grünen gestrichelten Fläche ein Baum, welcher grün rote Früchte trägt. Oberhalb des Baumes findet sich eine gelbe Fläche mit kleinen gelben Tropfen. Daneben steht in einem Wolkenfeld in lila Farbe geschrieben das Wort »Ernte«. Neben dem Baum führt eine schwarze Linie weiter mal gewellt mal gerade; unterhalb ist ein waagerecht geschwungenes graues, rotes und blaues Feld zu erkennen. Neben der schwarzen Linie führt eine grüne Linie weiter zum linken Bildrand hin. Unterhalb der grünen Linie befindet sich ein grünes Feld, welches ausgefüllt ist mit Ockerfarben. Oberhalb des Feldes sind Darstellungen von Musiknoten, einem Musikschlüssel und einer Gitarre zu finden. Weiter zum linken Bildrand hin findet sich ein rot-lila gestricheltes Feld und ein blaues Feld, welches den Abschluss bildet. Darunter liegen geschwungene Linien in schwarz gezeichnet. Auf dem Bild ist eine kleine Zeichnung von fünf Kreisen, die wiederum einen Kreis bilden, erkennbar. Inmitten dieser Darstellung liegt ein weiterer kleiner Kreis. Dieser liegt unterhalb des blau-grünen Feldes. Ferner ist zu beobachten, dass unterhalb der Grünfläche auf dem der Baum steht, noch einzelne lilafarbene Striche wie Fäden geschwungen in das untere braun gestrichelte Feld hineinführen.

3.4.1.5 Lebenspanorama »Getragen sein«

Abbildung 7: Lebenspanorama – »Getragen sein«

Lebenspanorama 5 wird maßgeblich von den Farben Schwarz, Orange, Gelb, Braun und Blau bestimmt. Daneben finden sich einzelne grüne Punkte. Das größte schwarze Farbfeld befindet sich auf der linken unteren Seite. Es ist großflächig schwarzgemalt sowohl diagonal als auch horizontal und wird unterbrochen von einzelnen roten, gelben und braunen Farbeingebungen. Ein großes schwarzes Farbfeld markiert den Abschluss des Feldes auf der linken unteren Seite. Unterhalb sind zwei schwarze Balken markiert. Sie gehen geöffnet nach oben auf. Auf dem oberen Rand befindet sich die Jahreszahl 1993. Eine geschwungene Linie bildet eine Art Dach über der Zahl. Zwischen den zwei schwarzen Balken befinden sich fünf gelb-rot gezeichnete kreisartige Punkte. Der rechte schwarze Balken öffnet sich mit gelb-braun-orangefarbenen Flammen. Inmitten befindet sich die Zahl 2000. Rechts vom schwarzen Balken öffnen sich zwei braune Linien, die größtenteils mit blauen Linien gefüllt sind. Das erste Blaufeld wird von einem schwarz gestrichelten Steg unterbrochen, aus welchem gelb-rote Flammen schlagen. Oberhalb steht die Zahl 2007. Seinen Abschluss findet des Blaufeld, welches von den zwei braunen Linien gehalten wird, in einer Verengung, die durch einen schwarzen Balken markiert ist. Auch der Weg ist mit zwei schwarzen Balken markiert. Oberhalb des Querbalkens steht die Zahl 2010, die parallel zugeordneten zwei schwarzen Balken öffnen sich wieder zu zwei braunen Linien. Inmitten der braunen Linien ist das Feld mit blauen Linien gefüllt. Ebenso sind braune, gelbe und grüne Punkte ersichtlich, orangefarbene Sternengebilde sind ebenfalls sichtbar. Drei orangefarbene Sterne erinnern an Davidsterne.

3.4.1.6   Lebenspanorama »Nomen est omen«

Abbildung 8: Lebenspanorama »Nomen est omen«

In der Darstellung des sechsten Lebenspanoramas findet sich eine Dreiteilung. Auf dem unteren Rand des Papiers findet sich ein geschwungener Halbkreis, auf dem einzelne Symbole aufgetragen sind. Der Halbkreis ist in brauner Farbgebung gehalten und öffnet sich hin zum dritten Teil des Bildes: einer Flamme, die rot gezeichnet ist und umgeben wird von einem gelben Kreis und einem blauen geschwungenen Feld. Auf dem braunen geöffneten Halbkreis zur Flamme hin befinden sich folgende Darstellungen von rechts nach links: ein schwarzer Balken, fünf skizzierte Kreise, die auch kreisförmig angeordnet sind, zwei Gebäude mit rotem Dach, zwei ineinanderliegende Kreise, ein Kinderwagen, ein grün-ummanteltes kleines Feld mit zwei Symbolen, die wie kleine Schuhe erscheinen, ein schwarzes Haus mit acht Fenstern, eine blaue Lupe mit drei blauen und zwei roten, kreisförmigen Feldern, zwei gezackte rote Pfeile, ein Haus mit acht Fenstern und rotem Dach, eine kleine rote Kirche, sechs kleine blaue Strichmännchen, die mit gehobenen offenen Armen zur wolkenartigen Fläche auf der oberen Hälfte hinlaufen. Inmitten des geschwungenen Halbkreises liegen geschwungene Linien und flächig gezeichnete Felder in den Farben grün, schwarz, blau und rot. Inmitten dieser Felder herrscht die Farbe Blau vor.

3.4.1.7   Lebenspanorama »Im Fluss«

Abbildung 9: Lebenspanorama »Im Fluss«

Inmitten des siebten Lebenspanoramas liegen drei geschlängelte Linien in den Farben grün, blau und rot. Die blaue Linie schlängelt sich wie ein Fluss über die Bildmitte: Unterhalb dieser Linie gehen rote Pfeile auf der linken unteren Hälfte des Bildes ab. Unterhalb der Bögen finden sich rote Striche, die bis zum unteren Bildrand führen. Des Weiteren ist der blaue Linienverlauf unterhalb rot markiert, oberhalb des blauen Linienverlaufes findet sich ein grün markiertes Feld, welches den gesamten blauen Verlauf begleitet. Bis zum Bogen befinden sich ineinanderliegende lilafarbene spiralförmige Kreise auf der Darstellung. Oberhalb des grünen Feldes befinden sich rote und schwarze Darstellungen. Es beginnt mit einem links geschichteten roten Turm, drei schwarzen Punkten und weiteren roten Schichtungen, die auf der grünen Linie aufliegen und von lila Zeichen unterbrochen sind. Die kleinen roten Punkte führen oberhalb der drei schwarzen Felder zu einer orangefarbenen Fläche hin, die Sonnenstrahlen von sich gibt. Auf der rechten Hälfte oberhalb des Grüns findet sich ebenfalls eine orangefarbene Sonnendarstellung. Inmitten des Bildes führen sechs rote Punkte zu einem Quadrat an der oberen Bild-Ecke. Die Fläche oberhalb der schwarzen Punkte ist in den Farben Lila und Grün gehalten. Sie wird durchbrochen von den orangefarbenen Strahlen. Am Endpunkt eines orangefarbenen Linienweges, der am rechten Rand die grüne, blaue und rote Linie kreuzt, befindet sich eine blaue Darstellung des christlichen Fischzeichens.

3.4.1.8   Lebenspanorama »It's my Life«

Abbildung 10: Lebenspanorama »It's my Life«

Lebenspanorama acht wird von einer schwarzen durchhängenden Linie geteilt. Inmitten des unteren Punktes der hängenden schwarzen Linie ist ein Herz gezeichnet. Es ist schwarz skizziert, ausgefüllt mit den Farben Grün, Gelb-Rot und Schwarz. Oberhalb der durchhängenden, schwarzen Linie sind weitere schwarze Herzen zu sehen, die das große Herz rechts und links umgeben. Ferner finden sich rechts und links dieser schwarzen Herzen weitere rote Herzen. Rechter Hand werden sie durchbrochen von angedeuteten Smileys. Am linken oberen Rand befindet sich eine gelbe Sonne. Oberhalb des Herzens zum Bildrand hin liegt eine schwarz geschwungene Linie: darin befindet sich ein weiteres schwarzes Herz. Unterhalb der geschwungenen Linie befinden sich sowohl rechts als auch links vom großen mittigen Herz auf der rechten Seite sieben Kreuze in schwarz gehalten und auf der rechten Seite neun Kreuze in gleicher Farbgebung gehalten. Auf der linken Seite liegen neben den schwarzen Kreuzen weitere Herzen, vier grüne, drei lilafarbene und zwei rote. Oberhalb des Herzfeldes liegen weitere Herzen: ein großes Herz, welches jedoch kleiner ist als das mittige schwarze Herz. Es ist gehalten in den Farben Schwarz, Rot-Gelb und Grün. Zwischen der Sonne und dem kleineren Herzen auf der linken Seite befinden sich zwölf weitere Herzen roter Farbe. Das gesamte Bild ist ausgemalt: unterhalb der Linie finden sich die Farben Grün, Orange, Blau, Rot, Lila und Grün; oberhalb der gebogenen Linie befinden sich die Farbe Blau, um die gelbe Sonne herum folgen Schwarz, Lila, Orange, Grün, Blau, Orange und Grün.

3.4.1.9   Lebenspanorama »Bunt«

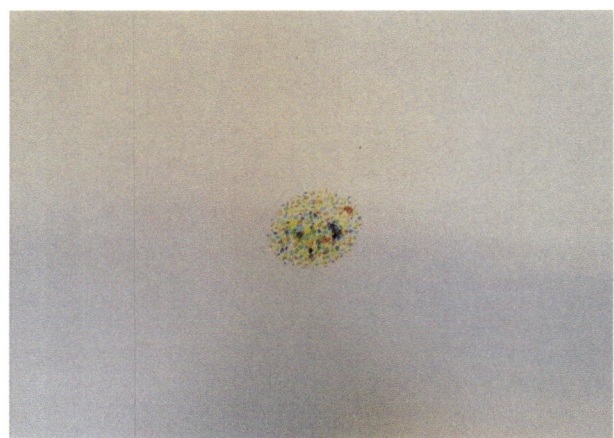

Abbildung 11: Lebenspanorama »Bunt«

Das neunte Lebenspanorama stellt sich als ein verdichteter Kreis in der Mitte der Bildfläche dar. Die kreisrunde Fläche wird ausgefüllt von vielen bunten Punkten in unterschiedlicher Größe. Verdichtet auf die Mitte hin finden sich folgende Farben: Rot, Gelb, Grün, Orange, Blau, Lila und Ocker. Die Farben verdichten sich an mehreren Stellen: zwei kleine rote Flächen sind zu finden, eine größere lila-blaue und drei kleinere blaue-lila Flächen finden sich verdichtet, d. h. deutlich dichter gesetzt ohne weiße Umgebung.

3.4.2 Optionen zur Weiterarbeit

Exemplarisch seien nun einige dem Lebenspanorama-Malprozess nachgeordnete Ko-respondenzprozesse Integrativer Seelsorge[217] beschrieben. Sie stellen optionale Integrations- und Neuorientierungsphasen-Arbeiten nach dem Lebenspanorama-Malprozess dar.[218]

3.4.2.1   Dyade – Zweiergespräch

In einem Zweiergespräch stellen abwechselnd die Malenden dem/der Zuhörenden ihr Lebenspanorama vor. Dabei wird ausschließlich sachlich nachgefragt: Es wird weder interpretiert, noch diskutiert, um ein größtmögliches freies Erzählen und damit ein bewusstes Offenlegen der inneren Ko-respondenzprozesse/ Polyloge beim Malen (mit sich selbst bzgl. gemalter Personen und Ereignisse) zu

---

[217] Vgl. zum Ansatz Ko-respondenzprozesse Integrativer Seelsorge 5.4.
[218] Unter 3.1.3 und 3.1.4 finden sich weitere Möglichkeiten.

ermöglichen. Es gilt, den narrativen Prozess in einer größtmöglichen Haltung partnerschaftlicher Offenheit zu gestalten.[219]

3.4.2.2 Triade – Dreiergespräch

In einer Triadenarbeit erfolgt das wechselseitige Vorstellen des Lebenspanoramas wie in einem Zweiergespräch. Hier wird allerdings eine weitere Ko-respondenz-Ebene durch eine im Wechsel, nicht im Vorstellungsgeschehen des Zwiegesprächs aktiv seiende, beobachtende Rolle hinzugefügt. Triadenarbeit kennt die Rolle des Lebenspanorama-Vorstellenden, des Seelsorgenden und des unbeteiligten Zuhörenden. Nach Beendigung des seelsorglichen Zwiegesprächs gibt die dritte bisher unbeteiligte Person sich in das Ko-respondenzgeschehen ein, indem er/sie seine/ihre Resonanzen auf den Ko-respondenzprozess der vorstellenden und hörenden Person einbringt. Diese geben ihrerseits auf das Eingebrachte Resonanz ein. Durch die Resonanz der Anderen erweitert sich sukzessive das Ko-respondenzgeschehen und damit der Resonanzraum auf das gemalte Lebenspanorama bzw. den geistlichen Lebenslauf. Neues und Anderes kann sich finden. Es finden Polyloge statt. Integrative hermeneutische Prozesse eröffnen sich: Glaubenslebenslauf-Imaginationen können entdeckt und abgeglichen, Resonanzen und Verstehen transversal durchwandert werden.

3.4.2.3 Einzelarbeit in der Gruppe

Eine Einzelarbeit in der Gruppe ist eine integrative Seelsorgearbeit in der Dyade zwischen einer bzw. einem Seelsorgenden und einer Seelsorge in Anspruch nehmenden Person aus einer Gruppe zu einem Lebenspanorama. Bestenfalls haben alle im Vorfeld ebenfalls ein Lebenspanorama gemalt, sodass sie den gleichen Prozess wie die Einzelperson in der dyadischen Arbeit durchlaufen haben. Die Gruppe greift nicht in den Ko-respondenzprozess der Dyade ein, gleichwohl geschehen in ihnen selbst Ko-respondenzprozesse und Resonanzen auf die von ihnen wahrgenommene Dyadenarbeit. Diese werden nach Abschluss der Einzelarbeit nach Maß der Zustimmung der Person, die die Einzelarbeit vollzogen hat, eingeholt. Durch das beiwohnende Lernen als Gruppe bei einer Einzelarbeit geschehen bei den Gruppenmitgliedern ebenso wie bei der Einzelperson vielfältigste Lernprozesse in Ko-respondenz.[220]

Bei dem Seelsorge aufsuchenden Menschen im folgenden Beispiel handelt es sich um einen mittelalten Mann, der noch im Arbeitsleben steht, religiös sozialisiert ist und aus einem christlich-binnenkirchlichen Milieu stammt. Er brachte folgendes Lebenspanorama mit dem Titel »Mein spiritueller Weg« in die Einzelarbeit ein:

---

[219] Vgl. 3.1.2 zur Ko-Kreativität.
[220] Siehe in ausführlicher Darlegung 5.4. und 6.2.

Abbildung 12: Lebenspanorama »Mein spiritueller Weg«

In einem ersten Erzählzusammenhang führte er die begleitende Seelsorgerin in sein geistliches Lebenspanorama ein. Er erläuterte die dargestellten Objekte, Symbole und Zeichnungen, wodurch sich das Lebenspanorama inhaltlich, vom Malprozess und atmosphärisch erschloss. Er sagte aus, dass sein geistliches Leben tragfähig und für ihn lebensbestimmend sei. Auf die Frage, von welchem konkreten Element seines Lebenspanoramas zur Zeit der größte Aufforderungscharakter ausgehe, benannte er die beiden blauen Flecke. Er wolle sich mit diesem Bildelement näher beschäftigen, sagte er auf Anfrage der Seelsorgenden. Er legte angeleitet durch die Seelsorgende eine Hand auf das gemalte Objekt, dass er sich näher anschauen mochte. Mit dieser integrativ-kunsttherapeutischen Methode kommt es zu einer verstärkten leiblichen Identifizierung mit den gemalten Inhalten, sodass bewusste wie unbewusste Anteile leichter erinnert werden können. Der Mann begann eine freie narrative Assoziation zu dem, was er körperlich, seelisch und geistig, wahrnahm. Bei dem blauen gewählten Flecken handelte es sich um die Darstellung seines in jungen Jahren verstorbenen Sohnes, dessen Tod ihm sehr nahe ging. Sichtlich gerührt und bewegt beschrieb er seinen Sohn und schilderte dessen Krankheitszeit und Sterben. Dabei bewegten ihn Worte, die sein Sohn im Sterben gesprochen hatte. Mittels Einfühlung in seinen Sohn erinnerte er die Worte. Die Seelsorgende erzählte aus der Tradition von Sterbeworten als geistige Vermächtnisse (in Kultur, Poesie und christlicher Tradition z. B. die letzten Worte Jesu am Kreuz).[221] Die Perspektive des Vermächtnisses als geistige Hinterlassenschaft öffnete eine neue Sicht auf den lange zurückliegenden Tod seines Sohnes. Er integrierte das Erleben der Worte inkl. Atmosphären des Sterbens seines Sohnes als neue Erfahrung. Als Ausdruck

---

[221] Vgl. kulturwissenschaftlich GUTHKE (1990); literarisch HOFFMANN (2000) bzw. für palliative Prozesse DAIKER/BADER-REISSING (2014).

davon erzählte er, dass er seine seelsorgliche ehrenamtliche Tätigkeit im Bereich hinterbliebener Eltern nun neu und anders verstehen lernen könne.

Resonanzen aus der Gruppe, die sich sichtlich berührt und innerlich bewegt äußerten, kreisten um die Themen: Wie kann ein Mensch gut sterben (*ars moriendi*)?; geistig-geistliche Vermächtnisse; erlebte Sterbe-Begleitungen bzw. Todeserfahrungen. Es schlossen sich auf Wunsch der Gruppe, um (selbst-) erfahrungsbezogen zu lernen, weitere zwei Seelsorgearbeiten zu Sterbe- bzw. Todeserfahrungen in der Gruppe an.

3.4.2.4 Screening in der Gruppe

Bei einem geistlichen Lebenspanorama werden die spirituell-geistlichen Erfahrungen eines Menschen mit seinen *salutogenen*, *pathogenen* und *defizitären* Einflüssen im Sinne eines *lifespan development approach* unter *retrospektiver, aspektiver* und *prospektiver* Betrachtung angeschaut. Salutogenetische (förderliche, konstruktive); pathogene (destruktive, maligne) und defizitäre (noch nicht verwirklichte, ersehnte, gewünschte) Einflüsse können in der Gruppe (ebenso wie in der Arbeit mit Einzelnen) durch eine »Screening«-Methode bewusst gesammelt und reflektiert werden. Dazu bekommen die Gruppenmitglieder pro Person jeweils zwei farblich unterschiedliche Karten. Auf den weißen Karten schreiben die Teilnehmenden salutogenetische/konstruktive geistliche Erfahrungen auf, auf den orangefarbenen die destruktiven und auf den gelben die noch fehlenden, erwünschten Erfahrungen in geistlicher Hinsicht bezogen auf die Erfahrungen mit den Lebenspanoramen. Vorbereitend sollte ein Gesprächsaustausch zu den Bildern wie o. g. in Dyaden- oder Triadenarbeit erfolgt sein. Folgendes Bild kann sich dazu an einer Pinnwand / auf dem Boden liegend ergeben, nachdem alle Teilnehmenden ihre Beiträge der Gruppe laut mitgeteilt und einzeln zu den Überschriften »konstruktive Erfahrungen«; »destruktive Erfahrungen« und »fehlende/erwünschte Erfahrungen« angepinnt/hingelegt haben.

Nach einem informativen Nachfrage-Gespräch können sich weitere Arbeits- bzw. Gesprächseinheiten anschließen, die z. B. mit einem Blick auf die pathogenetischen geistlichen Einflüsse nach konkreten seelsorglichen Strategien der Pathogenese vermindernden bzw. beseitigenden Hilfeleistungen schauen, mit einem Blick auf die salutogenetischen Einflüsse nach Möglichkeiten der konkreten Förderung und Vertiefung schauen und im Blick auf die defizitären Einflüsse konkret nach seelsorglichen bzw. geistlichen Möglichkeiten schauen, wie das Gewünschte bzw. Ersehnte im Leben integriert werden kann.[222]

---

[222] Vgl. im Ganzen dazu Punkt 4.

Abbildung 13: Foto eines »Screening«-Arbeitsprozesses in der Gruppe

3.5 Ergebnisse der Untersuchung

Es ist festzuhalten, dass die Malenden um die Ereignisse und Erfahrungen ihres eigenen spirituellen Lebens zum Ausdruck zu bringen, selten die tradierten christlichen Symbole verwendet haben. Selbst das christliche Kreuz wird nur in etwas mehr als in der Hälfte der Untersuchungsobjekte verwendet. Christusmonogramme wie Lamm, Chi-Rho (XP) oder das Ichthys-Symbol oder Christusbilder werden nicht gezeichnet, ebenso keine Zeichen des Heiligen Geistes wie z. B. die Taube. Auch klassische Symbole christlicher Tradition wie Alpha und Omega, Engel, Rose, Kerze, Lilie, Weinstock, Brot, Rebe, Krone oder Totenschädel fehlen. Dasselbe gilt für biblische Symbole wie Weizenkorn, Sämann, Sauerteig oder Brot. Auch finden sich keine Gottesdarstellungen v. a. nicht in anthropomorpher Gestalt. Es zeigt sich, dass, um geistliche Erfahrungen auszudrücken, nicht mehr auf biblische Symbole oder tradierte kirchliche Symbole zurückgegriffen wird. Naturnahe vegetabile Symbole oder Symbole des Alltags treten an ihre Stelle (z. B. der Smiley). Die Farbgebung steht nicht in einem unmittelbaren Bezug zur liturgischen Farbgebung kirchlicher Tradition. Die Verwendung der meistgenutzten Farben Gelb und Blau werden zum einen naturnah verwendet (Blau für Wasser und Himmel; Gelb für die Sonne und ihre Strahlen), zum anderen bleibt auf den ersten, phänomenologischen Blick offen, welche Bedeutung diesen zugewiesen werden, und ob und wie diese in einem Verhältnis zu psychologischen oder religiösen Farbdeutungen stehen. Die Psychoanalytikerin Ingrid Riedel vermutet, dass die Farbe Blau die Qualität der Klarheit und Durchsichtigkeit von den durchsichtigen Medien Luft und Wasser erlangt und damit im übertragenen Sinne die der rationalen Transparenz, der intellektuellen Durchdringung beschreibt. Die Farbe Gelb steht für Sonne, deren Kraft und Vitalität und übertragen auch als Gelbgold für Heiligkeit und Unendlichkeit.[223]

Die Malweise ist zumeist eindimensional. Es zeigt sich selten perspektivische Tiefe und Weite im Malprozess. Ob und in welcher Weise Malweise und geistliche Perspektive zusammenhängen ist bisher nicht wissenschaftlich untersucht. In der Kunstpsychologie, einem wissenschaftlichen Teilgebiet der Psychologie bzw. der Kunstwissenschaft, geht es laut Georg Franzen, Kunstpsychologe und Psychotherapeut, um die Aufgabe mittels psychologischer Analyse Sachverhalte, die dem Bereich der Kunst zugeordnet werden, z. B. das Erleben und Verhalten des Künstlers, Interpreten und Kunstbetrachters, vertiefend zu erschließen. Kobbert[224] nennt eine Dreiheit von Kunstwerk, Künstler, Betrachter. Kunstpsychologie liefert somit über eine reine ikonographische und ikonologische Betrachtung bzw. Kunstanalyse hinaus Beiträge zur Psychologie des Kunstwerkes und zur psychohistorischen Analyse.[225] Eine psychologische Kunstanalyse ist jedoch noch keine kunsttherapeutische Erschließung. Analytische psychologische wie -therapeutische Ansätze arbeiten zudem mit Imaginationen bzw. Symbolerschließungen (Archetypisierungen) wie sie von C.G. Jung[226] erarbeitet wurden, die das Unbewusste im Bild erfassen möchten. Kunsttherapeutische Ansätze sind kreativitätstherapeutische Ansätze. Ihnen geht es um die innere Erschließung des Malens (der Person, des Malprozesses und des Bildes) zwecks Heilung und Förderung eines Patienten /einer Patientin. Es ergibt sich zwischen den Beziehungspunkten Klient/in, Therapeut/in und Medium (Werk) ein Beziehungsdreieck, das in der kunsttherapeutischen Literatur als »kunsttherapeutische Triade« bezeichnet wird. Damit spielen für die kunsttherapeutische Praxis drei Ebenen und ihre Beziehung zueinander immer eine Rolle: das künstlerische Gestalten am Werk, die Beziehung zwischen Therapeut/in und Patient/in sowie die Betrachtung des Werkes und seine Wirkung.[227] Malweise und geistliche Erfahrungen zu betrachten wäre Aufgabe einer kunsttherapeutisch-theologischen Erschließung. Zwischen Theologie und Kunst gibt es vielfältigste Zusammenhänge. Vorrangig wurde die Frage nach religiösen Erfahrungen in und mit der

---

[223] Blau steht psychologisch für alles Transzendente und Weite. Blau ist in der Kirche die Farbe des Himmels und der Transzendenz. Vgl. HELLER (2000) bzw. RIEDEL (1995).
[224] Vgl. KOBERT (2019).
[225] Vgl. https://www.kunstpsychologie.de/analytische-kunstpsychologie. Dort auch weiterführende Literatur.
[226] Vgl. JUNG (2009).
[227] Vgl. SCHMEER (2003).

Kunst wissenschaftlich erforscht.[228] Eine wissenschaftliche Erschließung der spirituelle Erfahrungen von Malenden, die sich im Bild, im Malprozess und mit ihrer spezifischen Malweise zeigen, gibt es noch nicht; gleichwohl es reiche Malausdrücke in der Tradition gab (z. B. Hildegard von Bingen) und gibt wie es sich in den untersuchten geistlichen Lebenspanoramen zeigt. Grundlegend sind Farbbedeutung und Formgebung sowie Malweise und alle anderen phänomenologischen Auffälligkeiten gemeinsam mit dem malenden Menschen narrativ sinnstiftend zu erschließen.[229]

Zugleich wird deutlich, dass die Menschen ihr geistliches Leben strukturieren und es prozessual und zielorientiert entwerfen, d.h. sie legen ihren Lebensweg auf bestimmte Vorstellungen hin an (z. B. Heirat, nahe Beziehungen) und streben nach einem gelingenden Verlauf (Fortschritt, Erreichung eines positiv besetzten, sinnvollen Zieles: z. B. Sonne, Licht). Ihr Leben spannt sich somit – vermutlich auch initiiert durch die das Arbeiten an einem geistlichen Lebenspanorama tragende Grundvorstellung, dass da ein Erzähl- und Verstehensbogen entdeckt werden könnte – als eine Entwicklung mit lebenslangen Lernerfahrungen (*life span development*) auf.[230] Strebt ein Mensch gelingende, konstruktive Erfahrungen an, verzeichnen geistliche Karrieren gleichwohl auch Abbrüche, Umwege und Verzweigungen sowie Defizitäres. Dies gilt auch für spirituelle Erfahrungen. Für die Strukturierung verwenden sie grundlegende lebens- und alltagsnahe Strukturen der Lebensbiografie (Kindheit, Jugend-, Erwachsenenalter) oder der Naturerscheinungen (Land, Wasser, Himmel/Baum). Einzelne Punkte dieser bzw. die zwischenmenschlichen Begegnungen an diesen Punkten oder Verläufen bekommen besondere Wertung durch Symbolisierungen (Herz, Pfeil o. ä.). Dualistische religiöse Imaginationen finden sich so gut wie gar nicht in den vorliegenden Lebenspanoramen wieder (z. B. Himmel – Hölle). Geistliche Ereignisse verknüpfen und verbinden sich mit den säkularen Lebensereignissen. Eine metatheoretische Strukturierung der Menschen fehlt. Es ist nicht ersichtlich, dass die Erwachsenen in ihren Lebenspanoramen eine kontinuierliche religiöse Entwicklung durchlaufen, die sich eine der klassischen Stufentheorien zur religiösen Entwicklung einordnen ließe (gleichwohl einmalig Stufen gezeichnet

---

[228] Vgl. GRÄB/COTIN (2012).

[229] Dies ist nicht selbstverständlich, da es auch interpretierende Erschließungen ohne Einbezug der Malenden gibt. Die Annahme fester Archetypen bzw. codierter und klassifizierender Imaginationen, die psychologisch erfasst werden können, bilden diesbezüglich Handlungsmuster aus. Anders in bewusster Abgrenzung die Integrative Kunsttherapie. Sie wählt einen ko-kreativen, intersubjektiven und intermedialen Zugang. Vgl. PETZOLD/ORTH (1990/2007). Vgl. auch 3.1., 4.1 und 4.2.

[230] An dieser Stelle sei angemerkt, dass es sich bei der Untersuchungsobjektgruppe um eine Fortbildungsgruppe im Rahmen einer Seelsorgeausbildung handelt, deren Teilnehmende aufgrund dessen eine hohe Lernbereitschaft aufweisen und eine Neugier bzw. Offenheit für geistlich-spirituelle und persönlichkeitsbildende Prozesse und Arbeitsmethoden zeitigen.

wurden).[231] Verinnerlichte Bilder sind jedoch geistlich strukturgebend. Die Frage ist: Woher stammen diese Glaubenslebenslauf-Imaginationen? In welchem Verhältnis stehen sie zu kulturgeschichtlich und theologisch vorhandenen Imaginationen?[232] Und wie kann seelsorglich mit ihnen gearbeitet werden? Grundlegender stellt sich die Frage, wie die Erlebnisse des Lebens und des Glaubens zu Erfahrungen werden bzw. nach welchen Prinzipien oder Mustern sie sich in der Seele eines Menschen ordnen.

3.6 Diskussion der Ergebnisse im Kontext theologischer Forschung

3.6.1 Christlich-tradierte Symbolik – neue Kreationen

Die Malenden benutzen so gut wie keine tradierten christlichen Symbole. Dies spricht für den seit Jahrzehnten postulierten und nun auch in weiten Teilen der Kerngemeinden vollzogenen Traditionsabbruch christlichen Wissens und christlicher Symbole in der Gesellschaft. Christliches Wissen wird nicht mehr intergenerationell weitergegeben, was zur Folge hat, dass die Bindungskraft an die Inhalte und Formen des Christentums nachlässt, ebenso die persönliche Relevanz für die Einzelnen wie auch für die Gesellschaft.[233] Gleichwohl findet spirituelles geistliches Erleben statt, wie die Untersuchungen der Lebenspanoramen zeigen. Um dieses auszudrücken, greifen die Menschen zu alltags- und naturnaher Symbolik. Es finden kreative Neuschöpfungen statt, die unmittelbar in den säkularen Lebenslauf der Malenden passen. Die Menschen »alphabetisieren« sich selbst aus ihrer Erfahrung heraus und suchen nach empirischen Entsprechungen und Anknüpfungspunkten ihres Selbsterlebens. Diese Entsprechungen werden mit neuen Bedeutungen versehen. Die Neuschöpfungen stehen individuell zu den Erlebnisinhalten geistlicher Natur. Ob sie jedoch mit dem christlich tradierten Wissen kongruent sind, bleibt zu prüfen bzw. es stellt sich die Frage, ob wir adäquate christliche Haltungen, Methoden und hinreichende Flexibilität als Begleitende besitzen, um diesen konstruktiv zu begegnen. In jedem Falle ist sichtbar, dass nach einem persönlichen spirituellen Erlebnis die individuelle Aneignung dieses Ereignisses erfolgt.[234] Traditionsbegegnungen mit den überlie-

---

[231] Die Ergebnisse der Studien zur Stufentheorie liegen Jahrzehnte zurück und wurden in konfessionsgebundenen Milieus durchgeführt. Mehr als marginale Schnittpunkte ihrer Annahmen finden sich im säkularen Lebenslauf nicht wieder. Dies hielt auch schon Szagun in ihrer Rostocker Langzeitstudie als Ergebnis fest. Siehe Szagun (2013), 110. Kritische Stellungnahme Szagun, (2018), 28ff.

[232] Kemnitzer (2013).

[233] So z. B. Hein (2020).

[234] Zum Religiositäts- und Spiritualitätsbegriff siehe Exkurs unter 2.1 bzw. 4.3.

ferten Deutungen, Symbolen und Bekenntnissen können stattfinden, treten aber in den Hintergrund. Konsequenzen für die Lebensgestaltung des eigenen Lebens, eine religiöse Lebenspraxis, in welcher eine Person ihr Leben gemäß den erworbenen Deutungsmustern gestaltet, findet fragmentarisch statt. Insbesondere ist in den Lebenspanoramen zu beobachten, dass im Erwachsenenalter weniger Durchgestaltung, wie noch in Kindheit und Jugend (z. B. mit Konfirmanden- oder Firmunterricht, Religionsunterricht in der Schule, Taufe, Konfirmation etc.), sichtbar wird. Es stellt sich die Frage, wie religiöse Lernprozesse über eine Lebensspanne unter den derzeitigen gesellschaftlichen wie persönlichen Lebensverhältnissen möglich werden können und was es für einen – falls gewünschten – geistlichen Lebensweg braucht.

Rudolf Englert befasst sich mit der Frage, was religiöse Lernprozesse sind. Er teilt die Auffassung von Anna-Katharina Szagun, dass ohne Berücksichtigung von Lebenswelt und Biografie keine religiösen Lernprozesse angestoßen werden können. »Lebensvollzüge und Lernprozesse (mit methodisierbaren und unverfügbaren erlebnishaften Anteilen) sind untrennbar miteinander verwoben. Jedes Kind bringt schon eine religiöse Lebenslinie mit [...]. Kein Kind ist – religiös gesehen – eine tabula rasa.«[235] Er stellt heraus, dass religiöse Lernprozesse drei zirkulär verknüpfte Komponenten enthalten, die einerseits aufeinander bezogen sind, andererseits auch in Spannung zueinanderstehen können. Diese drei zirkulär verknüpften Komponenten sind gleichzeitig die drei Zugangsformen, in denen man Religion begegnen kann und Lernprozesse geschehen können. Er unterscheidet zum einen die Erfahrungskomponente: Sie hat mit einem bewussten Erleben zu tun und fordert eine spezifische Sensibilität. Religiöse Erfahrung meint, dass in der Realität etwas begegnet, das diese Wirklichkeit umfasst und transzendiert. Zum anderen gibt es für ihn eine Traditionskomponente, die mit den überlieferten Symbolen, Deutungen und Bekenntnissen ausgestattet ist. Es findet Begegnung mit der Tradition statt. Dies meint, dass Menschen sich im Umgang mit ihren religiösen Erfahrungen ggf. mit ausgeprägten Deutungsmustern vertraut machen. Als letzte Komponente bestimmt er eine existenzielle. Es geht hierbei um die Konsequenzen für die Gestaltung des eigenen Lebens wie sie in einer religiösen Lebenspraxis Ausdruck finden kann. Dies meint: das eigene Leben gemäß den erworbenen religiösen Deutungsmustern zu gestalten. Englert beschreibt die drei Dimensionen in ihrer Verbindung auf folgende Weise: »Erfahrungen verdichten sich zu bestimmten Deutungen, und Deutungen motivieren zu einer bestimmten Lebensform; genauso aber gilt: Lebensformen eröffnen und begrenzen Erfahrungsmöglichkeiten – sind also nicht nur eine Konsequenz, sondern auch eine Determinante persönlicher Erfahrungen.«[236] Für die Korrelation von Deutungen und Erfahrungen gilt dies in gleicher Weise. Der Einstieg in den beschriebenen Zirkel ist prinzipiell überall möglich. Unter religiösem Ler-

---

[235] Szagun (2013), 23.
[236] Englert (1997), 135–150, 127.

nen versteht Englert somit alles, was aus der Begegnung mit Religion an Einstellung und verhaltensprägenden Wirkungen hervorgeht. Dies kann absichtslos oder zielorientiert, ebenso ausdifferenziert oder beiläufig sein. Beiläufiges Lernen ist in religiöser Hinsicht dabei möglicherweise wichtiger als das, was man einen Menschen ausdrücklich lehrt. Zur religiösen Erfahrung wird dabei das Erlebte nur, wenn eine solche auf Gott hingedeutet wird, d.h. religiöse Erfahrung kann nur jemand machen, der oder die einen religiösen Deutungsrahmen – zumindest latent – zur Verfügung hat. Englert versteht die Entstehungsgeschichte von Religion als einen kollektiven Lernprozess, in welchem die gleichen Grundkomponenten wie beim individuellen Lernprozess enthalten sind. Über die Komponente der Tradition ist jeder individuelle Prozess mit dem kollektiven Lernprozess verknüpft. Dabei werden Erfahrungen eben gearteter transzendentaler Natur im Horizont ganz bestimmter geschichtlicher und persönlicher Herausforderungen gedeutet, an andere weitergegeben und immer wieder neu erschlossen. D. h. Deutungsrahmen entstehen als semantische Sicherungsformen zentraler Erfahrungen, als zeitgebundene Positionen auf Zeit. Sie sollen festhalten, was bei der Flüchtigkeit von Erfahrungen verlorengehen könnte. Durch die Auslegung der Tradition entstehen dann religiöse Lebenspraxen. Diese wiederum schaffen neue Realitäten, die wiederum Material für neue Erfahrungen sein können.[237]

Englert betont richtigerweise, dass Lebensvollzüge und Lernprozesse miteinander verwoben sind. Unpräzise ist er bei den sog. zirkulär verknüpften Komponenten religiösen Lernens (Erfahrungskomponente, Traditionskomponente, existentielle Komponente) bzw. in seinem Religionsbegriff. Es bleibt offen, was für ihn Religion meint und in welchem Verhältnis diese zur spirituellen Erfahrung steht. Gibt es für ihn eine solche außerhalb verfasster Religiosität? Menschen erleben sich spirituell immer existentiell. Dieses Erlebnis wird durch Reflexion zu einer Erfahrung. Spielen in diesem Prozess religiöse Reflexions-Elemente eine Rolle, kann von einer religiösen Erfahrung gesprochen werden. Das Erlebnis kann, muss aber nicht, durch solches berührt sein. Das Ereignis, das geistlichem Erleben zugrunde liegt, geschieht durch die göttliche Präsenz in dieser Welt. Es bleibt größer und letztlich unabhängig von einer Religion. Religionen transportieren als tradierte Wege spirituelles Erleben und Erfahren. Somit gilt es, sich entgegen Englert aus der paradigmatischen Imagination zu lösen, nach welcher kollektive Erfahrungen und individuelle verwoben sind.[238] Englert wiederholt die paradigmatische Imagination der Moderne, dass der Mensch sich wie die Menschheit entwickelt. Die Untersuchungen der Lebenspanoramen zeigen, dass dem nicht so ist und ein kulturbildender, kollektiv bestehender Deutungsrahmen durchaus durchbrochen werden kann bzw. auch nicht mehr vorhanden ist. Zugleich findet spirituelles Erleben statt, welches sich neue und andere Deutungs-

---

[237] So auch SZAGUN (2013) im Anschluss an ENGLERT (1997), 25f.
[238] Vgl. Exkurs zu Spiritualität unter 2.1.

rahmen sucht. Die Selbstverständlichkeit der paradigmatischen Imagination ist durchbrochen, wie schon Kemnitzer in ihrer Untersuchung aufzeigte.[239]

Phänomenologisch am Lebenslauf bezogene, individuell orientierte Seelsorge, die erfahrungsbezogen und adäquat am Menschenleben entlang begleitet, die in diversen unterschiedlichen Ko-respondenzprozessen mit unterschiedlichen Traditionen und Lebenspraxen steht, eröffnet einen vielfältigen religiösen Lernprozess, der sich in Lebensbiografien niederschlägt. Dafür sind Bildungshaltungen, -räume und -zeiten und speziell geschulte Begleitende notwendig, die in allen drei Kompetenzbereichen geschult sind.

3.6.2 »Alphabetisierung«– individuelle Sprachcodes

Die Lebenspanoramaanalyse machte ebenso deutlich, dass die Menschen sich ihre eigenen Sprachcodes, das sind Zeichensysteme der Sprache als Grundlage ihrer Kommunikation und Informationsverarbeitung in ihren geistlichen Lebenspanoramen, die letztlich säkulare Lebensbiografien beinhalten, suchen. Dies geschieht auch ohne einen dezidiert religiösen Deutungsrahmen. Religiöse Bildungsbiografien entstehen nur, wenn der Deutungsrahmen dazu gegeben ist und dieser anschlussfähig ist zu den Erfahrungen. Es braucht dazu eine Haltung und Perspektivierung, die dieses ernst nimmt, ihm kreativ begegnet und seelsorglich begleitet und adäquat zu den Erfahrungen der Menschen eine andere, vielleicht sogar fremde bestenfalls geschulte, d. i. eine reflektierte, Perspektive christlicher Spiritualität ins Gespräch mit einbringt. Spirituelle Bildung geschieht auch nebenher – ob es eine religiöse Bildungsbiografie wird, die sich in der Religion des z. B. Christentums gestaltet, hängt davon ab, ob dieser Deutungsrahmen »beiläufig« (Englert) zur Verfügung steht und in welcher Weise er in die Begegnung mit dem individuellen geistlichen Lebenspanorama gebracht wird. Eine Ausbildung, die die drei Komponenten religiösen Lernens Englers kennt und sie kreativ (»virtuos«)[240] spielen kann, ist notwendig. Insbesondere der Umgang mit der Erfahrungskomponente, die individuelle spirituelle Erlebnisse birgt, ist wichtig zu kennen und selbst erfahren zu haben, will man an dieser Stelle seelsorglich begleiten.

Die Langzeitstudie Szaguns zeigte für Ostdeutschland seit 1999 und für Westdeutschland seit 2009, in welcher Weise sich religiöse Bildungsbiografien bzw. Gottesvorstellungen entwickeln.[241] Die untersuchten Heranwachsenden sind heute Erwachsene. Schon in Szaguns Studie von 1999 wurde deutlich, dass der Traditionsabbruch bis in die Kerngemeinden reicht und es, damit verbunden, Begleitende gibt, die, weil sie innerlich zu christlichen Inhalten in Distanz

---

[239] Vgl. 3.1.1 und 3.1.5 dieser Untersuchung. Insbesondere KEMNITZER (2013), 140ff, 243ff, 255f.
[240] So KEMNITZER (2013), 5, 255, 269f.
[241] SZAGUN (2018).

gegangen sind, eine Sprachlosigkeit entwickelt haben, was inhaltliche Neubestimmungen und theologische Klärungen nahelegt. Ihre Studien machen deutlich, dass am Anfang des Lebens kein konsistentes Gotteskonzept vorliegt, dieses sich vielmehr durch stattfindende Sozialisationseinflüsse bedingt.

Anthroamorphe Gottesvorstellungen transportieren schon immer transzendente Vorstellungen von Gott. Angelernte Gotteskonzepte, z. B. aus sehr christlichen Familien, tragen nicht zur Lebensbewältigung bei. Gottesverständnis und religiöse Erfahrungen müssen stimmig zueinander sein. Dabei braucht die religiöse Kommunikation geschützte Räume und die Entwicklung zur Fähigkeit innerer Wahrnehmung (z. B. mittels Stille und Geborgenheit und Ritualen). Korrigierende Erfahrungen durch begleitende Fremdsozialisation ist förderlich. In diesen Punkten decken sich die Ergebnisse der Rostocker Studie mit denen der vorliegenden Untersuchung. Zwei Punkte sind im theologischen Diskurs mit der Studie auch für die Lebenspanoramen Erwachsener zu beachten: Die klassischen Stufentheorien, die religiöses Erleben und Erfahrungswachstum beschreiben sollen, tragen angesichts von Traditionsabbruch, Individualisierung und Pluralisierung und zunehmender interkultureller sowie interreligiöser Durchdringung der Lebenswelten nicht, um spirituelle Entwicklungen zu beschreiben. Die Erfahrungswelten und Glaubenslebenslauf-Imaginationen sind bunter und weiter und lassen nicht mehr die Konkretion einzelner Stufen in evidenter, kontinuierlicher allgemeingültiger Abfolge erkennen. Es gibt kein allgemeingültiges paradigmatisches Deutungsschema. Die religiösen Sozialisationen sind unterschiedlich und ebenso die begleitenden Prozesse. Dabei zeigt sich auffällig, dass Erwachsene wie die Heranwachsenden der Rostocker Studie intuitiven Zugang zu theologischen Einsichten haben und in visualisierter (kreativer) Form ausdrücken können, ohne sie verbal explizieren zu können. Begleitende Gespräche eröffnen bewusstes Verstehen.[242] Es braucht achtsames, nachspürendes Verstehenlernen seitens der Haltung der Begleitenden. Dies ermutigt Kinder wie Erwachsene zu eigenem Ausdruck gemäß eigener Gotteserfahrung, Vertiefung und Integration derselben im Lebensganzen. Dies bedarf einer authentischen geistlichen Haltung, die davon ausgeht, dass Gott, oder wie Szagun es formulierte, der Wasserlauf, der das Leben trägt, unabhängig vom Alter oder Reife der Kognition immer und überall zu finden ist.[243]

Die von Szagun angesprochene Haltung des nachgehenden authentischen Verstehens und Lernens am Leben entlang der Menschen findet sich in der Integrativen Seelsorge im christlichen Deutungshorizont der Mystagogik als ein geistlich-pädagogischer Lernweg mit dem Transzendenten in Berührung zu kommen und es in den konkreten Lebensalltag zu integrieren. Auch gibt sie Hinweise wie erfahrungsbezogen zu begleiten ist. Für die innere (Wahrneh-

---

[242] Szagun (2013), 109f. Die verwendeten bilanzierenden Ergebnisse zu finden bei Szagun (2013), 103–110.
[243] Mit Szagun (2013), 113ff.

mungs-)Gestaltung und Bildung sind gestalt-theoretische Überlegungen in transversaler Hermeneutik wie sie im Folgenden dargelegt werden hilfreich, die für das innere Leben Kriterien des Lernens und der inneren Gestaltung benennen, die zu wissen in Seelsorge nützlich ist, um adäquat zu begleiten.

3.7 Erkenntnisse aus der Arbeit mit geistlichen Lebenspanoramen

Lebenspanoramen bieten eine »All-Auf-Sicht« auf das geistliche und persönliche Leben eines Menschen. Integrative Seelsorge möchte zusammen mit der malenden Seele versuchen, die geistlichen und persönlich-lebensrelevanten Themen und Erfahrungen zu erschließen und in das eigene Leben konstruktiv zu integrieren. Alle grundlegenden Themen menschlichen Lebens wie z. B. Geburt, Tod, Schuld, Liebe, Krisen, Brüche, Wandlungen, Gott, Kirche, spirituelle Erlebnisse, Ich/Wir – Konstellationen liegen in den Bildern. Durch narrative Prozesse mit Dritten bzw. Seelsorgenden, in Dialogen und Polylogen, können sie, sofern vom Malenden gewollt, weiter erschlossen werden, d. h. Erlebnisse können bewusstgemacht, Erfahrungen durchdrungen, weitergehende Strukturen oder gar Entwürfe gehoben werden. Mit Hilfe von anderen kreativitätstherapeutischen Methoden in intermedialer Weise können diese bzw. weitere Themen, gegebenenfalls noch unbewusste, erarbeitet werden. So z. B. durch Identifizierungstechniken mit einzelnen Bildinhalten, durch fokussierte erweiterte Malarbeit zu einem Bildinhalt, einer Vertonung oder Verdichtung dieses Elementes durch Musik, Sprache und Schreiben, systemische Aufstellungsarbeit zu einer Ich/Wir Konstellation im Bild; oder einer Leib- und Bewegungsübung zu einem Bildinhalt. Intermediale Zugänge sind zahlreich. Sie können kreativ-virtuos gespielt werden.[244] Das gleiche gilt für ein gemeinsames Entdecken gemalter Glaubenslebenslauf-Imaginationen. Auch diese sind in kreativer individueller adäquater Anpassung als hermeneutisches Angebot ins Gespräch einzubringen. Dabei gilt: keine Glaubenslebenslauf-Imagination (z. B. Stufen, Treppen, Koralle, Lebenskreise oder -bäume), sosehr sie auch in der Geschichte paradigmatisch genutzt wurden, hat einen alleinig-gültigen Wahrheitsanspruch. Sie dienen ausschließlich dem Erschließungsprozess des Seelsorge in Anspruch nehmenden Menschen mit den Themen und Entwicklungswünschen, die dieser Mensch einbringt.[245]

Durch die dreigliedrige Betrachtungsanlage in Retroperspektive, Aspektive und Prospektive kann über eine Gesamtkarriere bis in Mikrosegmente von Wochen und Monaten bzw. in Mesosegmente von Monaten und Jahren hinein geist-

---

[244] Siehe 3.1.3. und 3.1.4.
[245] Siehe 3.5 und 3.6.

liche Entwicklungs- und Sozialisationsgeschehen mit seinen salutogenetischen, pathogenen und defizitären Einflüssen betrachtet und in seelsorglichen Prozessen erschlossen werden.[246]

Lebenspanoramen sind zugleich immer Positionen auf Zeit, eine subjektive Darstellung einer Lebensspanne. Geistliche Lebenspanoramen sind dies im Besonderen, da unverfügbar und wirkmächtig spirituelle Erlebnisse sich zeitigen und zugleich von Ewigem erzählen. Dies gilt insbesondere für die großen Grenzerfahrungen des Lebens: Geburt und Tod. Hier können Lebenspanoramaarbeiten, die bewusst die geistliche Dimension im Sinn haben, Anderes und Neues erfahrbar machen.[247] Als eigene Vergewisserungsmedien, aber auch als diagnostische Medien in seelsorglicher Arbeit (z. B. in Geistlichen Begleitungen) können geistliche Lebenspanoramen wiederholt gemalt werden oder ergänzend thematische (z. B. zu Sterbe- und Todeserfahrungen, ein Liebespanorama) oder fokussierte gestaltet werden (z. B. zu kirchlichem Leben, zur Ehe).

Integrative Seelsorge mit geistlichen Lebenspanoramen unterstützt die Seele bei ihrem Selbsterfahrungs- und erschließungsprozess in ko-kreativer transversaler Weise. Sie dient mit integrativer Methodik, Struktur und Architektur in Theorie- und Praxisverschränkung mit mystagogischer Haltung der sich anvertrauenden Seele auf ihrem geistlichen Lebensweg.

---

[246] Siehe 3.1.1 und 3.1.2 dieser Arbeit.

[247] Vgl. mystagogische Entfaltungen unter 4.3. bzw. das Fallbeispiel unter 4.3.5.

4 Strukturen Integrativer Seelsorge

Was ist Kunst, was die Methode,
ist die Praxis, die uns leitet,
wohin man gehen soll?

Plotin, Enneaden III, 20a

4.1 Gestalttheoretische Grundierung

»Gestalttheorie« bezeichnet einen Ansatz, der Anfang des 20. Jahrhunderts auch als »Gestaltpsychologie« bezeichnet wurde. Es handelt sich um eine psychologische Theorie, die auch für andere Wissenschaftszweige relevant ist. Die Gestaltpsychologie beschäftigt sich mit der Entstehung von Ordnung im inneren Geschehen, also auch um die Sortierung und Ordnung geistlicher Eindrücke und Erlebnisse. Dies gilt für die Wahrnehmung ebenso wie für das Denken, Fühlen und Verhalten. Menschen werden dabei als offene Systeme in kreativem Umgang mit ihrer Umwelt gesehen. Bestimmte Muster organisieren ihre Wahrnehmungen und Erfahrungen.

Die Gestaltpsychologie geht auf Erkenntnisse von Johann Wolfgang von Goethe, Ernst Mach, Christian von Ehrenfels wie auch auf die Forschungsarbeiten von Max Wertheimer, Wolfgang Köhler, Kurt Koffka und Kurt Lewin zurück. Ursprünglich wandten sie sich ihrer Auffassung und Ordnung des Seelischen gegen den sogenannten »Assoziationismus«, den klassischen Behaviorismus und die ursprüngliche Triebtheorie Freuds. Der Neurologe Kurt Goldstein strebte eine ganzheitliche Theorie des Organismus an, die sich in ihrer Orientierung an der Gestaltpsychologie anlehnte. Die Gestalttheorie wird oft zusammengefasst mit der Kernaussage: »das Ganze ist mehr als die Summe der Teile«, was auf Aristoteles zurückgehen soll. Wolfgang Metzger betont jedoch richtigerweise, dass diese Zuschreibung falsch sei. Es muss vielmehr heißen: »[Das] ganze ist etwas anderes als die Summe seiner Teile«[248]. Oder vom Hauptbegründer Max Wertheimer so zusammengefasst:

> »[Es] gibt Zusammenhänge, bei denen nicht, was im Ganzen geschieht, sich daraus herleitet, wie die einzelnen Stücke sind und sich zusammensetzen, sondern umgekehrt wo – im prägnanten Fall – sich das, was an einem Teil dieses Ganzen geschieht, bestimmt von inneren Strukturgesetzen dieses seines Ganzen (ist). [...] Gestalttheorie ist dieses und nichts mehr und nichts weniger.«[249]

In der Gestalttheorie gelten sieben Grundsätze: Das Primat des Phänomenalen, das bedeutet, dass die Erlebnis- und Ereigniswelt des Menschen, so wie sie sich zeigt, sich darbietet und zum Ausdruck gebracht wird, als einzige unmittelbare Wirklichkeit anzuerkennen und ernstzunehmen ist. Das Primat des dynamischen Feldes sagt aus, dass in der Interaktion von Individuum und Situation innerhalb eines dynamischen Feldes sich Erleben und Verhalten bestimmen, und zwar nicht allein durch Triebe oder durch außen liegende Kräfte oder feststehende Persönlichkeitseigenschaften. Daneben gilt, dass sachliche Beziehungen dauerhafte und leichte Verbindungen psychischer Sachverhalte stiften und sach- und gegenstandsangemessene Strukturierung, Umstrukturierung oder Zentrierung eines Gegebenen (z. B. einer Einsicht) das Denken und eine Problemlösung in Richtung auf etwas Gefordertes kennzeichnen. Im Gedächtnis werden dabei Strukturen aufgrund assoziativer Verknüpfungen ausgebildet und differenziert. Diese folgen einer Tendenz zur optimalen Organisation: Nicht miteinander zu vereinbarende Kognitionen führen zu Dissonanzen im Erleben und zu kognitiven Prozessen, in denen ein Mensch versucht, eben diese zu reduzieren. In einem überindividuellen Ganzen (wie zum Beispiel in einer Gruppe) besteht ein Wechselspiel der Kräfte und Bedürfnisse.

Erkenntnistheoretisch kann vom gestalttheoretischen Ansatz als einer kritisch realistischen Positionierung gesprochen werden; auf einer methodischen Ebene wird immerfort eine sinnvolle Verbindung von einem experimentellen phänomenologischen Vorgehen gesucht.

Die oben genannten Vertreterinnen und Vertreter der Gestalttheorie flohen vor dem Nationalsozialismus ins Exil, viele in die USA, und entwickelten dort den gestalttheoretischen Ansatz weiter. Bekannt wurden aus diesem Kreis für die Sozialpsychologie Solomon Asch, Mary Henle, Rudolf Arnheim, Abraham und Edith Luchins. In Deutschland sind als namhafte Vertreter der Gestalttheorie in zweiter Generation Wolfgang Metzger, Kurt Gottschaldt und Edwin Rausch zu

---

[248] METZGER (1975), 6. Siehe grundlegend für diese Erörterungen neben METZGER (1975) auch FITZEK (2014). Grundlegende Originaltexte zur Gestalttheorie finden sich in METZ-GÖCKEL (2016), 15–149.
[249] WERTHEIMER (1925).

nennen. Gestalttheoretische Prinzipien wurden ferner von Kurt Kuss (Erziehungswissenschaften), Hans-Jürgen Walter (Psychotherapie), Paul Tholey (Musikwissenschaften) aufgenommen. Eine Verbreitung und eigenständige Entwicklung erfuhr die Gestalttheorie insbesondere auch in Italien (Cesare Mussatti) und in Japan (Gaetano Kanizsa). In den letzten Jahren hat die Gestalttheorie eine Renaissance erlebt: Sie wurde verstärkt nicht nur in der Wahrnehmungsforschung, sondern auch in der Hirnforschung, Musik- und Sprachwissenschaft, in der Medizin und Psychotherapie, den Wirtschafts- und Sozialwissenschaften sowie in Chemie und Genetik wiederentdeckt.

Heute wird die Gestaltpsychologie als eine Richtung innerhalb der Psychologie bezeichnet, die die menschliche Wahrnehmung als Fähigkeit beschreibt, Strukturen und Ordnungsprinzipien in Sinneseindrücken auszumachen. Der Begriff »Gestaltpsychologie« bleibt dabei schillernd. Die Gestaltpsychologien der unterschiedlichsten Richtungen können jedoch in Bezug zu einer einzigen Arbeit verortet werden, die 1890 der Philosoph Christian von Ehrenfels schrieb. Dort berichtet er von seiner Erkenntnis, dass seine Wahrnehmung Qualitäten enthalte, die sich nicht aus der Anordnung einfacher Sinnesqualitäten ergeben. So sei zum Beispiel die Melodie eine solche Gestaltqualität, denn die Töne als Elemente der Melodie können durch ganz andere Töne ersetzt werden und es wäre immer noch dieselbe Melodie, wenn nur die Anordnungsbeziehungen zwischen den Tönen erhalten bleiben. Aufgrund seiner Arbeiten entstand zu Beginn des 20. Jahrhunderts eine neue psychologische Richtung. Sie wurde zuerst in Deutschland später auch im internationalen Raum einflussreich. Diese bezeichnete man vornehmlich als die »Berliner Schule der Gestaltpsychologie«. Vertreten wird sie noch bis zum Anfang des 21. Jahrhunderts. Sie unterscheidet drei Arten von Gestaltqualitäten des Erlebens menschlicher Wahrnehmung. Zu nennen sind: *Struktur* (gerade, rund, symmetrisch, geschlossen), *Ganzbeschaffenheit* (durchsichtig, leuchtend, rau), und *Wesen* (Charakter, Habitus, Gefühlswert). In der älteren Gestaltpsychologie des beginnenden 20. Jahrhunderts wird eher der Begriff »Gestaltgesetz« benutzt. Synonym wird auch der Begriff Gestaltfaktor, Faktor, Gesetz, Gruppierungsgesetz verwendet. Ein Gestaltgesetz kann als die Art des Zusammenschlusses von erlebten Teilen zu einer erlebten Ganzheit bezeichnet werden. Wolfgang Metzger formulierte: »Der Zusammenschluss erfolgt derart, dass die entstehenden Ganzen in irgendeiner Weise vor anderen denkbaren Einteilungen gestaltlich ausgezeichnet sind«, und zwar u.a. so, »dass möglichst einfache, einheitliche, [...] geschlossene, [...] symmetrische, [...] gleichartige Ganzgebilde entstehen.«[250] Max Wertheimer formulierte sechs wesentliche Faktoren für die Zusammenhangsbildung einer Wahrnehmung. Diese Gestaltfaktoren werden seither oft als »Gestaltgesetz« bezeichnet:

Zum einen das *Gesetz der Nähe*, in diesem werden Elemente mit geringen Abständen als zusammengehörige wahrgenommen. Zum anderen das *Gesetz der*

---

[250] Metzger (1954), 108f.

Ähnlichkeit, in welchem einander ähnliche Elemente als zusammengehörige erlebt werden, eher als einander unähnliche.

Des Weiteren erklärt das *Gesetz der guten Gestalt* (oder Einfachheit bzw. Prägnanz), dass bevorzugt Gestalten wahrgenommen werden, die in einer einprägsamen und einfachen Struktur resultieren. Das *Gesetz der guten Fortsetzung* bzw. der guten Linie erklärt, dass Linien immer so gesehen werden, als folgten sie dem einfachsten Weg. Kreuzen sich demnach zwei Linien, so gehen Betrachtende erst einmal nicht davon aus, dass der Verlauf der Linien an dieser Stelle einen Knick macht, sondern die Betrachtung geht von zwei gerade durchgehenden Linien aus. Das *Gesetz der Geschlossenheit* besagt, dass bevorzugt Strukturen wahrgenommen werden, die eher geschlossen als offen wirken, und das Gesetz des gemeinsamen Schicksals stellt heraus, dass zwei oder mehrere gleichzeitig in eine Richtung sich bewegende Elemente als eine Einheit bzw. Gestalt wahrgenommen werden.[251]

Stephen E. Palmer formulierte in den 1990er Jahren drei weitere Gestaltgesetze: Zum einen das *Gesetz der gemeinsamen Region,* das besagt, dass Elemente in abgegrenzten Gebieten als zusammengehörig empfunden werden. Zum anderen das *Gesetz der Gleichzeitigkeit,* in welchem gilt, dass Elemente, die sich gleichzeitig verändern, als zusammengehörig empfunden werden und des Weiteren das *Gesetz der verbundenen Elemente,* welches besagt, dass verbundene Elemente als ein Objekt empfunden werden.[252]

Gestaltgesetze finden vielfältige Anwendung, z. B. im Aufbau von Webseiten, in Werbezeitschriften oder Technikanwendungen (PC-Tastatur). Neben der »Berliner Schule« gab es weitere Schulen der Gestaltpsychologie. Zu nennen sind die »Leipziger Schule der Gestaltpsychologie oder genetische Ganzheitspsychologie«. Diese wurde vom Philosophen Felix Krueger und dem Psychologen Friedrich Sander gegründet. In ihren Forschungen wurde besonders Wert auf die menschliche Bewegung gelegt. Ein Unterschied zur Berliner Schule besteht darin, dass diese die Auffassung vertrat, dass Erlebnisse aus Erlebnissen hervorgehen (Erlebnisimmanenz), wohingegen die Leipziger der Meinung war, Erlebnisse seien durch ein Erlebnis jenseitiger Gegebenheiten bedingt. Problematisch und ideologisch überfrachtet wurden die Ergebnisse der Gestaltgesetze der Leipziger Schule in der nationalsozialistischen Weltanschauung. Sander postulierte eine Gestaltschließung auch als naturgegebenes Phänomen. Er sprach von einer »guten Gestalt« (deutsch-arisches Volk) gegenüber einer »fremden Gestalt« (Juden, Kommunisten, Homosexuelle u. a.). Durch diese dualistische Engführung und Ideologisierung befürwortete Friedrich Sander den Genozid am Judentum und die Zwangssterilisierung von Deutschen mit sogenanntem minderwertigem Erbgut (vgl. Nationalsozialistisches Bildungswesen 1937).

---

[251] Vgl. WERTHEIMER (1925).
[252] Vgl. PALMER (1999).

Es gilt sich seither von dieser genetisch-ideologischen Ausrichtung (genetischen Ganzheitspsychologie) abzugrenzen, indem dualistische Engführungen und moralische Kategorisierungen nicht vorgenommen werden. Der Grundsatz der empirischen phänomenologischen Ausrichtung ist streng beizubehalten und auf wertneutrale, sachliche Prozesse ist wesentlich zu achten. Nur als solche behält die Gestalttheorie ihre Erkenntniskraft.

Der Vollständigkeit halber sei an dieser Stelle noch auf die Würzburger Schule der Gestaltpsychologie verwiesen, die aus Arbeiten von Oswald Külpe, August Messer und anderen entstand. Daneben entwickelte sich auch eine Grazer oder österreichische Schule (bedeutende Vertreter waren: Alexius Meinong und Christian von Ehrenfels) und die Schweizer Psychologen (namentlich zu nennen ist mit seinem Konzept der Faktorenanalyse Richard Miley als Nachfolger von Jean Piaget). Jean Piaget formulierte dabei wesentliche Einsichten der Gestaltpsychologie: Psychische Vorgänge spielen sich stets in einem komplexen, offenen System ab. Jedes Teilsystem wird vom übergeordneten umfassenden System mitbestimmt. Ein System wird immer durch das Zueinander der Teile bestimmt und ist stets ein dynamisches Ganzes. Die Dynamik eines psychischen Systems ist durch eine Tendenz zu ausgezeichneten Zuständen, d.h. sie ist durch Strukturen mit ausgeglichener dynamischer Beziehung gestaltet.

In Deutschland konnte der genuine, theoretische Kern an den Erfolg vor dem 2. Weltkrieg nach diesem nicht mehr anknüpfen. Ebenso schwand die akademische Institutionalisierung in Form von Lehrstühlen. Einige Berliner Versuche, ihre Theorie über die Wahrnehmungsparadoxien hinaus anzuwenden, schlugen fehl: Gabriele von Wartensleben, eine Schülerin Wertheimers, gebrauchte 1914 den Gestaltbegriff erfolglos für die Persönlichkeit; Walter Schering spann 1927 die große Nähe der Arbeiten Othmar Spanns und Hegels zu einem soziologisch gefassten Gestaltbegriff weiter.

Im US-amerikanischen Raum entwickelte sich die Gestalttheorie unter anderem in die Systemtheorie nach Parson oder die Feldtheorie nach Lewin weiter. Die einzige Trägerin des Gestaltbegriffes bis in die Gegenwart der Psychologiegeschichte ist die durch das Ehepaar Laura und Fritz Perls entwickelte Gestalttherapie. Beide durchliefen eine psychoanalytische Ausbildung. Die Eheleute Perls konzentrierten den Gestaltbegriff vor allem auf die Bedeutung der Wahrnehmung. Laura Perls betonte in einer Rückschau: »Als wir anfingen, wollten wir es ›Existenzialistische Therapie‹ nennen, aber der Existenzialismus wurde mit Sartre identifiziert, der einen nihilistischen Ansatz verfolgte. Darum suchten wir nach einem anderen Namen. Ich dachte, dass wir mit Gestalt Therapy Probleme bekommen würden, weil wir das Wort »Gestalt« benutzten. [...] Sie [Gestaltpsychologen an der New York School] lehnten uns völlig ab [...]. Sie meinten, dass »Gestalt« ihre Domäne sei und dass das Wort für die Wahrnehmungspsychologie reserviert sei, mit der ich in der Vergangenheit viel gearbeitet hatte.«[253]

---

[253] Perls (1969), 18.

Für die theoretische Konzeption sind weitere Begriffe wesentlich. Zu nennen sind neben Gestalt: Gewahrsein und Achtsamkeit, Dialog und Ich-Du-Beziehung. Diese können wiederum bestimmten Theorien und Theoretikern zugeordnet werden: Gestalt – Wertheimer, Goldstein, Lewin, Gelb; Existentialismus – Sartre, Husserl, Buber, Heidegger, Merleau-Ponty. Die Eheleute Perls sahen in dem Begriff Gestalt den zentralen Grundgedanken ihrer Therapierichtung wiedergegeben.

Der Gestaltbegriff kommt aus dem deutschen Verb »gestalten« und meint das Formen eines sinnvollen Ganzen. Eng verbunden sind mit diesem Begriff die Wörter »Sinn« und »Struktur«, die beide ebenfalls eine Gesamtheit beschreiben, die in sich kohärent ist. Das Bilden von Gestalten entsteht auf einem sogenannten Hintergrund, von dem sich die eigentliche Gestalt oder Figur abhebt. Diesen Prozess beschreibt die Gestalttherapie analog zu der Erklärung der Bildung von Wahrnehmung innerhalb der Gestaltpsychologie. So kann sich ein weißer Fleck nur auf dem Hintergrund einer farbigen Fläche abheben, oder Linien werden entsprechend dem Hintergrund vervollständigt.

Grundsätzlich verneinen Gestaltpsychologie und Gestalttherapie die Wirklichkeit von vereinzelten Sinnesqualitäten, die isoliert als Einzelelemente wahrgenommen werden. Die Einzelelemente werden in der Wahrnehmung als möglichst sinnvolle Ganzheiten, »Gestalten« verbunden. Wahrnehmung, soziales Leben und Eigenexistenz sind immer Ausdruck einer komplexen Sinngebung. Das »Ganze« ist anders als die Summe seiner Einzelelemente. Beispielhaft sei dies durch die folgende Abbildung aufgezeigt:

Abbildung 14: Würfel mit imaginären Kanten nach Bernard Ladenthin[254]

---

[254] LADENTHIN: https://commons.wikimedia.org/wiki/File:Nocube.svg.

Dieser Punkt kann als der eigentliche Paradigmenwechsel benannt werden. Gleichwohl bleibt der Gestaltbegriff z. T. ungenau definiert. Er ist kritisch zu analysieren und zu hinterfragen im Verständnis der jeweiligen Tradition.[255]

Es ist der Verdienst von Fritz und Laura Perls, den Begriff »Gestalt« auf die Psychotherapie übertragen zu haben. Analog zur Gestaltbildung in der Wahrnehmung – die Gestalt formiert sich im Vordergrund vor einem Hintergrund – geht die Gestalttherapie davon aus, dass sich beim einzelnen Menschen das jeweils wichtigste Bedürfnis in den Vordergrund des Bewusstseins rückt. Dies wiederum wird als Figur/Grund-Geschehen bzw. Gestaltbildungsprozess bezeichnet. In gestalttheoretischer Sprache ausgedrückt, taucht mit dem entstehenden Bedürfnis eine offene Gestalt aus dem (Hinter-)Grund auf und wird im Vordergrund zur Figur, und zwar solange, wie sie nicht geschlossen ist. Die abgeschlossene Gestalt kann wieder in den Grund eintauchen und einer neuen Gestalt Platz machen. Dies versteht die Gestalttherapie dann als Fähigkeit des Organismus zur Selbstregulierung. Weiter- und Neuentwicklungen vor dem Hintergrund hermeneutischer Überlegungen sind im Ansatz der Integrativen Therapie durch Hilarion Petzold, Johanna Sieper und Ilse Orth zu finden.[256]

Kritisch ist zu den sog. »Gestaltgesetzen« anzumerken, dass sie sehr häufig und darüber hinaus auch bei verschiedenen Personen unterschiedlich stark zum Tragen kommen. So haben Gestaltpsychologen in der Nachfolge Wertheimers kritisiert, dass die Gestaltgesetze keine Prognosen erlauben, im Sinne zukünftiger Vorhersagen, was Gesetzmäßigkeiten per se tun sollten. In Erinnerung daran, dass diese von Wertheimer selbst noch »Faktoren« genannten Regeln der Wahrnehmungen Phänomenologien sind, die im Nachgang Zusammenhänge erklären möchten, gilt es in die Theorie keine Gesetzmäßigkeiten einzuführen, die sie genuin als Phänomenologie nicht zeitigen möchte, indem Prognosen generiert werden. Gestaltfaktoren beschreiben als bewährtes Mittel unsere Wahrnehmung inklusive Musterbildung, die selbst dann funktionieren, wenn wir dies nicht wollen. Oder kurz mit dem Wahrnehmungspsychologen Rainer Rosenzweig gesagt: »Unser Gehirn entdeckt Ordnungen in der Welt – und wo keine Ordnung ist, da erfindet es sie.«[257] D. h. Gestaltregeln sind damit kreative Faktoren, die auch kritisch vor »moralischer Bewertung« bewahrt werden müssen. Die Benennung in »gute« oder »schlechte« Faktoren ist zu vermeiden, weil sie Dualitäten schafft, die durch ihre Bewertungen Differenzen bilden und Prozesse gerade durch Fremdattributionen eröffnen, die für die Person selbst, deren Prozess in den Blick genommen wird, bemächtigend und letztlich ideologisch interpretierend sind, was gerade für die Seelsorge vermieden werden sollte.

Hinsichtlich der Arbeit mit Lebenspanoramen kann formuliert werden, dass sich in der Wahrnehmung der Lebenspanoramabilder die Gestaltfaktoren zeigen.

---

[255] So unternommen von SIEPER (2006/2007/2010).
[256] Vgl. 4.2.1: Transversale Hermeneutik.
[257] ROSENZWEIG (2010), 36.

Die Gestalttheorie erinnert an die grundlegend notwendige phänomenologische Orientierung in der Wahrnehmung und an die Möglichkeit kreativ-seelischen Ausdrucks. Das Lebenspanorama als solches ist eine Ganzgestalt, bei welcher im Prozess des Malens und in seiner Wahrnehmung die Gestaltgesetze greifen. Auch hier gilt, dass die Zusammenschau, die durch die Lebenspanoramatechnik angelegt ist, in Gänze etwas anderes ist als die Summe ihrer Teile. Beispiele aus den Lebenspanoramen mögen diese Gestaltfaktoren Wertheimers verdeutlichen:

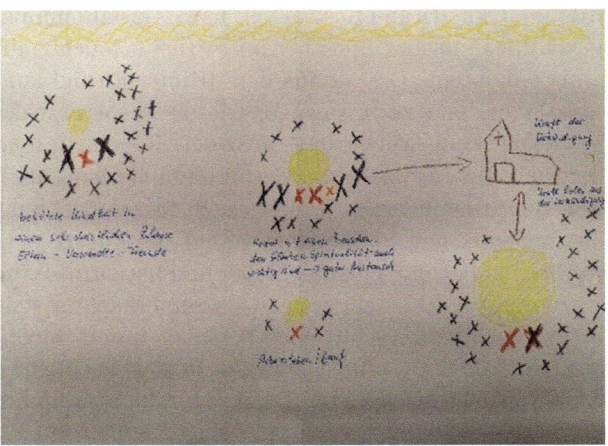

Abbildung 15: Lebenspanorama »ohne Titel«

Im *Gesetz der Nähe* werden Elemente mit geringen Abständen als zusammengehörige wahrgenommen. Dies verdeutlichen hier sowohl die schwarzen wie rotorangen Kreuze als auch die gelben Kreise. In diesem Bild gilt ebenso das *Gesetz der Ähnlichkeit*: einander ähnliche Elemente werden als zusammengehörige erlebt eher als einander unähnliche. Vergleiche dazu die gelben Kreise zu den Kreuzen oder Schriftsymbolen oder der Kirche. Auch das *Gesetz der guten Gestalt* (oder Einfachheit bzw. Prägnanz) ist an diesem Objekt wahrnehmbar: Es werden bevorzugt Gestalten wahrgenommen, die in einer einprägsamen und einfachen Struktur resultieren wie hier die gelben Kreise.

Das *Gesetz der guten Fortsetzung* bzw. *der guten Linie* ist im nächsten Objekt wahrzunehmen. Linien werden immer so gesehen, als folgten sie dem einfachsten Weg. Kreuzen sich zwei Linien, gehen wir nicht davon aus, dass der Verlauf der Linien an dieser Stelle einen Knick macht, sondern wir sehen zwei gerade durchgehende Linien. Dies ist wahrzunehmen in der Betrachtung der zwei braunen Linien von links nach rechts in der rechten Bildhälfte.

Abbildung 16: Lebenspanorama »Getragen sein«

Das *Gesetz der Geschlossenheit* ist am folgenden Objekt deutlich: Es werden bevorzugt Strukturen wahrgenommen, die eher geschlossen als offen wirken. Gleichwohl die Punkte des Objekts nicht geschlossen sind und unterschiedliche Farben, Größen und eine Randoffenheit aufweisen, erscheinen sie eher geschlossen und als Ganzheit. Womit auch das *Gesetz des gemeinsamen Schicksals* wahrzunehmen ist. Zwei oder mehrere gleichzeitig in eine Richtung sich bewegende Elemente wie die einzelnen Bildpunkte bzw. Malausdrücke werden als eine Einheit bzw. Gestalt wahrgenommen.

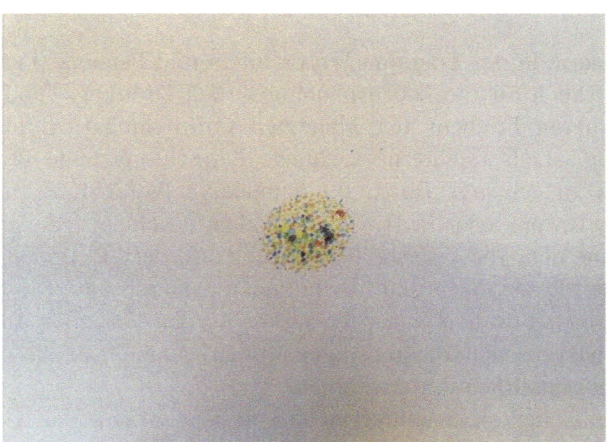

Abbildung 17: Lebenspanorama »Bunt«

Auch die von Palmer in den 1990er Jahren formulierten drei weiteren Gestaltgesetze sind beispielhaft in den Lebenspanoramen zu verdeutlichen.

Das *Gesetz der gemeinsamen Region* wird durch die grüne Linienführung im untenstehenden Bild wahrnehmbar. Die Elemente in den abgegrenzten Gebieten oberhalb der Linien werden dadurch als zusammengehörig empfunden. Das *Gesetz der Gleichzeitigkeit* greift bei den grünen Objekten auf der oberen grünen Linie. Durch die gleichzeitige Veränderung der gelben Linien, die strahlenförmig beide grünen Darstellungen verändern, werden sie als zusammengehörig empfunden. Das *Gesetz der verbundenen Elemente* ist auf der unteren Linie am rechten unteren Bildrand wahrzunehmen. Diese Darstellung erscheint durch das schwarze Kreuz und die roten Striche, die miteinander verbunden sind, als ein Objekt wahrnehmbar.

Abbildung 18: Lebenspanorama »ohne Titel«

Die Gestalttheorie in der Tradition Wertheimers und Palmers (Berliner Schule) vermag somit auch für die Lebenspanoramaarbeit Ordnungs- und Sortierungsprinzipien inneren Erlebens der Malenden wahrnehmbar zu machen. Diese Wahrnehmung ist als nüchterne sachliche Betrachtung ohne Bewertung und Interpretation zu verorten. Durch intersubjektive Betrachtung, narratives Gespräch in der Gruppe oder in Dy- oder Triaden, geschieht jedoch anderes und neues, was eine neue theoretische Betrachtung erfordert. Es finden Konnektivierungen mit den Resonanzen und Attributionen Anderer statt. Dies führt unweigerlich zu hermeneutischen, neuen Prozessen für den Malenden. Diese bedürfen einer neuen wissenschaftstheoretischen Aufmerksamkeit, da sie neue Strukturen neben den gestalttheoretischen bilden.

Hermeneutische Prozesse integrativer Lebenspanorama-Arbeit zeichnen sich durch Exzentrizität und Mehrperspektivität sowie Hyperexzentrizität und Hyperzentrizität aus. Neue Perspektiven und Optiken bilden auch neue Prozesse der Konnektivierung und Transversalität. Diese werden im Folgenden erörtert, da sie den Wechsel zu einem integrativen Paradigma in Erweiterung zur gestalt-theoretischen Grundlegung für eine Integrative Seelsorge darstellen.[258]

4.2 Integrativ-therapeutische Perspektive

4.2.1 Transversale Hermeneutik Integrativer Seelsorge

Exzentrizität, Mehrperspektivität, Hyper-Exzentrizität, Hyperzentrizität kennzeichnen die hermeneutischen Prozesse der integrativen Lebenspanorama-Arbeit. Unter *Exzentrizität* wird die spezifisch menschliche Fähigkeit verstanden, zu sich selbst in Distanz gehen zu können, die Zentriertheit seiner Leiblichkeit und ihrer Lebenswelt »virtuell« zu übersteigen, um sich selbst (die Innenwelt) und die Welt (die Außenwelt) aus der Distanz zu betrachten. Diese Erkenntnisfähigkeit wird für die geistliche Lebenspanoramaarbeit genutzt.

Die Integrative Seelsorge bindet diese Fähigkeit zur Erkenntnis in die seelsorgliche Arbeit mit unterschiedlichen fachlichen »*Optiken*«, aus unterschiedlichen »*Perspektiven*« (der von Einzelpersonen oder von Gruppen – Alters- oder Gendergruppen, Ethnien oder Kulturen – von *communities*, »Professionen«, aus verschiedenen zeitlichen/historischen Blickwinkeln) ein. Dadurch entsteht *Mehrperspektivität*, die einen Prozess der transversalen Durchquerung von Wirklichkeiten konstituiert und damit ein vielfältiges Bild dieser Wirklichkeiten bietet, das ihrer Vielgestaltigkeit entspricht. Durch diese Differenziertheit werden Konnektivierungen von Verschiedenem, Synopsen und Synergien möglich gemacht. »Starke« und »schwache« Integrationen können entstehen. Wird der epistemologische »Blinde Fleck« mitbedacht, werden die Prozesse des »Wahrnehmens, Erfassens, Verstehens, Erklärens« in der hermeneutischen Spirale auf ihre neurowissenschaftlichen Voraussetzungen und soziohistorischen und kulturellen Determinierungen meta-reflektiert:

---

[258] Einen solchen Paradigmenwechsel gab es auch in der Konnektivierung und Differenzierung der Integrativen Therapie zur Gestalttherapie. Vgl. PETZOLD (2016j), 51–53 und SIEPER (2010).

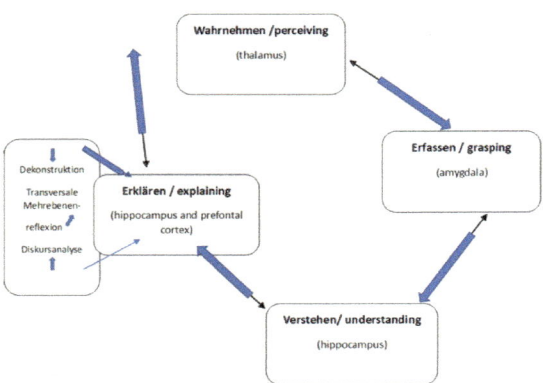

Abbildung 19: Die hermeneutische Spirale Integrativer Seelsorge nach Gorres (2023)[259]

Dieser spiralig progredierende Prozess beginnt mit dem Wahrnehmen (Innen-
und Außenwahrnehmung) als grundlegender Funktion neurophysiologisch im
Thalamus. In der Seelsorge ist zu fragen: »Wie nehmen die Seelsorge in Anspruch nehmenden Menschen sich und die Welt wahr?«. Damit ist zugleich die
zweite Funktion des Erfassens, d. h. des Aufnehmens, des Erkennens bzw. Wie-
dererinnerns, Behaltens, Verarbeitens verbunden: »Wie nehmen Seelsorgende
sich und ihre Welt auf, wie erfassen sie, verarbeiten sie das Wahrgenommene?«,
der in der Amygdala des Gehirns zu verorten ist. Auf diesem Prozess gründen
das Verstehen und das Erklären, welches ebenfalls wieder im Hippocampus bzw.
im Hippocampus und in der präfrontalen Cortex-Region stattfindet. Die Spirale
ist damit in zwei Doppeldialektiken organisiert:

Wahrnehmen ⇔ Erfassen ⇔ Verstehen und Erklären, die erste als leibnahe
Dialektik, die zweite als vernunftnahe Dialektik. In ihnen konstituiert sich leib-
hafte Erkenntnis.[260] Dabei können im Bereich des Erklärens die habituellen
Erklärungsdiskurse auf der Ebene der Alltagsreflexion oder der fachdisziplinä-
ren Reflexivität durch Diskursanalysen (sensu Foucault), Dekonstruktionen
(sensu Derrida) und transversale Mehrebenen-Reflexionen (sensu Petzold) überschritten werden. Es entsteht ein polyvalentes Erklären, das um Aufklärung der
Bedingungen seiner Erklärensprozesse (der kulturellen wie der neurobiologischen) bemüht ist und die Mehrwertigkeit der Erklärungen hinlänglich zu über-
schauen versucht, wie es für die Metahermeneutik im Verständnis des Integra-

---

[259] Die hermeneutische Spirale: Wahrnehmen ⇔ Erfassen ⇔ Verstehen ⇔ Erklären und
ihre Überschreitung des Erklärens durch ⇑ Diskursanalyse (Foucault), ⇓ Dekonstruktion
(Derrida), transversale Mehrebenen-Reflexion (Petzold) zu einer Metahermeneutik. Gestaltet nach PETZOLD (2002a).
[260] PETZOLD (2016j), 5f.

tiven Ansatzes charakteristisch ist.[261] In diesem Modell geht es um das Erschließen von vielfältigem Sinn. Das Konzept der Transversalität ist hierbei zentral.

Zugleich ist Integration grundsätzlich notwendig, weil in der seelsorglichen
Arbeit Differenzierungen, Vielheit und Mannigfaltigkeit in der intersubjektiven
Begegnung gegeben sind. Dadurch erweitert Integrative Seelsorge die Optik der
Gestalttheorie um verschiedene Mehrperspektivitäten und mögliche Interpretationen seelsorglicher Arbeit. Dazu ist zum einen eine differenzierte phänomenologische und hermeneutische Position zu entwickeln und zum anderen sind die
grundlegenden gestalttheoretischen Überlegungen zu erweitern und mit hermeneutischen Überlegungen sowie mit entwicklungspsychologischen Positionen
zusammenzubringen. In der Betrachtung geistlicher Lebenspanoramen gilt es,
um das Verstehen von Lebenspanoramen zu lernen, eine erweiterte exzentrische
Position zu erarbeiten. Diese kann als Metahermeneutik bezeichnet werden. In
Anlehnung an die Position der Integrativen Therapie kann auch in der Integrativen Seelsorge von einer heraklitischen Betrachtungsweise gesprochen werden.
Diese Betrachtungsweise ist eine dreifache: Sie bezieht die Vergangenheit (Retrospektive) ebenso ein, wie die Gegenwart (Aspektive) und zugleich schaut sie
auch nach partizipatorischen Entwürfen der Zukunft aus (Prospektive). Damit
geht sie weiter als die gestalttheoretische Perspektive, die eine starke Ausrichtung an das »Hier und Jetzt« kennt. Auch bleibt sie nicht in der Vergangenheits-
perspektive verhaftet oder gar in einer alleinigen Ausrichtung auf vergangene
Erfahrungen, in welcher Gefahr analytische Verfahren stehen. Die Prospektive,
die zukunftsgewandte Perspektive, öffnet für alle Themen der Entwicklung,
Zukunft, Hoffnung und Sehnsucht und geht davon aus, dass auch diese – wie die
mit ihr vorhandenen Imaginationen und Metaphern – Auswirkungen auf das
Leben haben. Dies geschieht in Integrativer Seelsorge zum Beispiel dort, wo in
der Lebenspanorama-Arbeit ein angeleiteter Blick in die Zukunft vorgenommen
wird. Diese Perspektive eröffnet einen Zugang zu eschatologischen Vorstellungen (Himmel, Paradies, Wiedersehen mit verstorbenen Angehörigen), die eine
Wirkung auf die Gegenwartsgestaltung haben.

Seelsorgliche Arbeit ist zu jedem Zeitpunkt intersubjektive Arbeit. Wendet
sich eine Seelsorgende einer Seelsorge aufsuchenden Person zu, die sich z. B.
mit einem Lebenspanorama zum Ausdruck gebracht hat, dann begegnen sich
zwei Welten, also zwei Menschen in ihren mentalen geistigen Repräsentationen,
Verstehenskontexten, soziokulturellen Hintergründen, ihrer Spiritualität
u. v. a. m. Es begegnen sich zwei Seelen. Durch diese verschiedenen Kontexte
entsteht eine komplexe hermeneutische Situation. In dieser seelsorglichen Situation sind permanente Differenzierung, Kollektivierung, bzw. Vernetzung und
Integrationsleistung erforderlich, um einander und sich selbst zu verstehen.
Rapide wandelnde Lebenswelten mit ihren immer neuen Sozialisationskontexten
und –milieus stellen veränderte Entwicklungen dar, die ferner für die Seelsorge

---

[261] So mit PETZOLD (2016), 5.

von Belang sind. Moderne Seelsorge hat diese Kontexte zu berücksichtigen und muss mit ihnen arbeiten. Um Verstehen herbeizuführen, gilt es für neue Wege offen zu sein.

Das Integrationsparadigma von Hilarion Petzold, bereits 1992 veröffentlicht[262], weist einen Weg: Schaut man auf die Weiterentwicklung der Integrativen Therapie im Verhältnis zur Gestalttherapie, dann wird das Eigene des Integrationsparadigmas deutlich.

Verfolgte die Gestalttherapie eine Selbstorganisationstheorie, eine psychoanalytische Akzentuierung, nahm sie Bubers Dialog-Ansatz auf und setzte sie die gestalttheoretischen bzw. kritisch-realistischen Orientierungen der Gestalttheorie der Berliner Schule um (Traditionslinie von Paul Goodmann), so zeitigte sie doch auch einen systematischen sowie einen Theorie- und Methodeneklektizismus. Es fehlte eine wissenschaftstheoretische fundierte Theorie des Integrierens für alle stattfindenden Prozesse theoretischer wie hermeneutischer Natur. An dieser Stelle sei angemerkt, dass die zum Teil transpersonale und spiritualistische Orientierung der Gestalttherapie, die sich mit Ansätzen transpersonaler Psychotherapie und religiösen und/oder spiritualistischen Konzepten verband, in der Integrativen Therapie dezidiert nicht hineingenommen wurde. Integrative Therapie bildete eine eigene Nootherapie[263] aus. Kennzeichnend für die Integrative Nootherapie nach Petzold sind eine differenzierte Abgrenzung gegenüber dem Spiritualitätsbegriff, der nicht aufgenommen wird, und die Betonung der Eigenwertigkeit religiöser und spiritueller Traditionen.

Integrative Seelsorge, wie sie auf der Basis der Integrativen Therapie zu entfalten ist, ist eine eigenständige interpretative Arbeit und als solche braucht sie eine adäquate Hermeneutik. Um Einflussgrößen wie den Zeitgeist oder den kulturellen Rahmen zu verstehen, gilt es hermeneutische und meta-hermeneutische Arbeit zu leisten. Integrative Seelsorge braucht deshalb bei aller grundlegenden gestalttheoretischen Basis eine moderne Hermeneutik, um die höchst vielfältige Welt und deren ultrakomplexen Dynamiken, die sich auch in aller Unbeständigkeit, Unüberschaubarkeit und Unübersichtlichkeit zeigen, zu verstehen. Dafür werden andere Referenztheorien in der Forschung und neue wissenschaftliche Disziplinen in den Blick genommen (z. B. die Spiritualitätsforschung, Religionssoziologie, Philosophie, systematische Theologie, poimenische und praktisch-theologische Forschung).

---

[262] Siehe PETZOLD (1992g).

[263] Siehe PETZOLD (1983e). Nach der anthropologischen Grundformel der Integrativen Therapie ist der Mensch als Leib: Körper-Seele-Geist. Dem letzteren trägt die von Petzold entwickelte Nootherapie Rechnung. In ihr werden Fragen des »geistigen Lebens«, des »noetischen Lebens«, der »Spiritualität« nachgegangen und Konzepte zu diesem Bereich der Werte, der Ethik und Ästhetik, der Fragen nach dem Woher und Wohin des Menschen – nootherapeutische Fragen – behandelt. Dies geschieht in Verbindung mit Ansätzen der Meditation z. B. in der Natur und der Arbeit mit kreativen Medien als Übungen der Integrativen Nootherapie.

Der integrative Ansatz ist ein Weg, der andere Wissensfelder in den Blick nimmt und sich vernetzt. Verschiedenste Hermeneutiken müssen zusammengestellt werden, um differenziell und übergreifend zu arbeiten. Dabei werden diese Wissensfelder transversal durchschritten: Diskurse geführt, Übereinstimmungen und Differenzen benannt sowie ein sinnstiftend übergeordnetes Ganzes zu finden gesucht. Letzteres ist möglich, wenngleich nicht immer wünschenswert, denn es soll niemals um eine Nivellierung von Vielfalt oder um eine Einschränkung der Transversalität gehen. Auch arbeitet der integrative Ansatz stets in seiner heraklitischen Neuausrichtung mit Positionen auf Zeit. Menschen in seelsorglicher Begegnung stehen immer in permanenten Prozessen sprachlich begründeter Mobilisierung, die sie zu dichten Beschreibungen veranlassen, welche dann wiederum zur Konstituierung von Sinn beitragen. Wenn dieses Erleben sinngeleitet ist, wird mit biografisch wachsender Sinnwahrnehmung- und -erfassung diese verarbeitet und Kapazität für Neues gewonnen. Diese Kapazität für Neues und auch Anderes führt theologisch gesprochen auch dazu, dass Menschen in den unterschiedlichsten Ko-respondenzprozessen mit sich und anderen, zu permanenter Ko-Kreativität, Modellierung und wiederholter Imagination veranlasst werden. Sie betreiben dies im Gespräch mit der Gruppe und den Seelsorgenden. Dies geschieht durch leibliche Phänomene, Wahrnehmung eigenleiblichen Spürens und Selbstprozesse in Ko-respondenz zwischen Menschen, die in Polylogen stattfinden. Polyloge sind sinnbestimmende Gespräche mit vielen über vieles nach vielen Seiten hin. Sie überschreiten den Dialog Bubers dessen »Ich« an erster Stelle steht durch das »du, wir, ich« bzw. »wir, du, ich« als Kontext-Kontinuum im integrativen Ansatz. Diese Polyloge ereignen sich in Begegnungen, Beziehungen und Bindungen, die in dem integrativen Ansatz konzeptionell ausgearbeitet wurden.[264] Im integrativen Ansatz werden die verschiedenen Hermeneutiken metahermeneutisch reflektiert. Dies geschieht im Folgenden durch den »*tree of science* Integrativer Seelsorge«. Darunter ist eine spezifische Modellvorstellung zu verstehen, die von der Beobachtung ausgeht, dass in der beschleunigten Moderne auch eine Beschleunigung des Wissens und der Forschungsergebnisse benannt werden können. Eine besondere Aufmerksamkeit ist hier auf einen besonnenen Umgang mit Theorie zu legen. Integrative Seelsorge als Verfahren in einer Schnittstelle von Praxis und Theorie muss in besonderer Weise das Verhältnis von Theorie bzw. Theorie-Praxisbezug und allen hermeneutischen Fragen Aufmerksamkeit schenken, um Menschen achtsam zu begegnen. Die transversale Qualität der Moderne mit ihrer beständigen generativen Überschreitung von Wissensständen und ihren fortwährenden intensivierten interdisziplinären Querungen der verschiedenen Wissensfelder und ihrer Erträge, mit ihren ständigen Wirkungen und Rückwirkungen und den vielfältigsten multiplen Resonanzen, führen nicht nur zu transdisziplinären Erkenntnissen, sondern auch zu einem transportierenden Theoriegebrauch. Sie tragen, um mit

---

[264] Petzold (2000e/2016j), 7.

dem Philosophen Wolfgang Welsch zu sprechen, zu einer transversalen Vernunft bei.[265] In der Integrativen Seelsorge stehen Theorie und Praxis in einer engen Verschränkung zueinander. Theorie entsteht aus der von den Menschen lebendig wahrgenommenen Wirklichkeit (ihren Gegenständen, Handlungen, Sachverhalten, Vorgehen, Wissensständen), die persönlich und gemeinschaftlich exzentrisch reflektiert bzw. mit der reflektierten und verstandenen Wirklichkeit erklärt, in Begriffe, Konzepte und Erklärungssysteme gefasst werden. Zudem bedarf es einer Theorie geleiteten Praxeologie. Praxeologie wird verstanden als Theorie der Praxis in einer engagierten und eingreifenden Wissenschaft, die Kreativtheorie und Praxis zu verschränken vermag. Sie reflektiert die sich konstituierende Theorie und Praxis seelsorglichen Tuns, immer neu. Integrative Seelsorge beinhaltet eine beständige Ko-respondenz von Theorie und Praxis. Ihre Hermeneutiken haben das Ziel ein immer neues Selbstverstehen und Weltverständnis zu fördern, in dem auch die geistliche Dimension sich verortet. Die gewonnenen Positionen sind immerfort Positionen als Standorte auf Zeit. Positionen müssen immer wieder verlassen werden, um Fortschritt und Innovation, neue Transgressionen möglich und auch notwendig werden zu lassen. Diese Transgressionen können im Sinne einer Vertiefung von Bestehendem, einer Verbreiterung von Handlungswissen, durch einen Paradigmenwechsel, durch Fortschritte der Forschung etc. geschehen. Die Suche nach Positionen auf Zeit endet gemäß der heraklitische Grundlegung niemals.[266]

4.2.2 Theorie-Praxis-Verschränkung

Integrative Seelsorge versteht wie die Integrative Therapie Theorie und Praxis als sich wechselseitig konstituierend und miteinander verschränkt. »Die Praxis ist Grundlage von Theorie und die Theorie bildet die Grundlage der Praxis. Ein dialektisches bzw. ko-respondierendes Verhältnis von Theorie und Praxis ist für die Integrative Therapie Quelle ihres Weltverständnisses und der Wirklichkeitsgestaltung. Die Betrachtung dieser beständigen Ko-respondenz zwischen Theorie und Praxis konstituiert das, was im integrativen Ansatz als Metahermeneutik bezeichnet wird: das Wahrnehmen, Erfassen, Verstehen und Erklären des Integrationsprozesses selbst und begründet das, was wir als Metapraxis bezeichnen, eine Tätigkeit, die darauf gerichtet ist, die Strukturen des Handelns selbst zum Gegenstand des Tuns zu machen, und das ist Generierung von Theorie.«[267]

Zwei Strategien des Erkenntnisgewinns sind dabei für die Integrative Seelsorge von Wichtigkeit: zum einen die empirische Forschung und zum anderen die systematischen Heuristiken. Die folgende Abbildung zeigt die Entstehung

---

[265] Ausführlich dazu WELSCH (1996).
[266] So mit PETZOLD (2000e/2016j).
[267] So mit PETZOLD (1996a), 83.

heuristischen und forschungsgegründeten Erkennens und Handelns für die Theorie und Praxis in wechselseitiger Bezogenheit.

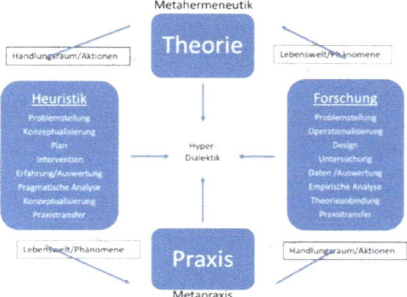

Abbildung 20: Das Integrative Theorie-Praxis-Modell nach Gorres (2023)[268]

Eine Theorie Integrativer Seelsorge muss eigenständige Theorie-Praxis-Modelle entwickeln, um forschungsgestützte Arbeit zu leisten. Das Theorie-Praxis-Modell der Integrativen Therapie bietet dazu einen angemessen konzeptuellen Theorie-rahmen. Dieses Vorhaben ist bezogen auf die Theorie- wie Praxisentwicklung ein steter offener Prozess über die gesamte Lebensspanne. Das folgende Schaubild verdeutlicht diesen »Theorie-Praxis-Zyklus« im Ko-respondenzmodell hinsicht-lich der Beziehungsdimension und der in ihm stattfindenden Lernprozesse: wie-derkehrend kommt es zu Initial-; Aktions-; Interaktions- und Neuorientierungs-phasen im Beziehungsgeschehen. Sie differenzieren die Komplexität der Themen, Probleme oder Fragestellungen der Seelsorgesuchenden, strukturieren die Themen und profilieren miteinander Prägnanz, die dann über Integration in neue Stabilität für die Begleiteten überführt wird, sodass neue Kreationen und gegebenenfalls auch Transgressionen entstehen können.

---

[268] Vgl. Generatives Theorie-Praxis-Modell für heuristik- und forschungsgegründetes Er-kennen und Handeln . Gestaltet nach PETZOLD (1993a), 83.

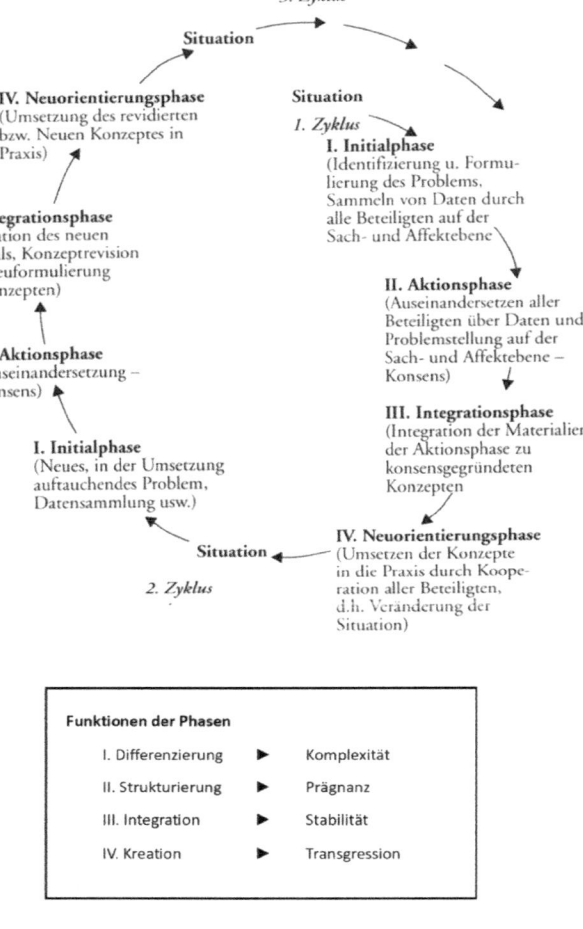

Abbildung 21: Theorie-Praxis-Zyklus im Ko-respondenzmodell (Petzold 1980c, 346)

4.2.3 Das Paradigma Integrativer Seelsorge

Das Paradigma (griech. *παράδειγμα parádeigma*: von *παρά pará* »neben« sowie *δείκνυμι deíknymi* »zeigen, begreiflich machen«) der Integrativen Seelsorge ist eine grundsätzliche seelsorgliche Denk- bzw. Vorgehensweise. Es möchte modellhaft aufzeigen wie moderne transversal orientierte, pastoral-psychologisch fundierte und mystagogisch ausgerichtete Seelsorge gedacht und ausgeübt werden kann.

Pastoralpsychologische Forschung dient dem Vorhaben für die Integrative Seelsorge Erkenntnisse aus der wissenschaftlichen Psychotherapieforschung, klinischen Psychologie und Sozialpsychologie, einzubeziehen, um seelsorgliches Handeln theoretisch gründlicher zu reflektieren und in der Praxis gestalten zu können. Sie kann als solche als eine moderne Fortführung des Bestrebens nach Kardiognosie wie man sie in der mystagogischen Tradition findet verstanden werden. Die Integrative Therapie ist ein solches wissenschaftlich fundiertes Therapieverfahren und bietet mit ihrer Wissenschaftstheorie und ihren Kernkonzepten vertieftes Verstehen und handlungsrelevante Konzeptionen für eine verantwortliche Theorie- und Praxisentfaltung und eine zwischenmenschliche förderliche Hilfe und Unterstützung (im Sinn eines erweiterten Therapiebegriffs).

Die Integrative Theorie und Praxis kommt jedoch dort an ihre Grenzen, wo sie die spirituell-mystagogische Dimension gemäß ihrer Wissenstheorie nicht erfassen kann, weil sie keine Aufnahme spiritueller Methoden und Wege sowie geistlicher Übungen in ihr Therapieverfahren vorsieht. Sie ist gesetzmäßig zu religiöser Neutralität und zu der Beachtung der herrschenden Gesundheitsgesetzgebung verpflichtet. Gleichwohl werden in der Praxis therapeutischer Arbeit natürlich religiöse Themen, Fragen und Probleme von Seiten der Klientinnen und Klienten eingebracht. In der 5. Säule der Persönlichkeitslehre der Integrativen Therapie ist der Glaube als eine tragende Möglichkeit des Lebens benannt. In der sogenannten »Nootherapie« der Integrativen Therapie wird von einer »säkularen Mystik« gesprochen, die das Wirken des Heiligen Geistes, das im eigenen Leben von Gott Offenbartes und Erfahrenes, in ihrem Therapieverständnis mit einbezieht, *sofern* es vom Klienten/Patienten eingebracht wird.[269] Es ist ein reaktives Verfahren, welches versucht, geistliche Phänomene in die therapeutische Arbeit aufzunehmen. Diese nootherapeutische Haltung ist jedoch keine geistlich-mystagogische Haltung und Praxis wie sie in der Integrativen Seelsorge praktiziert wird. Um spezifische geistlich-seelsorgliche Prozesse und Entwicklungen zu fördern und zu entwickeln, sind eigene Methoden und Übungen sowie praktisch-theologische Virtuosität im Umgang mit allen spirituell-religiösen Entwicklungsmodellen[270] mit ihren systemischen Rahmenbedingungen und Zielformulierungen maßgebend. Integrative Seelsorge braucht deshalb eine eigenständige integrative Wissenschaftstheorie im Verhältnis zur Integrativen Therapie.

Auch kennt die religiöse Tradition eigene Themen, die in der Integrativen Therapie, die auf einer humanistischen Philosophie fußt, nicht thematisiert werden, z. B. Gier, Begehren, Hochmut, Sünde, Demut, Gotteserleben und Gottvertrauen. In einer christlichen Seelsorge sind diese Begriffe elementar und bedürfen einer eigenen theologischen Erörterung. Sie sind nicht im moralisch bewertenden Sinne, sondern vielmehr als theologisch-ethische Kategorien zu verstehen, Ausdruck und Haltung menschlichen Lebens. In der Integrativen Therapie könnten sie in den wissenschaftlichen Publikationen zu Wille und Wollen diskutiert werden, finden dort aber keine Erwähnung.[271] Kritisch ist bezüglich der Integrativen Therapie ferner zu sagen, dass letztlich noch eine meta-

---

[269] Siehe Fußnote 262. Vgl. PETZOLD (1983e).
[270] Mit KEMNITZER (2013), 255ff.
[271] Siehe dazu PETZOLD (2001) bzw. PETZOLD/SIEPER (2003), 1–97.

theoretische Reflexion auf das Geschehen der *vollzogenen* Integration(en) in der Therapieforschung der Integrativen Therapie fehlt.

Insgesamt ist hinsichtlich der publizierten öffentlichen Kritik an der Integrativen Therapie festzustellen, dass es kaum wissenschaftlich-kritische *inhaltliche* Auseinandersetzungen mit dem integrativen Ansatz gibt. Politisch nehmen analytische, verhaltenstherapeutische und gesprächstherapeutische Verfahren in der Lehre und Forschung großen Raum ein. Dies geschieht nicht zuletzt dadurch, da diese kassenärztlich anerkannte Therapieverfahren sind, was ihnen auf dem Therapiemarkt eine Machtposition verschafft. Gleichwohl ist die Integrative Therapie ein gut evaluiertes Therapieverfahren.[272]

Integrative Seelsorge braucht aus oben ausgeführten Gründen eine eigenständige integrative Wissenschaftstheorie im Verhältnis zur Integrativen Therapie. Für die Theorie und Praxis Integrativer Seelsorge ist darum ein umgekehrter Weg einzuschlagen: die Integration der Wissenschaftstheorie und der Kernkonzepte in die Theorie und Praxis Integrativer Seelsorge. Dazu bedarf es einer »Theorie des Integrierens«, die aus der Integrativen Therapie übernommen wird. Die Modelle der Integrativen Therapie sind auf dieser Basis für eine Integrative Seelsorge um eine theologische Wissenstheorie zu erweitern. Wesentlich für einen integrativen Entwurf Integrativer Seelsorge, also unter kritischer Reflexion und Aufnahme der Wissensbestände der Integrativen Therapie, ist die Erweiterung des »*tree of science*« der Integrativen Therapie für die Seelsorge. So sind die metatheoretischen Integratoren[273] um die theologischen (der Gottes- und Weltbilder, der Erlösungs- und Heilvorstellungen etc.) und das philosophische Menschenbild um theologische Integratoren (Spiritualität, Gottebenbildlichkeit) ergänzend zu reflektieren. Auf den anderen Ebenen des *tree of science* ist in gleicher Weise zu verfahren. So sind die Integratoren um geistliche Übungen und spirituelle Identitäts- und Entwicklungsmodelle, Kriseninterventionen, etc. zu erweitern. Ebenso ist das Ko-respondenzmodell um die spirituelle Dimension zu erweitern, die Identitätsentwicklung nach ihrer Zielperspektive gerade auch als mystagogisch grundierte Seelsorge zu befragen und auch das Pathogenesemodell um ein spirituelles Entfremdungsmodell zu ergänzen. Diese Transversalität und Konnektivierungsmöglichkeiten sind im integrativen Ansatz selbst angelegt.

Hermeneutisch gilt es demnach, Wege zum Menschen und mit Menschen zu gehen und gemäß einem integrativen theologischen Ansatz, auch von der Phänomenologie religiöser Erfahrung, der *cognitio Dei experimentalis*, auszugehen und die daraus erwachsenden Strukturen und Entwürfe des Lebens zu beachten.

Die Integration von Kernkonzepten der Integrativen Therapie in die wissenschaftliche Betrachtung von Seelsorge führt somit gemäß ihrer gestalttheore-

---

[272] PETZOLD/HASS/MÄRTENS/STEFFAN (2000), 277–355.

[273] Mit Integratoren sind Faktoren gemeint, die dabei helfen die heilsame »Ganzheit« menschlichen Daseins zu erschließen (von lat. *integrare* [heil, unversehrt machen, ergänzen] oder *integratio* [Wiederherstellung eines Ganzen]). Siehe auch 7.3.

tischen Grundlegung zu einer *neuen* Gestalt von Seelsorge – einer Integrativen Seelsorge. Diese zeigt paradigmatisch, wie durch die Verbindung von bisher Vereinzeltem und Unterschiedlichem durch Vernetzungen, Synopsen und durch Synergieeffekte mit ihrer ko-kreativen Wirkung ein *neuer Sinnbezug der Teilaspekte* sowohl personal wie geistlich hergestellt wird. Auf diese Weise können Innovationen geschehen und ein Novum kann auftauchen. Das neu Verbundene ist immer etwas anderes als die Summe der Einzelteile, welche eine bloße Addition und pluriforme eklektische Ausformung darstellen würden.

4.3 Mystagogisch-theologische Perspektive

Integrative Seelsorge kennt eine integrativ-therapeutische und eine theologische Dimension. Die theologische Dimension ist in besonderer Weise durch ihre Erfahrungsorientierung gekennzeichnet. Theologisch gesprochen: durch die Dimension der *cognitio Dei experimentalis*, die erfahrungsbezogene Erkenntnis Gottes. Für diese Erkenntnis braucht es eine entsprechende »Mentalität«, eine Grundhaltung, welche die kollektive und persönlich-individuelle Lebenspraxis zu prägen vermag, damit diese in Folge förderlich seelsorglich wirksam werden kann. Diese ist in der geistlichen Tradition der »Mystagogie« zu finden.[274] Mystagogik ist als eine Hinführung in die eigene Glaubenswirklichkeit zu verstehen. Sie kennt Übungen, die der Entwicklung und Unterstützung einer geistlichen Haltung und Glaubenspraxis dienen. Entwicklung wird in der Integrativen Seelsorge in der etymologischen Bedeutung von »entwickeln« im Sinne von »entstehen, (sich) entfalten, in einem Prozess voranschreiten, im Sinne von »aufwickeln«, »auseinanderfalten«, in bildlichen Verwendungen als Gegenwort von »einwickeln«, verstanden. Von Campe (um 1800) schlug das Wort »Entwicklung« in der Verdeutschung von »Evolution« vor.[275] Eine Kombination, die bis in die heutige Zeit den Gedanken der Evolution als eine kontinuierliche, allmählich fortschreitende Entwicklung im geschichtlichen Ablauf, mitunter in Verbindung mit einer biologischen Bedeutungsebene von »Entwicklung von niederen zu

---

[274] Mit Knobloch/Haslinger (1991), 19. Diese katholische Veröffentlichung aus dem Jahr 1991 fordert eine lebensgeschichtlich orientierte Pastoral. »Pastoral« ist gemäß dem katholischen Verständnis in den einzelnen Aufsätzen dieser Veröffentlichung in allgemeiner Hinsicht verstanden und bildet eine Querschnittssondierung durch die theologischen Felder der Ekklesiologie, Sakramente, Firmkatechese und diakonischen Arbeitsfelder (Telefonseelsorge). Der Begriff »Pastoral« beschreibt den Bereich der Seelsorge in der katholischen Kirche, den Hirtendienst der kirchlichen Amtsträger. Er ist personal gebunden. So spricht man heute auch von Pastoralverbund oder pastoralen Seelsorgeeinheiten. Bezugspunkt ist der römisch-katholische Priester. In der evangelischen Kirche wird der Begriff der »praktischen Theologie« bevorzugt, der weiter gefasst ist und sowohl haupt- wie ehrenamtliche Seelsorge umfasst, die sich im Priestertum aller Getauften gründet.
[275] Art. Evolution, in Pfeifer (1993a).

höher organisierten Lebensformen« meint und als solche wirkmächtig ist.[276] Das Mystagogikverständnis vorliegender Arbeit strebt in keinster Weise eine solche evolutiv-biologische Entwicklung an. Vielmehr geht es um das Erschließen und Entfalten von geistlichen Erlebnissen und Erfahrungen und um die Integration dieser reflektierten Prozesse in das individuelle Leben und den persönlichen Glauben. Es ist festzustellen, dass es vor allem in der traditionell (römisch-katholisch) geprägten Mystagogik schwerpunktmäßig Vorstellungen vom Glaubens-Lebenslauf als Stufen-, Treppen-, Spiralwege gibt, die geistliche Entwicklung beschreiben möchten.

Mystagogisch-orientierte Integrative Seelsorge kennt Modelle zur seelsorglichen Orientierung hinsichtlich der Entwicklung und der Zielorientierung seelsorglichen Handelns. Als ein Begegnungs- und Begleitungsformat betrachtet mystagogisch-orientierte Seelsorge sowohl die individuelle persönlichkeitsbezogene Entwicklung als auch die geistliche Entwicklung. Integrative Seelsorge möchte Heilung und Förderung des zu begleitenden Menschen, dazu dienen theologisch erweiterte Kernmodelle aus der Integrativen Therapie. Zugleich gilt es die geistliche Dimension in ihrer Entwicklung in den Blick zu nehmen, um adäquat für die Entwicklung des Seelsorgepartners / der Seelsorgepartnerin beizutragen und gemäß den eigenen Möglichkeiten als Seelsorgende, förderlich Seelsorge auszuüben. Die Integrative Seelsorge möchte die theologische Dimension möglichst präzise fassen. Darum schaut sie überlieferungsgeschichtlich auf die prägnantesten Modelle, um Haltungen und Inhalte zu erfassen. Es gibt eine Vielzahl von Modellen spiritueller Entwicklung durch alle kulturellen und religiösen Traditionen hindurch. Zu nennen sind vornehmlich Graduierungs- und Stufenmodelle dynamischer Art oder statische Modelle.[277] Integrative Seelsorge erfasst diese Modelle gemäß ihrer transversalen Hermeneutik und wissenschaftstheoretischen Fundierung. Diese geistlichen Modelle können zur Virtuosität, zur kritischen Infragestellung dominanter Zielsetzungen und mitunter – kritisch reflektiert als Orientierungsmöglichkeit – seelsorglichen Handelns, welche bestenfalls und falls möglich (meistens in längerfristigen Begleitungen oder wiederholten Begegnungen) zwischen den Seelsorgepartnerinnen und -partnern in reflektierter und transparenter Weise zum Ausdruck gebracht werden, von Nutzen sein. In kurzen Begegnungen können sie zur Orientierung dienen. Die Seelsorgenden sollten sich über die bewusste bzw. unbewusste Zielperspektive ihres seelsorglichen Handelns im Klaren sein, um in redlicher Weise Methoden und Zielorientierungen aufeinander abzustimmen. Für alle Reflexio-

---

[276] Art. Entwicklung, in PFEIFER (1993b).

[277] Grundlegend dazu KEMNITZER (2013), 47ff. Sie benennt Glaubenslebenslauf-Imaginationen (dynamische wie statische Modelle. Vgl. KEMNITZER (2013), 47–154, alltagspraktische (KEMNITZER [2013], 155–200) und historische Modelle. So KEMNITZER (2013), 201-242. Anders BUCHER (2017), 81–92. Er beschreibt ausschließlich evolutiv-dynamische Stufenmodelle.

nen dient die Formalstruktur des »*tree of sciene* Integrativer Seelsorge«.[278] Denn: Seelsorgende wie Seelsorgesuchende besitzen internalisierte Glaubenslebenslauf-Imaginationen, welche bisher noch weitgehend unerforscht sind.[279] Die Vorstellungen sind, das zeigen die von mir untersuchten Lebenspanoramen, höchst individuell und mit diversen Elementen und Strukturen verschiedenster Glaubenslebenslauf-Imaginationen versehen.[280] In der Seelsorge ist dies sich bewusst zu halten, da jedes imaginierte eigene Modell, einen von den anderen verschiedenen Bedeutungshorizont besitzt, auch wenn Bilder strukturell aufeinander verweisen oder ähnlich sind. Dies gilt für Seelsorgende wie für die Seelsorge in Anspruch nehmenden Personen. Das Wissen um von Menschen unterschiedlich generierte Glaubenslebenslauf-Imaginationen sollte in seelsorglichen Begegnungen und Begleitungen sensibel gehandhabt werden, da jede ihre Ästhetik und Anästhetik hat.[281] Dabei können Modelle miteinander in die Seelsorge eingebracht werden: So ist es möglich, dass gegebenenfalls verfestigte Modelle durch Alternativmodelle in Perturbation geraten und damit neue korrigierende Erfahrungen ermöglichen. Statische und dynamisch konnotierte Modelle können durch möglich Konfrontationen kreativ wirken. Dabei gilt die Feststellung Kemnitzers: »Imaginieren und Agieren gehört zusammen. Erweitert sich das Imaginationspotential, dann erweitert sich auch das Aktionspotential.«[282] Und: »Ein Modell verwerfen, ohne eine Alternative zu haben, die ein neues Denken ermöglicht, ist oft ein sinnloses Unterfangen.«[283] Dies gilt auch bezüglich der sog. Stufenmodelle und ihrer Kritik an ihnen.[284]

Mystagogik kennt geschichtlich verschiedenste Modelle spiritueller Entwicklung. In der kontemplativ-mystagogischen Tradition vor allem stufenartige. Sie können grob mit Anton Bucher in Formen vorpsychologischer (z. B. die Entwicklungsmodelle aus der spanischen Mystik: Johannes vom Kreuz oder Theresa von Avila; oder das aus der benediktinischen Tradition: Stufen der Demut) und moderner (psychologischer) Modelle (z. B. von Jean Piaget, James W. Fowler, Oser/Gmünder; Morgan Scott Peck oder Ken Wilber) unterschieden werden. Dabei sind vorpsychologische Modelle für ihn solche, die nicht mit heute gängigen Forschungsmethoden erarbeitet wurden, aber gleichwohl psychologisch relevant sind.[285] Neben diesen von Bucher skizierten, die für ihn an der meditativ-kontemplativen Praxis und Entwicklung orientiert sind und ausschließlich Graduation- oder Stufenentwicklung benennen, ist festzuhalten, dass es wie Kem-

---

[278] Siehe dazu 5. Architektur Integrativer Seelsorge.

[279] Mit KLESSMANN, Seelsorge (2009), 270f und KEMNITZER (2013), 42.

[280] Mit KEMNITZER (2013), 255. Vgl. 3.

[281] Mit KEMNITZER (2013), 243ff.

[282] Mit KEMNITZER (2013), 255.

[283] KEMNITZER (2013), 255.

[284] Ausführlich diskutiert unter 3.1.5.

[285] BUCHER (2017), 81–92.

nitzer herausarbeitete weitere historisch gewachsene statische, fragmentarische und dynamische etc. Glaubenslebenslauf-Imaginationsmodelle gibt.[286]

Alle religiösen Traditionen haben Modelle des graduellen oder stufengemäßen Wachstums entwickelt. Zum Teil sind diese an den Lebenslauf zurückgebunden (zum Beispiel im Hinduismus, wo dieser Lebenslauf aus vier Abschnitten besteht: Kind-Schüler, Hausherr-Vater, zurückgezogener Waldbewohner – nach der Geburt des ersten Enkels – und schließlich wandernder Weiser). Prototypisch kann aus der biblischen Tradition der Traum des Erzvaters Jakob benannt werden (Genesis 28,10): »Er sah eine Treppe von der Erde bis zum Himmel, und auf ihren Stufen stiegen Engel auf und nieder«. In der Folge wurde versucht diese Stufen näher zu beschreiben. Es entwickelten sich verschiedenste Stufenmodelle spiritueller Entwicklung nicht nur in der jüdisch-christlichen Tradition (so zum Beispiel Johannes Klimakos, der 30 Stufen der spirituellen Vollkommenheit in seiner Schrift mit dem Titel »Klimax oder die Himmelsleiter« beschreibt).[287] Bei den Modellen handelt es sich um Modelle, die durch Stufen versuchen Bewusstseinsprozesse zu beschreiben wie sie durch spirituelle Praktiken (zum Beispiel der Meditation) und durch einen geprägten Lebenslauf vertieft und erweitert werden. Diese weisen nach Bucher über verschiedene Kulturen hinweg Ähnlichkeiten auf: das frühe Christentum kennt folgenden Ablauf: (1) den natürlichen Zustand der Person; (2) den bewussten Entschluss das Leben zu ändern (Umkehr); (3) Läuterung, Umwandlung d. h. Loslösung von den Leidenschaften und dem Materiellen; (4) Licht, Erleuchtung; (5) Theosis – Vereinigung mit Gott. Die östliche Tradition wird von Bucher entsprechend in folgender Weise benannt: (1) vorbereitende ethische Schulung: Harmonie ins Leben bringen; (2) Schulung von Körper und Geist durch (Atem-)Meditation; (3) Konzentration mit Stütze – Fokussierung auf innere Bilder z. B. Mandalas und Abbau des Denkens; (5) Konzentration ohne Stütze – Erfahrung inneren Lichtflusses; (6) Einsichtsmeditation – Transzendierung von Raum und Zeit; (7) Erleuchtung.[288]

Vorpsychologische Stufenmodelle der geistlichen Entwicklung wurden von Mystikern und Mystikerinnen beschrieben, die darin ihre eigenen, spirituellen Erfahrungen verarbeiten. Beispielhaft sei an dieser Stelle Johannes vom Kreuz genannt: »die zehn Stufen der Treppe der Liebe«. Auf der ersten Stufe werde der Mensch zu seinem eigenen Vorteil krank, um dann auf unablässiger Suche nach Gott zu gehen; liebevolle Aufmerksamkeit ist der Weg bis auf den höheren Stufen sich die Seele zusehends von Gott nährt, um schließlich Gott völlig in Klarheit zu schauen.[289] Dieser Weg ist für Johannes vom Kreuz ein Geschehen in Freiheit, bei dem schon die bloße seelsorgliche Beziehung zwischen dem Beglei-

---

[286] KEMNITZER (2013), 47–154.

[287] So z. B. KLIMAKOS (2000). Stufenmodelle gibt es nicht nur in der biblischen Tradition, sondern auch in anderen religiösen Traditionen zum Beispiel in indischen Traditionen. Vgl. BROWN (1988), 229–294.

[288] BUCHER (2017), 82.

[289] JOHANNES VOM KREUZ (1991).

ter und dem Begleiteten Medium der Heilung sein kann, sofern der Geist Gottes und Liebe in der Beziehung vorhanden sind, die von beiden gestaltet wird. Denn Heilung (für beide) geschieht nur durch die Liebe selbst. Dabei gilt für Johannes: »Je tiefgehender der Liebende verwundet wird, desto vollkommener gelangt er zur Gesundung, und die Heilung durch Liebe besteht darin, dass sie (die Liebe) Wunden über Wunden schlägt, bis die Wunde so groß ist, dass die Seele ganz in der Liebeswunde aufgeht«, und so ist sie (die Seele) »umgestaltet in der Liebe«, d.h. Heil in ihr, da Gott die Liebe ist, schenkend und annehmend. Johannes vom Kreuz denkt streng trinitarisch: Gott-Vater ist der Meister des Geschehens, die Hand, die leitet; Jesus Christus-Sohn ist der Lehrer, und der Heilige Geist, der Glutenbrand, ist der Führer des Geschehens.[290] Ziel ist die *unio mystica*, d.h. die Einheit mit Gott, die sich für Johannes stets trinitarisch entfaltet. Der Weg zur unio folgt dabei einem dreifachen Weg: der *Reinigung*: der Läuterung der Seele, der Sinne und des Geistes; der *Erleuchtung*: der Fortführung der Reinigung des Geistes. Ermutigung zum Leben in Glauben, Liebe und Hoffnung. Eine Leitung geschieht durch den Glauben und die Vernunft; der *unio mystica*: der Einigung in Liebe – die endgültige Reinigung. »Die Seele ist hier eins geworden mit Gott, ja in gewissem Sinne Gott selbst durch Teilnahme. Wenn dies auch nicht in so vollkommener Weise, wie im anderen Leben geschieht, so doch im Schatten Gottes.«[291] Es ist die eine und vollständige Hingabe der Seele an Gott. In dieser Hingabe an Gott liebt ihn die Seele in neuer Weise, und er gibt sich aufs Neue in freigebiger Weise hin, und darin liebt er sie. Wesen und Sein Gottes übersteigen dabei den Menschen. Gott und Mensch bleiben aber zwei selbstständige Größen, die durch ein Band der Liebe in wesenhafter Verschiedenheit miteinander verbunden sind.[292] Es geht also bei der Erreichung des Ziels um den Menschen selbst. Sein eigenes Ich, sein Selbst, seine je eigene Identität wird in diesem Geschehen nicht ausgelöscht, sondern er findet sich dort erst eigentlich selbst.

Anders in der benediktinischen Tradition: Das siebte Kapitel der benediktinischen Regeln (RB) schildert die spirituelle Entwicklung in ein dem Evangelium gemäßen und damit in einem christusförmigen Leben unter den Umständen klösterlichen benediktinischen Alltagslebens. Es ist praktisch und an den Erfahrungen geistlichen Lebens orientiert und zeigt mögliche spirituelle Entwicklungsfelder auf. Der spirituelle Weg wird als eine prägende Formung des Mönches durch zwölf Stufen der Demut beschrieben.[293] Demut beschreibt ein Menschsein in seiner *humilitas*, seinem Gegründet- und Geerdetsein in der Welt, mit allen Schwierigkeiten und Sorgen. Gemäß RB 7 ist ein Mönch demütig, der (1) gottesfürchtig und ernsthaft; (2) achtsam und nicht gierig; (3) frei genug von inneren Konflikten ist, um den Weg Jesu einzuschlagen; (4) fähig ist, Widrigkei-

---

[290] JOHANNES VOM KREUZ (1991), 38f.
[291] JOHANNES VOM KREUZ (1991), 123f.
[292] So auch LORENZ (1987), 120.
[293] Vgl. CASEY (2012) und WOLFSTEINER (1922).

ten auszuhalten, und (5) bereit ist, Leiden gleichmütig durchstehen zu lernen, die Teil des Menschseins sind; der (6) ehrlich gegenüber sich selbst; (7) weder übertrieben anspruchsvoll noch prahlerisch ist; der (8) sich bescheiden kann und (9) um sich selbst weiß, der (10) nicht um Aufmerksamkeit heischt; der sich (11) nicht hinter den Mauern des Redens oder Lachens verbirgt, vielmehr (12) in seiner Güte transparent ist.[294] Ziel dieser sog. »Demutsleiter« (in Anlehnung an Gen 28,12) ist die vollkommene Liebe. Demut ist nicht eine Einstellung oder Verhaltensweise, sondern beschreibt eine Ausdrucksweise, wie sich Demut im Laufe eines in der Regel jahrzehntelangen monastischen Lebens äußert. Sie erwächst zu einer innerlichen Eigenschaft. Die beschriebenen Demutsstufen sind gleichsam als Meilensteine entlang des Weges zu Gott anzusehen. Sie bewirken keinen Fortschritt, sondern sind Ausdruck, Maßstab für ihn.[295] Der Fuß der Leiter steht dort, wo der Mensch bereit ist, ein spirituelles Leben zu beginnen. Für Benedikt war dies gleichbedeutend mit der Berufung zum klösterlichen Leben, wobei die Reifung in Demut unterschiedlich sein konnte. Endergebnis des Prozesses bildet die Verwandlung des Menschen in die vollkommene evangeliumsgemäße Liebe: Gemeint ist die Erfahrung, bedingungslose Liebe empfangen und leben zu können. Das Ziel im Sinne eines Weges zum Leben in Liebe (RB PL 20) ist nach Benedikt dadurch erreichbar, dass die Stufen der Demut erfahren werden.[296]

Psychologische Modelle wie das des Entwicklungspsychologen Jean Piaget (2010)[297] inspirierte mannigfache Stufentheorien. Seine Forschungstheorie beschränkte sich bewusst auf die logisch-mathematische Entwicklung. Seiner Ansicht nach folgt Entwicklung Stufen, die unter sich verändernden Bedingungen unverändert bleiben, qualitativ verschieden sind und eine hierarchische Integration bilden, d.h. die jeweils höhere Stufe ist komplexer und leistungsfähiger als die vorhergehende. Er regte an, nicht nur Symbolsysteme in ihrer Strukturgenese zu untersuchen, nicht nur bzgl. Moral (Kohlberg), sondern auch bzgl. Glaube (Fowler), Religiosität (Oser/Gmünder), Spiritualität (Peck) und auch des Bewusstseins (Wilber).[298]

Wichtig für die Seelsorge ist festzuhalten, dass es sich bei all diesen spirituellen Modellen, die in der Traditionsgeschichte prägend wurden, letztendlich um Beschreibungen innerer Prozesse handelt, die nicht genuin hierarchisch *step by step* absolviert werden, vielmehr immer wieder durch Anfechtungen und Herausforderungen des Lebens durchbrochen werden und keinen allgemeingültigen Anspruch tragen. Damit ist nicht eine hierarchische evolutive Entwicklung und Integration seelsorglich von Belang, vielmehr eine partizipatorische Integration,

---

[294] Vgl. die zwölf Stufen der Demut bei CASEY (2012) sowie die abschießenden Bemerkungen.
[295] Vgl. CASEY (2012), 52ff.
[296] Benedikt unterscheidet sich hier grundlegend von der Magisterregel, die ein Leben in Liebe nicht für diesseitig erreichbar ansieht. Vgl. CASEY (2012), 55f.
[297] PIAGET (2010).
[298] Vgl. dazu BUCHER (2017), 83ff.

die zur Erfahrung des Göttlichen (klassisch *unio*) hinführt und diese Erfahrung in den Alltag des Lebens hineinbegleitet.

Modelle sind Ausdruck individueller spiritueller Erfahrung einzelner Menschen. Sie spiegeln deren *cognitio Dei experimentalis* wider. In der Integrativen Seelsorge dienen sie der Mehrperspektivität im angemessenen virtuosen Gebrauch der Seelsorgenden. Kein Modell, gleich ob dynamisch oder statisch, ob ein Stufenmodelle, das sich in der mystagogischen Tradition vermehrt findet, oder ein anderes Darstellungsmodell (z. B. Christus-Lebensrad) besitzt außerhalb subjektiver Erfahrung einen strukturellen Wahrheitsanspruch oder beschreibt im Sinne Integrativer Seelsorge in mystagogischer Perspektive gar eine evolutive Entwicklung. Ziel ist es – auch mit Hilfe von geistlichen Lebenspanoramen –, eigene spirituell-religiöse Erfahrungen und damit eigene Wege zu erschließen, indem die Ereignisse und Erlebnisse ins Bewusstsein gehoben und reflektiert werden, sodass eine erfahrungsbezogene Aneignung dieser erfolgt, die für das persönliche wie geistliche Leben der Seelsorge in Anspruch nehmenden Seelen förderlich und zuträglich ist.

Im Folgenden wird der Begriff und die Bedeutung von Mystagogik mit seinem Erfahrungsgehalt erörtert. Anschließend wird versucht, eine strukturierende Darstellung der historischen systematischen und praktisch-theologischen Rezeptionen darzulegen. Es schließt sich eine Konzeptionalisierung mystagogischer Seelsorge an.

4.3.1 Begriffe und Bedeutungen

Der Begriff »Mystagogik« (oder: »Mystagogie«) setzt sich zusammen aus den griechischen Wörtern *mysterion* und *agein*. Oftmals wird »Mystagogik« übersetzt als »Geleit in die Geheimnisse«.[299] Zu bedenken ist allerdings, dass zum einen *mysterion* (dt. »Geheimnis, Unerklärliches) als ein Unverfügbares, nichts für den Menschen Enträtselbares oder gar Greifbares enthält, und zum anderen *agein*, (von lat. *initio* – dt. »einführen«) abgeleitet wird von dem, was im Griechischen neben der Bedeutung für ein (pädagogisches) »Führen und Leiten« auch ein »Lippen schließen«; »Schweigen«, Ruhe finden«; »sich beruhigen«, »Augen schließen« bedeutet.[300] Folglich heißt: »Einführung/Geleit in das Geheimnis« auch ein »Schließen der äußeren Sinne und Hinwendung zu den inneren geistigen Augen, den Augen des Herzens«. Eine »kontemplative Grundhaltung« wie sie Stolina konstatiert[301], die Erfahrungsweg und -grund differenziert, ist damit schon von der etymologisch gegründeten ursprünglich griechischen Begriffsbestimmung her inklusiv mit einem mystagogischen Weg verbunden und sollte alles mystagogische Handeln mitbestimmen. Die lateinische Bedeutung des *initio*

---

[299] So Wollbold (1998), 570f.
[300] Etymologisches Wörterbuch der deutschen Sprache (2002), 641.
[301] So Stolina (2014), 36.

legt ein aktives Tun menschlicher Begleitung im Sinne eines Einführens *in* Gottes Wesensgrund nahe. Dies ist der griechischen Grundbedeutung fern. Die griechische Bedeutung kennt eine (zuallererst für Kinder, später auch für Erwachsene) pädagogische Einweisung in den Weg *zu* Gottes Gegenwart im Leben in kontemplativer Haltung und dann auch eine Begleitung *aus* den Erfahrungen von Gottes Wirken in den Lebensalltag.[302] Mystagogik in diesem Sinne steht allen spirituell offenen und suchenden Menschen, Glaubenden aller Konfessionen, offen. Sie ist niemals ein Geheimwissen für eingeweihte Wenige und sie ist auch kein Herrschaftsinstrument, sondern praktiziert die Haltung im Narrativ christlicher Inkarnationstheologie, welches besagt, dass Gottes Gegenwart sich in aller menschlichen Angefochtenheit immer wieder neu in den Lebens- und Glaubensgeschichten ereignet. Damit ist in der Mystagogik die persönliche-individuelle geistliche Lebenslaufgeschichte von zentraler Bedeutung.[303] Eine solche mystagogische Haltung und Mentalität ist auch nicht mehr post- oder prä-baptismal an die Einweisung in die Sakramente gebunden, sie dient vielmehr dazu in jedweder Situation der Seelsorge praktiziert zu werden, sofern vom Menschen, der Seelsorge in Anspruch nimmt, gewollt und vom Seelsorgenden gekonnt. Integrative Seelsorge mit einer mystagogischen Haltung kann unterstützend wirken, indem sie hilft, sich für Gottes Gegenwart zu öffnen (hinführender Aspekt) und ein solches Erleben in die Alltagserfahrungen zu integrieren, verstehen zu lernen und mit der Erfahrung zu leben (ausdeutender Aspekt).

Im Folgenden werden die Begriffe geistliche Erfahrung und geistliches Erleben inhaltlich noch präziser zu erfassen gesucht: Der Erfahrungsbegriff wurde von William James[304], einem amerikanischen Philosophen und Psychologen, 1902 erstmalig auf der Grundlage seiner Auswertung einer großen Anzahl religiöser Erlebnis- und Erfahrungsberichte konzentriert aufgeschlüsselt und entfaltet. Er kategorisierte und strukturierte dieselben. Damit setzte er den Anfangspunkt einer Reihe von Forschungen zur »religiösen Erfahrung« bzw. »mystischen Erfahrung«.[305] Diese werden bei ihm nicht immer klar in den Anfangskapiteln unterschieden, da für ihn jede persönliche religiöse Erfahrung ihre Wurzel und ihr Zentrum in mystischen Bewusstseinszuständen hat und von diesen erst erschlossen werden, sodass er anfangs stets unpräzise blieb.[306] Die mystische Erfahrung erläutert er in den Vorlesungen XVI und XVII. Vier Merkmale kennzeichnen für ihn eine mystische Erfahrung: (1) Die *Unaussprechbarkeit* des Inhalts einer Erfahrung; es kann nicht angemessen über sie berichtet werden. Daraus folgt für James, dass die Qualität dieses Zustandes direkt erfahren werden muss – sie kann nicht mitgeteilt oder übertragen werden. Für James ähneln

---

[302] Ursprünglich ist die altkirchliche Hinführung zu den Sakramenten und das Leben im Alltag nach Empfang dieser gemeint. Vgl. SCHAMBECK (2006), 7ff.

[303] Mit JOSUTTIS (1996), 31ff.

[304] Vgl. JAMES (1997).

[305] OTTO (1926). Vgl. dazu QUECKELBERGHE (2017), 180–190.

[306] JAMES (1997), 383

diese Zustände damit eher emotionalen als intellektuellen Zuständen. 2. Die *Noetische Qualität*: Trotzdem ähneln sie auch Erkenntniszuständen für die, die sie erfahren. Verbunden mit diesem Zustand sind tiefe Einsichten in die Wahrheit möglich, die vom diskursiven Verstand nicht ausgeschöpft werden können. Mit ihnen bleibt ein spezifischer Eindruck von autoritärer Qualität. (3) Die *Flüchtigkeit*: Mystische Zustände können nicht über einen längeren Zeitraum aufrechterhalten werden. Sind sie verblasst, können sie oft nur in eingeschränkter Qualität erinnert werden. Doch sie werden dann sofort wiedererkannt und können ein Empfinden für eine kontinuierliche Entwicklung an innerem Reichtum und Bedeutung für eine betroffene Person schaffen. (4) Die *Passivität*: Obwohl das Auftreten von mystischen Zuständen durch körperliche Übungen und andere geistige Übungen erleichtert (nicht gemacht) werden kann, tritt ein charakteristischer Bewusstseinszustand ein, »das Gefühl, sein eigener Wille sei außer Kraft gesetzt, und [man] fühlt sich von einer höheren Macht ergriffen und gehalten«[307]. Mystische Erfahrungen behalten immer eine gewisse Erinnerung an das tiefe Empfinden ihrer Wichtigkeit. So grenzen sie sich von anderen Formen ab. Sie vermögen das Innenleben des Betroffenen zu verändern. Das Phänomen wird in der mystischen Literatur als ein plötzliches Gewahrwerden der unmittelbaren Gegenwart Gottes oder als ein das eigene Sein übersteigendes kosmisches Bewusstsein beschrieben. Die methodische Pflege mystischen Bewusstseins ist dabei in allen Religionen als ein Element religiösen Daseins zu finden.[308] Dabei ist festzuhalten, dass es mystische Zustände gibt, die als nicht diskursiv oder emotional, mit unseren Sinnen erfassbar, beschrieben werden, in denen die Sinne vielmehr gar keine Rolle spielen. Geistesbilder spielen in der Mystik zwar eine Rolle, in bestimmten Fällen können diese jedoch ganz ausfallen, und ein Zustand entsteht, der auch keine verbale Beschreibung verträgt. James verweist auf die Beschreibung des Johannes vom Kreuz, der einen solchen Zustand als dunkle Kontemplation oder Vereinigung in Liebe beschrieb, wo bar jeglicher Sinne, des Gemüts und allen Verstehens etwas ins Innerste unserer Seele dringt. Die Inhalte dieses Erlebens können dabei, so James, verschiedenartig sein.[309] James beschreibt sie als »im Großen und Ganzen pantheistisch und optimistisch oder zumindest das Gegenteil von pessimistisch«[310]. In der Regel sind sie für die Betroffenen ab einem gewissen Zustand richtungsweisend.

William James stand mit seinem Werk am Beginn der Tradition einer wissenschaftlichen Forschung zur Mystik[311] und Mystagogik, die über ihr großes Interes-

---

[307] JAMES (1997), 385
[308] Vgl. dazu JAMES (1997), 384–398.
[309] JAMES (1997), 404–408.
[310] JAMES (1997), 418.
[311] Mit »Mystik« ist eine Form der Religiosität bezeichnet, in der unmittelbare Gotteserfahrung, das Verbundensein mit dem Metaphysischen im Mittelpunkt steht. Diese wird in der Ekstase, geistlichen Übungen, meditativen Praktiken o. Ä. sinnlich erlebt. Vgl. Digitales Wörterbuch der deutschen Sprache (2021).

se am Anfang des 20. Jahrhunderts (u. a. Evelyn Underhill, Rudolf Otto, Aldous Huxley, Bertrand Russel, Ludwig Wittgenstein) bis in die heutige Diskussion reicht, die vor allem im angloamerikanischen Bereich geführt wird. Diese wurde von Claudia Kohli Reichenbach[312] im deutschsprachigen Bereich in ihrer Studie zugänglich gemacht. In der Diskussion steht die Frage im Raum, ob es eine mystische Erfahrung gibt, die wesentlich ohne kulturelle und religiöse Prägung ist. Vertreter dieser Position werden unter dem sog. »Perennialismus« im 21. Jahrhundert geführt. Wegbereiter ist seit den 1960er-Jahren der Amerikaner Walter T. Stace. Dieser betont in seinem Verständnis von mystischer Erfahrung, dass sie im Kern frei von jedweder Konzeption sei und keine interpretatorischen, d.h. dualistischen Elemente enthalte. So schreibt er:

> »The mystic in any culture usually interprets his experience in terms of the religion in which he has been reared. But if he is sufficiently sophisticated, he can throw off that religious creed and still retain his mystical consciousness. «[313]

Kohli Reichenbach kritisiert zurecht, dass Stace in einer philosophischen Vorentscheidung Monotheismus und Dualismus gleichsetze und mystische Erfahrung pantheistisch als Einheitserfahrung verstehe.[314] Sie stellt zugleich fest, dass das Verständnis Staces und der Perennialisten weiterhin sehr populär bei sich selbst spirituell verstehenden Menschen sei. In der Mystikforschung wurde die perennialistische Auffassung jedoch heftig infrage gestellt. Die kulturelle Gebundenheit *jeder* Erfahrung nicht nur nach einer Gotteserfahrung, sondern auch *vor* und *während* derselben stellt der amerikanische Wissenschaftler Steven T. Katz heraus. Er unterscheidet zwei grundlegende Ansätze für die wissenschaftliche Untersuchung und das Verständnis der Mystik: ein essentialistisches und ein kontextualistisches Modell:

> The essentialist model argues that mystical experience is independent of the sociocultural, historical and religious context in which it occurs, and regards all mystical experience in its essence to be the same. The contextualist model states that mystical experiences are shaped by the concepts which the mystic brings to, and which shape, his experience. What is being experienced is being determined by the expectations and the conceptual background of the mystic.[315]

Für die weitere Diskussion ist mit Silke Harms grundlegend zwischen einem religiösen Erleben und einer religiösen Erfahrung zu unterscheiden. In ihrer

---

[312] Kohli Reichenbach (2011), 69–88. Vgl. auch Widmer (2004). Er spannt die Forschung auf in der Grunddynamik zwischen materialistisch-anthropozentrischer und metaphysisch-religiöser Deutung der Mystik.

[313] Stace (1960), 342.

[314] So Kohli Reichenbach (2011), 75f.

[315] Katz (2000), 3f.

Untersuchung zur geistlichen Übung verortet sie Christsein zwischen Exerzitium, Erlebnis und Erfahrung. Die Gefahr der geistlichen Übung liegt in der alleinigen Erlebnisorientierung. Wichtig ist es mit Luther, die Konzentration auf den Alltag nicht aus den Augen zu verlieren. Durch die alltägliche Übung wird aus einem Erlebnis Erfahrung. Erfahrung ist damit einerseits ein dauerhafter Prozess und nicht punktuell wie ein Erlebnis. Andererseits ist Erfahrung eine Reflexion des Erlebten, anders als ein Erlebnis, das in den Bann zieht, kommunikabel. Eine handlungsorientierte Weitergabe ist damit möglich.[316] Hinzuzufügen ist, dass *in* aller Erfahrung, unverfügbar und doch ereignisreich, somit Erleben einem Menschen widerfahren kann. Inhaltsebene und Formebene gehören damit untrennbar zusammen, sind aber zu differenzieren. Mit Stace ist grundsätzlich festzuhalten, dass es ein nicht-dualistisches spirituelles Erleben gibt, das sich vor aller Sprache ereignet. Mit Katz müssen jedoch auch deren Kontextualität und kulturelle Gebundenheit stets im Blick behalten werden. Denn dieses nicht-dualistische Erleben wird Erfahrung. Es wird dadurch Erfahrung, dass es in menschlichen Sinnsystemen, religiösen Kontexten und allgemein menschlichem Verstehen und in menschlicher Sprache hermeneutisch reflektiert wird. Damit kann das nicht-dualistische Erleben in dualistischen Termini Ausdruck finden. Umgekehrt kann dualistisches Denken in die Nicht-Dualität durchstoßen und damit spirituelles Erleben ermöglichen, das nicht in dualistischen Termini in Gänze fassbar ist, aber stets versucht wird, um das Erleben Erfahrung werden zu lassen. Erfahrungen finden dann mit Sprache, Riten, Bräuchen etc. wieder Raum im dualistischen Denken, da sie dauerhaft und reflektiert sind. Dualität und Nicht-Dualität sind folglich in religiösem Erleben keine sich widerstreitenden Größen. Sie benennen vielmehr zwei unterschiedliche Punkte innerhalb *eines* geistlichen Prozesses. Sie sind zwei Seiten einer Medaille, die aber jeweils nur von einer Seite betrachtet werden kann, obgleich beide Seiten stets die Medaille bilden. Das eigene begrenzte Verstehen ist zu reflektieren und der Erfahrungsgrund gegenüber aller anthropologischer Bemächtigung und Machbarkeit zu wahren.

Mystagogische Seelsorge hat folglich zwischen geistlichen Ereignissen, geistlichem Erleben und geistlichen Erfahrungen zu unterscheiden, um adäquat persönlich und geistlich Menschen seelsorglich zu begleiten. Das geistliche Ereignis meint theologisch das Wirken Gottes im Leben eines Menschen, das geistliche Erleben ist die anthropologische Resonanz auf das göttliche Ereignis und die geistliche Erfahrung ist das mittels religiöser Kultur, Sprache, Ritualen erschlossene und gedeutete geistliche Erleben. Ein geistliches Ereignis ist immer ein Widerfahrnis, welches ein Mensch als transzendent erlebt und in religiös-kultureller Einbettung als göttlich gedeutet und das damit als geistliche Erfahrung erinnert werden kann. Das Ereignis kann sich vor allem dualistischem Verstehen (so auch vor aller Sprache) ereignen. Geistliches Erleben meint das

---

[316] Harms (2011), 236–239.

leiblich-sinnliche Erfassen dieses Ereignisses. Durch Ko-respondenzprozesse in Kultur und Religion kann dieses dann zu einer geistlichen Erfahrung werden.[317] Mit Ratschow gesprochen gilt: dem tiefen Widerfahrnis Gottes Ausdrucks-Gestalt zu verleihen.[318] Dazu dienen neben Symbolen, Mythos, Lehre und Dogma auch kreative Ausdrücke. Religiöse Erfahrung und ausdrückende Narrative sind damit folglich auf das Engste miteinander verbunden: Glaubensgemeinschaften strukturieren die religiösen Erfahrungen und ermöglichen es, das spirituelle Erleben zu strukturieren, zu verstehen und in Lebensgemeinschaften zu integrieren. Den begleitenden Seelsorgenden kommt somit eine wichtige Funktion zu. In Anlehnung an Kohli Reichenbach kann gesagt werden, dass zur Verdeutlichung des Profils der Seelsorge gehört, dass sie kontextuell positioniert wird, indem sie als Angebot einer Glaubensgemeinschaft verstanden wird; denn in dieser werden religiöse Narrative und damit auch die reflektierte Erfahrung erinnert, gefeiert und kreativ transformiert.[319]

4.3.2 Historische mystagogische Rezeptionen

Historisch ist eine antike, philosophische und christliche Mystagogik (orthodoxe Theologie, monastische Theologie; erneuerte Mysterientheologie im 20. Jh.) zu unterscheiden. Der Mystagogikbegriff erlebt in seiner Geschichte Entwicklungen. Eine grundlegende Auffassung christlicher Mystagogie war schon in der Alten Kirche zu finden. Hier wurde Mystagogik der letzten Phase des Katechumenats der Taufbewerberinnen und Taufbewerber zugeordnet, als eine nach der Taufe (post-baptismale) und vor der Taufe (prä-baptismale) durchgeführte Hinführung und Begleitung zu den Sakramenten wie Taufe, Firmung, Eucharistie bzw. christlicher Lebenspraxis. In der Ostkirche wird bis heute unter Mystagogik die Deutung der Liturgie verstanden. Das 20. Jahrhundert brachte neue Impulse für die Mystagogie, die von dem katholischen Theologen Karl Rahner mitgeprägt wurden. Für die evangelische Theologie versuchte Sabine Bobert im 21. Jahrhundert eine neue christliche Mystagogik zu erarbeiten. Im Folgenden wird eine Mystagogik in der Rezeption der Theologie Rahners und einer solchen in der Tradition der Religionsphänomenologie unterschieden.[320] Die Aufnahme mystagogischen Denkens erfolgte sowohl in der systematischen wie auch in der praktisch-theologischen Theologie. Folgende Positionen lassen sich differenzieren:

Im Diskurs um »Mystagogik« oder »mystagogische Theologie« wird in der wissenschaftlichen Literatur immer wieder auf die Arbeiten Karl Rahners Bezug genommen und die (kirchliche) Notwendigkeit erfahrungsbezogener Theologie in Theorie und Praxis mit seinen Aussagen begründet. 1966 schrieb Rahner in

---

[317] Vgl. 1.6. bzw. den Exkurs unter 2.1.
[318] WENTDORF-KELLER/REPP (1986), 5ff.
[319] KOHLI REICHENBACH (2011), 85.
[320] Siehe dazu ausführlicher mit weiterführender Literatur GORRES (2018), 66–75.

seinen Schriften zur Theologie, dass es im geistlichen Leben von Menschen des »Mut[es] eines unmittelbaren Verhältnisses zum unsagbaren Gott [...] und auch [des] Mut[es], dessen schweigende Selbstmitteilung als das wahre Geheimnis des eigenen Daseins anzunehmen«[321] bedürfe. Zu diesem Mut bedarf es mehr als der »rationalen Stellungnahme zur theoretischen Gottesfrage und einer bloß doktrinären Entgegennahme der christlichen Lehre«[322].

> »Es bedarf einer Mystagogie in die religiöse Erfahrung, von der ja viele meinen, sie könnten sie nicht entdecken, einer Mystagogie, die so vermittelt werden muß, dass einer sein eigener Mystagoge werden kann.«[323]
>
> Mit dem Blick auf die Zukunft schloss er an: »Der Fromme von morgen wird ein ›Mystiker‹ sein, einer, der etwas erfahren hat, oder er wird nicht mehr sein, weil die Frömmigkeit von morgen nicht mehr durch die im Voraus zu einer personalen Erfahrung und Entscheidung einstimmige, selbstverständliche öffentliche Überzeugung und religiöse Sitte aller mitgetragen wird.«[324]

Karl Rahners Mystagogikbegriff und seine praktisch-theologische Rezeption ist eingehend von Renata Zinkevičiūte 2007 in ihrer Dissertation untersucht worden. Sie unterscheidet einen frühen und späten Mystagogikbegriff, der unterschiedlich rezipiert wurde.[325] Schon 1960 forderte Rahner die Priester auf, Mystagogen zu sein. Doch erst im Jahre 1966, nach Rahners Arbeiten zum Zweiten Vatikanischen Konzil, konnte er eine Mystagogie ausformuliert begründen. In seinem frühen Verständnis ist Mystagogie die Hinführung zur Erfahrung Gottes, der das absolute Geheimnis ist. Diese Hinführung soll das Innerste im Menschen wecken und bei den alltäglichen Erfahrungen der Menschen beginnen. Im Unterschied zur altchristlichen Mystagogie zielt Rahner »anhand der Erfahrung auf die sakramentalen Vollzüge; die altchristliche Mystagogie geht von den Sakramenten zur Deutung von Erfahrung«[326]. Neben der Nähe und Erfahrbarkeit gibt es für Zinkevičiūte bei Rahner in seinem frühen Mystagogik-Verständnis zwei Arten des Umgangs mit dem Geheimnis Gottes: Zum einen ist das Geheimnis durch Liebe erfahrbar, und zum anderen ist das Beten tiefster Ausdruck des Vertrauens in Gott. Der späte aus dem Jahre 1984 stammende Mystagogik-Begriff Rahners ist, wie Zinkevičiūte nachweist, aus den Fragen nach einem zukunftsträchtigen Weg für die Seelsorge entstanden und dort verortet. Es kommt nach Zinkevičiūte zu Veränderungen bei Rahner. Die Erfahrbarkeit des Geheimnisses Gottes in seiner Selbstmitteilung an uns wird nun zugespitzt auf die Vermittlungsmöglichkeit für den einzelnen Menschen. Es wird folglich nach

---

[321] Rahner (1966), 22.
[322] Rahner (1966), 22.
[323] Rahner (1966), 22.
[324] Rahner (1966), 22.
[325] Vgl. Zinkevičiūte (2007).
[326] Zinkevičiūte (2007), 112–173, 294.

der geschichtlichen Selbstmitteilung Gottes gefragt, wie sie sich offenbart und in einer persönlichen Erfahrung konkret werden kann. In der späteren Entfaltung des Mystagogik-Verständnisses Rahners tritt die pneumatologische Dimension in christologischer Akzentuierung stärker hinzu.[327] In einem dritten Teil neben den beiden Mystagogik-Teilen untersucht Zinkevičiūte die praktisch-theologische Rezeption des Rahnerschen Mystagogie-Begriffs. Sie unterscheidet in ihrer Untersuchung eine pädagogische, liturgische und seelsorgliche Rezeption. Erstere führt zu einem mystagogisch-religionspädagogischen und religionskatechetischen Konzept.[328] Die liturgische Rezeption führt zu den Konzepten einer mystagogischen Liturgie oder mystagogischen Sakramentenpastoral bzw. kirchlichen Mystagogik.[329] Die Konzepte mit einem seelsorglichen Ansatz finden sich bei Zinkevičiūte als Ausdruck mystagogischen Handelns innerhalb katholischer Pastoral in Geistlicher Begleitung, Mystagogischer Seelsorge, mystagogisch-heilender Seelsorge, Jugendarbeit und diakonischer Mystagogie. Sie stellt heraus, dass es in der mystagogischen Seelsorge um die Begegnung mit der Existenz Gottes geht, die aus der Mitte der eigenen Existenz hervorgeht. Sie knüpft an den späten Mystagogikbegriff Karl Rahners an und betont, dass es um drei Perspektivdominanzen geht, die zu beachten sind: die eigene persönliche Erfahrung, das Prinzip der geschichtlichen Greifbarkeit und die Vermittlung für einzelne.[330]

Systematisch-theologisch hat Ralf Stolina Rahners Theologie in seiner Dissertation 1996 dargelegt. Er arbeitete an einer theologischen Konzeption als eine inkarnatorische Spiritualität in doppelter Perspektive bzw. Bewegung: als Theologie der Menschwerdung in offenbarungstheologischer Perspektive und als Theologie des Gebetes in anthropologischer Perspektive.[331] Die theologische Grundlage ist, dass der Gott, den niemand zuvor gesehen hat, sich mitteilt, in Beziehung zur Welt und zum Menschen tritt.[332] Dies geschieht in seiner Selbstmitteilung und Offenbarung im Christusgeschehen und im Geist. Die anthropologische Haltung zu diesem Geschehen ist die des Empfangens in einer geistlichen Lebenshaltung, die durch eine geistliche Praxis des Gebetes und anderer geistlicher Übungen geprägt ist. Durch eine solche Haltung vermögen Menschen sich dem Wirken Gottes und der Dynamik des Gebetes zu stellen und den Lebensbewegungen Gottes nachzuspüren. Mystik ist der konkrete Begriff, der ein wesentliches Element dieser Lebensbewegung benennt, »die *cognitio Dei experimentalis*, die Erfahrungserkenntnis Gottes, die Erkenntnis mittels Erfahrung.«[333]

Mirjam Schambeck beschäftigt sich in ihrer theologischen Dissertation aus dem Jahr 2006 eingehend mit dem mystagogischen Lernen. *Myein* verwendet sie

---

[327] Zinkevičiūte (2007), 174–201, bes. 294f.
[328] Zinkevičiūte (2007), 203–213.
[329] Zinkevičiūte (2007), 214–228.
[330] Zinkevičiūte (2007), 233–239 und 271–282.
[331] Stolina (1996). Siehe auch Stolina (2011), 23–42.
[332] Stolina (2000), 24 bzw. Stolina (2008), 22–57.
[333] Stolina (2011), 12, 24f.

in der Bedeutung von »einweisen« bzw. von »unterrichten« und *mysterion* im Sinne von »Geheimnis«.[334] Mystagogie versteht sie in Aufnahme der Gedanken Karl Rahners als ein Geleit zum Geheimnis Gottes. Mit Rahner postuliert sie, dass nur selbst mystagogisch erfahrene Menschen in die Erfahrung der Gnade einführen sollen und dass mystagogisches Lernen als ein Prozess verstanden werden muss. Sie entwickelt ihren Begriff des mystagogischen Lernens aus der Antike her und differenziert in post- und präsakramentale Hinführungen. Da der Vollzug der Sakramente in der Alten Kirche *locus theologicus* war, sind Prozesse in zwei Richtungen festzustellen: mystagogische Katechesen als solche, die das im Sakrament Erfahrene ausdeuten (z. B. bei Cyrill und Johannes von Jerusalem, Ambrosius von Mailand) und Katechesen, die zum Erfahren hinführen (z. B. bei Chrysostomus). Mystagogie ist somit nach ihr als Ausdeutung von Erfahrungen und als Hinführung zu Erfahrungen zu verstehen. Sie ermöglicht Teilhabe an der Erlösung. Kriterien und Zugänge mystagogischen Lernens bzw. mystagogischer Katechese entwickelt Schambeck in Auseinandersetzung mit Bonaventura und Rahner. Folgende Kriterien werden herausgearbeitet: zum einen das Aufmerksamwerden für Gotteserfahrungen und zum anderen das Erfassen des Geheimnisses, dass Gott sich den Menschen in ihren alltäglichen Erfahrungen zuwendet. Menschen fühlen sich nach Schambeck von Gott angeschaut, angesprochen, zutiefst berührt und verändern ihr Leben durch solche Erfahrungen.[335] Religiöse Erfahrungen verdichten, konzentrieren und radikalisieren Lebenserfahrungen. Somit sollte eine Einführung ins Christsein immer zugleich auch eine Einführung in die Gotteserfahrung sein. Religiöse Bildung hat demzufolge nach Wegen zu fragen, wie die Gotteserfahrung, die in jedem Menschen zu finden ist, von ihm zu entdecken und für das Leben fruchtbar zu gestalten ist. Es geht in einem mystagogischen Lernprozess folglich darum, in den Alltagserfahrungen den Horizont zu thematisieren, von dem her die letzten Fragen des Menschen ausgerichtet werden. Es geht für sie auch darum, Leid-Erfahrungen mit dem Geschick Jesu in Verbindung zu bringen, weil in Fragmentaritäts- und Leiderfahrungen sich Gotteserfahrung ereignet. Sie fordert somit, mystagogische Lernwege kreativ an individuelle Lernwege und Kommunikationsformen anzupassen.[336]

Manfred Josuttis knüpft in seinen Arbeiten methodisch an die religionsphänomenologischen Studien von Mircea Eliade, Rudolf Otto und Gerardus van der Leeuw an. Seine Zielgruppe sind Pfarrerinnen und Pfarrer. Er fordert die Geistlichen auf, sich wieder als Mystagogen zu verstehen und als Führerinnen und Führer in die verborgene Zone des Heiligen einzuführen. Deren mystagogische Kompetenz hängt nach Josuttis vor allem davon ab, inwieweit sie spirituelle Techniken beherrschen: »Frömmigkeit ist eine Technik der Gottesbegegnung«[337].

---

[334] SCHAMBECK (2006), 7ff.

[335] SCHAMBECK (2006), 281–415.

[336] SCHAMBECK (2006), 331–337.

[337] JOSUTTIS (1996), 9ff (9).

Hierzu zählen individuelle Techniken wie Meditation und rituelle Techniken zum mystagogischen Führen einer Gruppe im Kultus. Eine rein theoretische Kenntnis reicht jedoch nach seinem Verständnis für mystagogische Arbeit nicht aus. Die existenzielle Aneignung ist wichtig. Nur wer selbst in der »verborgenen und verbotenen Zone des Heiligen« lebt, kann Menschen dorthin führen.[338] Dieser Mensch muss selbst schon Wege in diese Richtung gegangen sein, muss Techniken anwenden und vermitteln können. Hierzu zählen: geistliche Exerzitien, Selbsterforschung, Andacht, Gebet. Sie ermöglichen, dass Menschen »in das Wirkungsfeld jener Dynamik Gottes, jener göttlichen Energie [geraten], die die theologische Tradition der westlichen Christenheit dem Heiligen Geist zuschreibt«.[339] Kritisch sieht er das gegenwärtige evangelische Theologiestudium, das die religiöse Rolle und religiöse Praxis unberücksichtigt lässt. Es fehlen die Vermittlung und Übung spezifischer religiöser Wahrnehmungs- und Handlungsformen, ein berufsbezogenes Training. Dabei kommen alle Übungen, die zum Göttlichen führen, vom Göttlichen her. Der Ritus realisiert einen Mythos. Religiöse Methoden und Übungen haben somit einen medialen Charakter in der spirituellen Praxis,[340] wie die Pfarrerinnen und Pfarrer selbst eine »mediale Existenz« sind.[341] Alle Methoden und Techniken zielen dabei nicht auf Selbstvergewisserung, sondern auf Verwandlung und Entfaltung des Menschen. Josuttis distanziert sich damit von der cartesianischen Anthropologie, die dem Menschen eine Subjektposition zuweist und Gott als Objekt betrachtet. In der religiösen Handlung öffnet sich vielmehr der Mensch für Gott und lässt sich von ihm erfassen. »Unter dem Einfluss des göttlichen Geistes wird eine Person zum Personanzraum von Gotteskraft.«[342] Er spricht sich gegen ein hermeneutisch und psychologisch reduziertes Symbol- und Ritualverständnis aus und plädiert in allem dafür, die mystagogische Dimension einzubeziehen, damit sich ein atmosphärisches Machtfeld realisieren kann, in dem der Mensch sich affektiv vom Göttlichen ergreifen lassen und leibliche Resonanzbewegungen erfahren kann.[343]

Sabine Bobert baut in ihrem Mystagogik-Entwurf 2010[344] auf den Arbeiten von Josuttis auf. Sie erachtet es jedoch als notwendig, erweiternd zur religionsphänomenologischen Grundlegung den tradierten christlichen mystagogischen Traditionsstrang darzustellen und mit gegenwärtigen Theoriekonzepten zu vermitteln. Sie erarbeitet einen Rahmen und definiert eine erneuerte christliche Mystagogik. So versteht sie christliche Mystik als einen für Menschen zu vermittelnden Erfahrungsweg. Er zielt auf ein gegenwärtiges Leben in der Vereinigung mit Gott sowie auf eine daraus stammende Gotteserkenntnis. Mystik ist *cognitio*

---

[338] Josuttis (1996), 9, 18ff.
[339] Josuttis (1996), 63. Vgl. 26ff.
[340] Josuttis (2002a), 13–25.
[341] Josuttis (1996), 95.
[342] Josuttis (2002a), 15.
[343] Josuttis (1996), 123ff.
[344] Bobert (2010).

Dei experimentalis: auf Erfahrung gegründete Gotteserkenntnis. Ihr Entwurf einer zeitgenössischen christlichen Mystagogik zielt neben Anregungen für dieselbe auf eine grundsätzliche Neuorientierung der Theologie. Sie »will eine zerstreute Kirche dazu ermuntern, sich auf mystagogische Prozesse zu zentrieren«, und »eine methodisch hervorragend ausgerüstete Theologie zu einem neuen Marketing des Kerngeschäfts anregen.«[345] Sie formuliert die folgende für sie grundlegende Definition von Mystagogik: Christliche Mystagogik ist eine christliche Lehre vom mystischen Weg mit Jesus Christus. Praktische Mystagogik ist spirituelle Entwicklungshilfe im ästhetisch-kultischen sowie im individuell-übenden Kontext. Mystagogische Theorie reflektiert christlich-mystagogische Traditionen (z. B. Wüstenväter, Kirchenväter, Mönchtum, Mystik, orthodoxe Theologie) im interdisziplinären Dialog (mit z. B. Neurowissenschaft, Religionswissenschaft, philosophischer Phänomenologie). Mystagogische Theorie zielt darauf, eine neue Mystagogie in allen kirchlichen Handlungsfeldern anzuregen. Es gilt, Menschen jeweils in ihrer Lebensphase mit jeweils geeigneten rituellen und persönlichen Formaten und Übungen zur bestenfalls höchsten Entwicklung zu begleiten. Als Entwicklungsziel wird formuliert: Gott und sich selbst im Geist und in der Wahrheit zu erkennen (nach Joh 4,24). Nach Bobert ist der Mensch auf höchster Entwicklungsstufe ein geistiges Wesen, das zur personalen Vereinigung mit Gott bestimmt ist.[346] Der postmoderne Mensch ist für sie durch die Anforderungen der ökonomisierten Konsumgesellschaft geprägt. Jesus Christus ist das Urbild des voll entwickelten Menschen und zugleich ein geistiges Gegenüber, das den Menschen leiblich-seelisch-kognitiv vollendet. Christliche Mystagogik antwortet auf postmoderne Lebensbedingungen, die den Lebenslauf und Prozesse der Persönlichkeitsbildung zersplittern, sowie auf Herausforderungen, die sich durch den interreligiösen Dialog und esoterische Strömungen ergeben. Mystagogik führt Menschen zu einem anderen Sehen. Durch konzentrierte kultische Ästhetik sowie durch einen individuellen Übungsweg kann sich eine desautomatisierte und zugleich zentrierte Aufmerksamkeit, also eine Wahrnehmungsfähigkeit für die Gegenwart Gottes in allen Dingen und Prozessen, entwickeln. Mystagogik ist damit a) ein individueller Weg (Geistliche Begleitung) und zugleich b) ein gemeinsamer Weg (Sakramente; Rituale). Beide ergänzen sich.[347] Sabine Bobert folgt in der Beschreibung des mystagogischen Wandlungsweges des Menschen den Stufen des Glaubens nach Ambrosius von Mailand, der ein vierstufiges bzw. dreigliedriges Rahmenschema in Auslegung der Brautmystik des Hohelieds entwickelte. Er unterscheidet: (1) den gnadenhaften Beginn durch die Vereinigung der Seele mit dem Wort; (2) Gefährdungen; (3) den Läuterungsprozess und

---

[345] BOBERT (2010), 100, siehe auch 19–32, 95f.
[346] BOBERT arbeitet mit einem evolutiv hierarchischen Entwicklungsmodell und stellt es strukturell-allgemeingültig ein. Integrative Seelsorge weist diese Position mit KEMNITZER zurück. Vgl. 4.3.1. sowie 3.6 und 3.7.
[347] BOBERT (2010), 103ff.

(4) die Vollendung der Seele für sich und in der Fähigkeit, andere zur Vollendung zu führen. Dreigliedrig formuliert: *institutio* (Einsetzung), *processus* (Fortschritt) und *perfectio* (Vollendung). Für Bobert ergänzen sich beide in der Weite der Erfassung unterschiedlicher Aspekte in einem spirituellen Entwicklungsprozess. Ihrer Ansicht nach steht im Protestantismus »noch weitgehend die Wiederbelebung eines dynamisierten Glaubensverständnisses auf einem theologischen Fundament aus«.[348] Weitere Entfaltungen einer dezidierten mystagogischen Seelsorge erfolgen nicht. Sabine Bobert benennt jedoch für die Geistliche Begleitung als eine mystagogische Seelsorge folgende Schlüsselqualifikationen: (1) die Askese (Übung); (2) die Unterscheidung der Geister (wesentlich/unwesentlich); (3) die Kontrolle über die Wahrnehmungsfähigkeit / die Fähigkeit zur Konzentration; (4) den Weg der Reinigung und Zentrierung mit dem Ziel der *Hesychia* (»Herzensruhe«: ein Ruhen in der eigenen Mitte mit zeitgleicher größtmöglicher Autonomie); (5) die Aufmerksamkeitssteuerung als spirituelles Werkzeug (z. B. mantrische Gebete; Herzensgebet; meditative Praxis; Atemtechnik). Weitere Techniken: Einsamkeit, Schweigen, Fasten, Introspektion, eine Tagesstruktur und zentrierende Gebetsformen; Gregorianik, Taizé-Gesang). Diese diskutiert sie in Aufnahme der Erkenntnisse der Neurotheologie bzw. Neurowissenschaft. (6) Die spirituelle Praxis zielt auf eine Weiterentwicklung des Menschen durch Kultivierung positiver Emotionen; Charakterzüge und die Entwicklung fördernder sozialer Strukturen. (7) Die Übungen zielen darauf, hohe Sammlungsfähigkeit, Gelassenheit, Einfühlungsvermögen, Vertrauen und Solidarität zu entwickeln: Es geht darum, das eigene Wesen klar zu realisieren. (8) Das Ziel mystagogischer Seelsorge ist die Gleichgestaltwerdung mit Jesus Christus als dem Urbild des neuen, voll entwickelten Menschen.[349]

4.3.3 Konzeptionalisierung mystagogischer Seelsorge

Der Versuch eine »mystagogische Seelsorge« als eine lebensgeschichtliche Pastoral zu thematisieren und zu fordern, wurden in den 90er Jahren des 20. Jahrhunderts u.a. von den beiden katholischen Pastoraltheologen Stefan Knobloch und Herbert Haslinger unternommen. Neben Knobloch und Haslinger (1991) sind Paul M. Zulehner in den 1980er Jahren, W. Rösch (1998) und K. Armbruster (seit 1999) zu nennen. Doris Nauer präzisiert den Mystagogikbegriff in ihrer Seelsorge (2014), wie schon Claudia Guggemos in ihrer Dissertation »Mystagogisch begleiten« aus dem Jahr 2012. Alle katholischen Theologinnen und Theologen verstehen Mystagogik im weitesten Sinne Karl Rahners so, dass sie in die lebendige Erfahrung Gottes führt, die aus der Mitte der eigenen Existenz auf-

---

[348] BOBERT (2010), 235ff (235).
[349] BOBERT (2010), 213ff, 288ff.

steigt. Gottes- und Selbsterfahrung begegnen einander; Glaubens- und Lebensläufe verbinden sich unmittelbar.[350]

In der evangelischen Praktischen Theologie erfolgte eine Thematisierung
»mystagogischer Seelsorge« bzw. ein expliziter Seelsorge-Entwurf unter Einbeziehung einer mystagogischen Perspektive bisher nicht. Manfred Josuttis zeigte
in seinen pastoraltheologischen Schriften einerseits geistliche Methoden und
Handlungen auf, die einer Einübung in eine mystagogische Mentalität und Haltung dienen können, wie z. B. Fasten, Beten, Segnen und Heilen. Andererseits
zeigte er Wahrnehmungshaltungen auf, die wichtig für eine mystagogische
Grundhaltung sind, wie das bewusste Hören, Träumen und Sehen.[351] Darüber
hinaus versuchte er Impulse für die Seelsorge in biblischer, therapeutischer und
esoterischer Weise zu geben, die jedoch nicht weiter das Wort »Mystagogik« in
sich trugen. Er orientierte sich vielmehr an den Referenzfeldern der biblischen
Tradition, Therapie und der damaligen gesellschaftlich-trendigen Esoterik der
beginnenden 2000er Jahre.[352] Mystagogik trat bei Josuttis in den Hintergrund. Er
entfaltete sie nach seiner Aufforderung an die Pfarrer und Pfarrerinnen, Führen-
de in die verborgende und verbotene Zone des Heiligen zu werden, nicht weiter.
So blieb Mystagogik bzw. mystagogische Perspektiven für die Seelsorge thematisiert in der evangelischen Praktischen Theologie bis zu einem Neuaufschlag der
Theologin Sabine Bobert mit ihrem Buch »Jesus-Gebet und neue Mystik« im Jahr
2010. In ihrer Schrift skizzierte sie die Grundlagen einer christlichen Mystagogik in der Aufarbeitung der historischen Mystagogik und im Gespräch mit aus-
gewählten postmodernen, mystischen Formaten auf der Folie des Glaubensstu-
fenmodells des Ambrosius von Mailand. Sie entwickelte jedoch keine eigene
mystagogische Seelsorge. Ihre christliche Grundlegung einer Mystagogik fand
bis heute weder weitere Aufnahme in die Poimenik noch größere Rezeption in
der evangelischen Theologie.[353] Es gilt bis heute Doris Nauers Feststellung aus
dem Jahr 2001, dass das mystagogische Seelsorgemodell eine sehr aktuelle,
jedoch noch recht unsystematisch reflektierte Theorievariante darstellt.[354] Sie
selbst versucht eine erste Einbeziehung der mystagogisch seelsorglichen Dimension in ihrem Seelsorgebuch von 2007 (mittlerweile als 3. überarbeitete Auflage
von 2014 erhältlich). Eine wissenschaftstheoretische Durchdringung der Integration der mystagogischen Dimension erfolgt dabei nicht. 2021 formuliert der
katholische Theologe Mariano Delgado »fünf Prinzipien zur mystagogischen
Seelsorge«.[355] 2023 kommt es zu einem ersten ökumenischen Angebot außerhalb

---

[350] Einen Überblick über die katholische Rezeption mystagogischer Seelsorge bietet
Zinkevičiūte (2007), 233–254.

[351] Josuttis (2002a), 83–28.

[352] Josuttis (2008).

[353] Bobert (2010).

[354] Nauer (2001), 91. Sie selbst versucht eine Einbeziehung in Nauer (2014).

[355] Delgado (2021). Seine fünf Prinzipien lauten: 1. Jeder weiß um Gott ohne zu wissen
wie, 2. Gott ist der Haupthandelnde, 3 Zum Wagnis des sicheren und dunklen Glaubens

des universitären Diskurses in »Mystagogischer Pastoral – mystagogischer Seelsorge« auf dem Benediktushof in Holzkirchen bei Würzburg. Es wird in der Tradition des verstorbenen Meditationslehrers Willigis Jäger mystagogische Seelsorge gelehrt und in zwei Teilkursen im Workshopcharakter mit dem Ziel erforscht, als Forschungsgemeinschaft nicht als Theoriekurs mystagogischer Seelsorge näherzukommen. Es wird auf Rahner und Boberts Aufforderung eine Mystagogik der Zukunft zu entwickeln verwiesen.[356]

Evangelische Seelsorgeentwürfe innerhalb der Praktischen Theologie unter Einbeziehung einer dezidierten mystagogischen Perspektive wurden bisher folglich noch nicht versucht. Der vorliegende Konzeptionsansatz verortet Mystagogik als einen geistlichen Lernweg zu einer fundierten geistlichen Haltung und Mentalität mit therapeutischen Perspektiven innerhalb einer wissenschaftstheoretisch gegründeten Integrativen Seelsorge und stellt somit als Verfahren etwas Neues und Anderes dar.

Probleme einer Konzeptionalisierung wurden schon von Haslinger und Nauer benannt: Haslinger sieht in der Mystagogik bereits Anfang der 1990er einen wichtigen Impuls für eine zeitgemäße, sinnstiftende und lebenseröffnende Praxis der (katholischen) Kirche, glaubt aber beobachten zu können, dass ein inflationärer undifferenzierter Gebrauch des Wortes das Anliegen der Mystagogik geradezu verblassen und kontraproduktiv erscheinen lasse.[357] Das grundlegende Problem ist 2001 von der katholischen Theologin Doris Nauer präzise beschrieben worden: »›Mystagogie‹ als Konzept-Titulierung erweist sich [...] als relativ problematisch, weil es geschichtlich begründete Assoziationen weckt, die auf inhaltlich falsche Fährten locken [...] So legt »ins Geheimnis einführen« als wörtliche Übersetzung des griechischen Wortes den Verdacht nahe, dass Mystagogie im Sinne griechischer Mysterienkulte als elitärer Einweihungsritus in kultische Geheimnisse zu verstehen ist. Die Verwendung des Wortes in der altchristlichen Tradition lenkt zudem den Blick auf eine sakramentale Sichtweise, als ob Mystagogie dazu diene, den Geheimnischarakter christlicher Sakramente zu ergründen.«[358]

Der Einschätzung Haslingers, dass eine mystagogische Mentalität, ihre Grundhaltung und Praxen für eine wissenschaftlich fundierte und sinnstiftende, heilsam und förderliche Seelsorge und Praktische Theologie von großem Nutzen sein können, um eine spirituell handlungsfähige und erfahrbare kraft- und segensvolle Theorie und Praxis zu entwickeln, ist zuzustimmen. Mit einem diffe-

---

als Weg zu Gott einladen, 4. Die Augen allein auf Christus richten, 5. Freude an der Kirche fördern. Sie zeugen inhaltlich insgesamt von einer starken römisch-katholischen Position. These 1 nötigt ein Wissen und ein Nichtwissen auf, was seelsorglich in der Dualität durchaus problematisch ist: das »Das« und das »Wie« ko-respondieren im Ansatz Integrativer Seelsorge. Vgl. 5. Architektur.

[356] Programmheft Benediktushof Holzkirchen (2022). Das Angebot trägt einen kontemplativen Schwerpunkt.

[357] HASLINGER (1991), 15–75.

[358] NAUER (2001), 91.

renzierten Mystagogikbegriff in der Nachfolge Rahners ist dies möglich. Mit Nauer formuliert kann gesagt werden:

»Mystagogie steht [...] nicht für die Einführung ausgewählter Menschen in außerweltliche Geheimnisse, sondern für eine alltägliche Hinführung aller Menschen zum göttlichen Geheimnis, das in ihnen selbst liegt.«[359]

In evangelischer Perspektive hinzugefügt: Die Hinführung zur Mystagogie obliegt selbstverständlich auch allen Glaubenden. Auch steht eine *cognitio Dei experimentalis* allen offen.[360] Jede Mystagogik, die wissenschaftlich fundiert sein will, soll dies durch das Modell des »*tree of science* Integrativer Seelsorge« operational können.

Zur systematisch-theologischen Verankerung sei Integrative Seelsorge mit dem Ansatz von Markus Mühling verbunden:[361] Markus Mühling entwirft seine Post-Systematische Theologie als ein Explizieren, Implizieren und Komplizieren christlichen Wahrwertnehmens im Weg des Evangeliums, welches organisch und zugleich unabschließbar offen erfolgt. Somit hat jede Systembildung sich zum Post-Systematischen hin zu überschreiten. Er entwirft eine Wissenschaft des Werdens (Gignomenologie), eine narrative Ontologie, die grundlegend an der Phänomenologie orientiert ist, um Gottes Selbstvergegenwärtigung im Akt seiner trinitarischen Liebesentfaltung zu erkennen. Er hält am organischen Charakter Systematischer Theologie fest, lässt jedoch ideologisch-abgeschlossene systemische Gedanken hinter sich. Seine narrative Ontologie ist ein phänomenologisches Wahrwertnehmen. Die Selbstpräsentation des dreifaltigen Gottes wird theologisch in der Wahrwertnehmung des Evangeliums vollzogen. Mit Merleau-Ponty ist narrative Ontologie für ihn stets leiblich vollzogene Wahrnehmung. Sie erfolgt einleitend präkognitiv, stets relational und prozessual: Die Andersheit des Nächsten wird relational erfasst, interleiblich, variabel als Resonanz und Dissonanz. Sie schließt Überraschungen mit ein; in ihr ist Wahrnehmungsglaube mitgesetzt. Sie ist in dieser Weise ein Wahrwertnehmen. Diese Wahrnehmung ist eine Weg-Bildungs-Perspektive im Werden. Da die Wahrnehmung unmittelbar und nicht kognitiv geprägt ist, ist sie ein Wahrnehmen in vermittelbarer Unmittelbarkeit. Sie ist somit eine relationale Ontologie, die sich an der Wirklichkeit, die aus Geschichten (Narrativen) besteht orientiert. Es sind Weg-Linien-Perspektiven, die aufgezeigt werden. Diese Storys konstruieren Räume, Systeme etc. und letztlich Wahrheit. In einer Weglinienperspektive werden, um im Bild zu sprechen, der Wanderer auf dem Weg und die Perspektive miteinander ver-

---

[359] Schönfeld (2018), 87–95, 90. Nauer (2001), 91.

[360] Der Erwerb einer mystagogisch-seelsorgliche Kompetenz steht im Sinne des allgemeinen Priestertums als Professionalisierung allen offen. Wie eine solche integrativseelsorgliche Kompetenz gelehrt werden kann, ist unter 6. dargelegt.

[361] Mühling (2020).

bunden. Drei Ebenen der Narrativität werden unterschieden: primäre; sekundäre und vorauslaufende (transzendentale). Gott wird als Integration aller Weglinienperspektiven unter einer partikularen Weglinienperspektive verstanden.[362]

> »Das Transphänomenale, das Gott ist – die Integration und Bedingung der Möglichkeit alles welthaften Werdens und Wahrnehmens auf Weglinienperspektiven – muss selbst mit etwas Phänomenalem identifiziert werden können, es muss selbst eine partikulare Weglinienperspektive sein.«[363]

Als Menschen können wir nur eine partikulare Weglinienperspektive einnehmen, da keine absolute Perspektive möglich ist. Damit bleibt die transzendentale Narration unabgeschlossen. Konkret bedeutet dies, dass Gottes Selbstpräsentation als ein primär-narratives Wahrwertnehmen vorausläuft. Die Offenbarung Gottes ist damit als Selbstpräsentation, als ein Wahrwertnehmen im Medium des Evangeliums zu verstehen. Lebensgeschichtlich sind wir mit unserer Lebensgeschichte folglich stets Teil der Geschichte des Evangeliums und Teil des ewig neuen und unabgeschlossenen Liebesgeschehens Gottes, in welchem Gott sich als Wertschöpfer, Urmacht (Vater), als Gott in Jesus Christus (Sohn), und als Gott in allen Glaubenden (Heiliger Geist) repräsentiert. Die Beziehung ist als eine transitive zu verstehen. Die letztgültige Beziehung der drei Identitäten kann auch als ein offenes Ereignis begriffen werden. Die Geschichte des Evangeliums schließt damit weder mit den letzten Seiten der Schrift noch mit dem gegenwärtigen Zustand der Menschen und ihrer Entwicklung.[364] Gott ist vielmehr so, wie er sich erschließt in seiner Selbstgabe, in seiner dreieinigenden Identität als Vater, Sohn und Geist. Diese ist für uns wahrnehmbar. Dabei ist es nicht notwendig, mit einer Trinitätslehre vertraut zu sein. Gottes Selbstpräsentation kann unmittelbar von den Glaubenden wahrgenommen werden. Begriffliche theologische Theoriebildung beruht auf der Wahrnehmung von Weglinienperspektiven der Selbstgabe Gottes. Sie ist nachgeordnet und für das Verstehen und die Integration der Erfahrungen wichtig.[365]

Die Position von Markus Mühling führt zu einer Revision der klassischen theologischen Prolegomena, da neue Kriterien in der Post-Systematischen Theologie entstehen. Konkret werden die Identitätskriterien Gottes mit ihren drei Bezügen: (1) Bezug auf den Gott Israels, (2) den Gott in Jesus Christus und (3) das Geistwirken in den Glaubenden mit Wahrheitskriterien verbunden, die durch 1. ihre dramatische Kohärenz und 2. durch die Kontextualität auf Weglinienengespräche hin einen neuen Blick auf die Systematische Theologie werfen. Neues und Anderes entsteht: eine Post-Systematische Theologie, die kein ge-

---

[362] Mühling (2020), 546.
[363] Mühling (2020), 545.
[364] Mühling (2020), 563.
[365] Mühling (2020), 565.

schlossenes Lehrsystem, vielmehr eine hermeneutische unabgeschlossene Praxis darstellt, da Gott unabgeschlossenen ist, und auch im steten Werden sich befindet. Post-Systematische Theologie ist damit ein kriteriengeleitetes, engagiertes, sekundär narratives Explizieren, Implizieren und Komplizieren (»aus- und einwickeln, ausrollen, falten und einwickeln«) zum einen des Wahrwertnehmens des trinitarischen Gottes als Integral aller Weglinienperspektiven unter einer partikularen Weglinienperspektive und zum anderen das Wahrwertnehmens der christlichen Praxis hinsichtlich ihrer Wahrheitsansprüche.

Integrative Seelsorge ist transversales (offenes) und zugleich konnektivierendes (vernetzendes) Denken. Sie führt das Gespräch nach vielen Seiten. Ihre wissenschaftstheoretisches Strukturmodell ist ebenso angelegt. Sie führt das unablässig nötige und immer neue Gespräch zu verschiedensten Referenztheorien, die bewusst reflektiert im Miteinander von Ko-respondenzprozessen und hermeneutischen Prozessen unabgeschlossene Positionen auf Zeit hervorbringen. Integrative mystagogische Arbeit geht stets von den Phänomenen aus und sucht in ihnen die Entfaltungen des Ewigen in und mit den Erlebnissen der Menschen, die in Ko-respondenz – bewusst wie unbewusst – zum Geschehen Gottes in seiner Selbstoffenbarung als je neue trinitarische Entfaltung stehen. Mystagogie nimmt geistlich und theologisch eine nachspürende und zugleich von Gottes *Präsenz* ausgehende Haltung zum *Pränarrativ* auf, wie es sich im Lebenslauf der Menschen ereignet und z. B. in Lebenspanoramen Ausdruck findet. Mittels pastoralpsychologischer Methoden kann die Unmittelbarkeit des Ewigen wie es sich in aller Multimodalität des Heiligen Geistes entfaltet in der Zeit nachgespürt und neu erlebbar gemacht werden.

Multimodalität des Heiligen Geistes ist dabei ein Ausdruck aus der Systematischen Theologie Michael Welkers. In seinen »Gifford Lectures«[366] wendet er sich gegen einen abstrakten Theismus und formuliert eine Anthropologie des Geistes. Für ihn bedeutet dies grundlegend, dass der Geist von allen Menschen aufgenommen und gestärkt werden kann. Er ist inklusiv mit dem Menschsein und damit findet sich auch eine natürliche Theologie, wie sie wissenschaftlich durch die Gifford Lectures gefördert werden sollte. Gemeint ist: ein wissenschaftlicher anthropologischer Zugang ohne eine exklusive Offenbarung. Zugang zum Geist bieten damit auch die kulturellen und sozialen Wirklichkeiten, denn dem entspricht die Multimodalität des Geistes, der sich nicht-dualistisch oder bipolar entfaltet. Welker spricht von einer »realistischen Theologie«.[367] Die Geistausgießung ist ein realistisches Geschehen, welches sich im säkularen Leben ereignet, dem nachgespürt und das angerufen werden kann. Dieses Geschehen führt zu

---

[366] WELKER (2021).

[367] So schon WELKER (1992), 49ff. Eine »realistische Theologie« nach Welker geht von einer partikularen Erkenntnis Gottes aus. Sie prüft Gotteserfahrungen immer neu auf Zusammenhänge und Differenzen hin unter Konzentration auf einerseits die »primären Zeugnisse« der biblischen Überlieferungen und andererseits die sekundären Zeugnisse in unseren Kulturen.

Transformationen, die Folgen haben bezüglich Wahrheit, Gerechtigkeit, Freiheit und Menschenwürde, wenn Anrufung und Ausgießung sich miteinander verbinden. Als Beispiel führt er die Anrufung des Geistes (»Sende aus deinen Geist! Und erneuere das Antlitz deiner Erde!«) des polnischen Papstes Johannes Paul II 1979 während einer Messe in Warschau an, die bei den Menschen durch die Anrufung des Geistes Bewegungen erzeugten, die letztendlich zu neuen Netzwerken (»Gewerkschaft Solidarnosc«) und zur Befreiung des Volkes von kommunistischer Regierung führten.[368] Der Geist ist eine multimodale und multipolare Macht. Der Begriff »multimodal« entstammt dabei dem 20 Jh. (digitale Revolution). Zusammen mit »multipolar« beschreibt dieser die Aufhebung dualistischer und bipolarer Reduktionen z. B. in Mensch-Gott; einem dialogistischen Personalismus.[369] Geistempfang setzt nicht auf die Natur, die auch destruktive Krebszellen kennt, so Welker, sondern vielmehr auf die schöpferischen Kräfte des Lebens. Geistempfang schafft Bewegung und plurale Entwicklungen (emergente Entwicklungen): so bilden z. B. Menschen multimodale Netzwerke (flüssige Zusammenschlüsse). Welker entfaltet in seinen Vorlesungen den Gedanken, dass die schöpferischen Kräfte des Lebens immer umkämpft und bedroht sind, sich aber über Zeit und Raum hinweg in ihrer Konzentration auf Gerechtigkeit, Freiheit, Wahrheit und Frieden auswirken. In Ausrichtung und »Wachheit« für die schöpferischen Kräfte des Lebens, die sich ergießen und die anzurufen sind, schafft das multimodale Geisteswirken die Möglichkeit, dass Menschen nach dem Bild Gottes leben und handeln können.

Mystagogisch orientierte Seelsorge pflegt diese Wachheit und Aufmerksamkeit für das multimodale Geistwirken im natürlich-säkularen Leben der Menschen mit ihrer mystagogischen Grundhaltung. Sie versucht durch Haltung, Rituale und Gespräche die schöpferische Kraft des Geistes im Leben der zu begleitenden Menschen zu entdecken und mittels aktiver Hinführung (z. B. durch Gebet oder Segen) wieder bewusst zu machen, sodass der begleitete Mensch (wieder oder neu) in Berührung mit dem Wirken des Heiligen Geistes kommen kann.[370]

Mystagogisch orientierte Integrative Seelsorge ist folglich als ein partikulares Wegliniengespräch in transversaler und konnektiver Ko-respondenz mit wissenschaftstheoretischer Fundierung zu bezeichnen. In ihr geschieht das Wirken des Heiligen Geistes in multimodaler Weise zur *cognitio Dei experimentalis*, zur Erkenntnis Gottes mittels Erfahrung. Dieses Wirken kann sich selbstverständlich auch unabhängig vom mystagogischen Lernweg ereignen und intuitiv erfasst und im Lebensganzen integriert werden. Mystagogische Seelsorge ist *eine* Möglichkeit, *ein* spezifischer Lernweg in christlicher Tradition. Sie offeriert ein Verfahren, ein am Leben entlang orientiertes phänomenologisches Begegnungs- und Begleitungsformat. In ihr kann durchaus auch eine *cognitio Dei experimenta-*

---

[368] WELKER (1992), 27f.
[369] So WELKER (1992), 54ff.
[370] Siehe Fallbeispiel unter 4.3.5.

lis sich ereignen. Damit dies geschehen kann gehören eine mystagogische Mentalität, eine Grundhaltung dazu. Die kontemplative Ausrichtung mystagogischen Handelns liegt in der Etymologie begründet und gehört als Haltung in eine mystagogische Seelsorge ebenso grundlegend hinein. Mit Mirjam Schambeck ist zudem für eine mystagogische Seelsorge festzuhalten, dass mystagogische Lernprozesse immer eine hinführende (hinweisende, aufzeigende) und ausdeutende (integrierende) Dimension haben.

4.3.4 Mystagogische Seelsorge: Aufgaben, Haltung und Ziele

Ein mystagogischer Seelsorger / eine mystagogische Seelsorgerin ist damit eine begleitende Person im persönlichen wie geistlichen Leben eines anderen Menschen. Er bzw. sie weiß um die potenzielle Einheit von Selbst- und Gotteserfahrung und ist bereit zu geistlichen Erfahrungen hinzuführen bzw. Menschen, die bereits solche gemacht haben, zu begleiten. Hierbei ist eine durchaus aktive Dimension in kontemplativer Grundhaltung gewollt, die die mystagogische Seelsorge von anderen Beratungsformaten unterscheidet. Mystagogische Seelsorge bietet gezielt geistliche Übungen, Gebete, Rituale an, wohlwissend, dass der geistliche Glaubensgrund sich nicht aktiv erschließen lässt, vielmehr sich offenbart bzw. längst schon im Leben von Menschen innewohnt. Es sind niemals dabei die einzelnen mystagogischen spirituellen Angebote oder der/die Seelsorgende entscheidend, vielmehr kommt es wesentlich in einer Integrativen Seelsorge auf die mystagogische Haltung an. Die Seelsorgenden sollten geschult und selbst kundig mystagogischer Seelsorge sein. Sie sollten Kenntnis von geistlichen Traditionen und geistlichem »Takt« haben: Gemeint ist das Wissen darum, phänomenologisch ausgerichtet adäquat zu den Bedürfnissen der anderen Seele, Hinweise zu geben. In keinem Falle sollte es zu einer Vergegenständlichung des Mysteriums Gottes oder zu einer Überforderung des Seelsorgepartners / der Seelsorgepartnerin kommen. Achtsam ist ein Weg in die eigene Erfahrung aufzuzeigen und spirituelle Selbsterkenntnis zu fördern. Geistliche Übungen gehören zu den grundlegenden Vollzügen mystagogischer Seelsorge. Dazu gehören Gebete ebenso wie Riten oder eine gemeinsame vollzogene Abendmahlsfeier. Ebenso bedeutsam wie heilsam ist eine Einführung in die christliche Meditation/Kontemplation, die in unmittelbarer Weise Menschen in die Sammlung und Stille führt, die wiederum für Gottes Wirken im heiligen Geist wachsen lässt. Mystagogische Seelsorge arbeitet stets prozessorientiert mit dem Ziel, den anvertrauten Menschen in seinem Leben und Glaubensleben zu geistlicher Selbstständigkeit zu begleiten. Herbert Haslinger fasste die Prinzipien mystagogischer Seelsorge wie folgt zusammen: (1) mystagogische Seelsorge nimmt jedwede Person in ihrer Gottbezogenheit ernst (Wertschätzung), (2) sie fördert ein zweckfreies Übereinstimmen von Sein und Handeln (Selbstkongruenz), (3) sie hat ein Gespür für die spirituelle Valenz von Situationen (Empathie), (4) sie schaut auf die Gottsuche in der Lebenswirklichkeit als ganzer (Integrität), (5) sie macht

Erfahrungen auf Gott hin transparent (Deutungskompetenz) und (6) sie disponiert für eine befreiende Glaubenserfahrung (Authentizität).[371]

Mystagogische Seelsorge ist damit immer der gegenwärtigen Situation verpflichtet. Sie versucht eine bereits als authentisch erlebte Gotteserfahrung im hier und jetzt für den Menschen zu erschließen. Erschließen meint, dass Seelsorgende Menschen darin unterstützen, ein für sie authentisch Erlebtes, dem ein Ereignis von prägender Kraft vorauslief, dahingehend zu erschließen, dass sie in Reflexionsprozessen mittels Gespräche oder durch kreative bzw. intermediale Arbeit, das Erlebte ins Bewusstsein bringen und mit den Personen überlegen, wie diese Erfahrung in ihr alltägliches Leben zu integrieren ist. Ziel seelsorglichen Tuns ist es eine hinlänglich große Zufriedenheit, Integration, Lebensglück, ein gutes Leben o. ä. zusammen mit dem seelsorgesuchenden Mensch zu erreichen. Eine solche Seelsorge ist immer eine Synthese aus Tradition (Wissen und Haltung) und modernem aktuellen Bewusstsein. Theologie und Spiritualität bzw. Psychologie und Mystik wirken zusammen.

Der mystagogisch-seelsorgende Mensch vermittelt dabei niemals geistliche Erfahrung, vielmehr vertritt er in Mentalität, Haltung und Weisung die mystische Glaubensdimension, Gottes Präsenz, und begleitet konkret am Leben des anderen Menschen entlang. Karl Rahner nennt Eigenschaften, die eine solche Person ausmachen: diskrete Liebe (caritas), intensive Humanität, Herzensbildung, Gefährte/Gefährtin sein im Glauben, Mittragen des Leids anderer, geistliche Unterscheidungsgabe, wesentliche Verkündigung, religiöse Toleranz, ökumenische Gesinnung, echten Nonkonformismus.[372]

Gefordert ist also eine authentische, emphatische und mystagogisch geschulte seelsorgliche Person. Mystagogisch perspektivierte Integrative Seelsorge ist dabei nicht Pfarrerinnen und Pfarrern oder anderen Amtstragenden vorbehalten, sondern steht allen Gläubigen offen, die sich selbst mit der geistlichen Dimension ihres eigenen Lebens vertraut gemacht haben. Sie ist damit nichts Elitäres, sondern für alle zugänglich (Priestertum aller Getauften). Die Bereitschaft gemäß dem eigenen Entwicklungspotential und dem der Begleitenden in jedem Menschen Gottes Ebenbildlichkeit suchen zu wollen, ist grundlegend.

Das geistliche Ziel sowohl der Seelsorgebegleitenden als auch Seelsorgesuchenden, ist die größtmögliche heilsame Förderung und Unterstützung für den Seelsorge in Anspruch nehmenden Menschen anzubieten. Als Orientierung mag das Identitätsmodell der Integrativen Seelsorge dabei dienen. Es umfasst zur Förderung die Persönlichkeitsbereiche: soziale Netzwerke; Gesundheit und Krankheit, Arbeit und Leistung; materielle Sicherheit und Glauben, Normen und Werte.[373] Als eine geistliche Grundhaltung stellt mystagogische Seelsorge auch eine geistliche Querschnittshaltung durch alle theologischen Handlungsfelder

---

[371] HASLINGER (1991), 63–71.
[372] RAHNER (1970), 166 ff.
[373] Vgl. ausführlich 5.3.

dar. Eine Etablierung einer mystagogischen Integrativen Seelsorge stellt für Gemeinden wie Einrichtungen, kirchlichen Ausbildung und Weiterbildung sowie Projekten eine spirituelle Erneuerung und Aufgabe dar. Eine Kultivierung mystagogischer Seelsorge muss gewollt sein und braucht über die konkrete praktische Seelsorge hinaus wissenschaftliche Studien und mystagogisch geschulte Seelsorgerinnen und Seelsorger, die bereit sind, zu lehren. Ebenso braucht es leitende Personen, die sich einer mystagogischen Integrativen Seelsorge verpflichtet fühlen. Denn: mystagogisch Integrative Seelsorge bedeutet spirituelle Grundsätze stets auf eine geistliche Praxis hin auszulegen. Dabei lassen sich mehrere Ebenen unterscheiden auf denen jeweils geistliches Handeln ansetzen muss. Je übergeordneter eine Ebene ist, desto mehr sind deren Zielsetzungen und Maßnahmen in verbindliche nachprüfbare und für die Allgemeinheit gültige Form zu bringen. Dies gilt etwa für Ausbildungsverordnungen wie Fortbildungscurricula, aber ebenso für die Seelsorge auf den verschiedenen Kirchenleitungsebenen. Ausbildungen und Fortbildung in integrativer mystagogischer Seelsorge brauchen Menschen, die sich in der christlichen Spiritualität schulen lassen wollen anhand klassisch traditioneller Quellentexte, ebenso wie in eigener meditativ-kontemplativer Selbsterfahrung. Folgende Themenbereiche gehören zu einem Kernbestand einer solchen (Aus- und Fort-)Bildung: Geistliche Biografie-Arbeit (z. B. durch Lebenspanorama-Arbeit), Vertrautheit mit Gotteserfahrung, Spiritualität, Mystagogik und Integration, eine Einführung in die christliche Mystagogik bzw. Grundlagen der Mystik, eine Einübung in die Askese, Gebet, (Schrift-)Meditation und Kontemplation, geistliche Wege der Nachfolge Jesu, Gemeinschaften des Glaubens, Übung in geistlicher Unterscheidung, in geistliche und psychologische Prozesse, in geistlicher Freundschaft und Gemeinschaft, in ethisches Handeln (Diakonie), Interreligiosität, Gesundheits- und Krankheitslehre, Hermeneutik und Kommunikation geistlicher Prozesse.[374]

Integrative mystagogische Seelsorge hat sich in der Begegnung mit den geistlichen Traditionen anderer Religionen und dem Atheismus zu bewähren. Sie hat sich mit den verschiedensten kulturellen Ausdrücken ebenso auseinanderzusetzen. Nicht exzeptionelle Erfahrungen sollten in den Mittelpunkt gestellt werden, sondern stets die mystische Dimension des Glaubens, die sich vom Geheimnis Gottes ergreifen lässt (Joh 8,12; 2 Kor 4,6; Eph 1,18). Zentraler theologischer Bezugspunkt ist dabei die Schöpfung Gottes, die Menschwerdung Gottes in Christus und das multimodale Wirken des Heiligen Geistes. Es geht darum, sich dieser Vereinigung des Göttlichen und des Menschlichen bewusst zu werden, welche Menschenwürde und Bestimmung gibt. Sie ist in unterschiedlichen Lebenssituationen der Seelsorge fruchtbar für den Seelsorgesuchenden zu machen. Stolinas Forderung nach einer *theologia experimentalis*, einer erfahrungsorientierten und erfahrungsverbundenen Theologie in Aufnahme der Theologie Luthers, die folgende richtungsweisende Wegmarken: 1. *oratio* – Gebet; 2. *meditatio*

---

[374] Vgl. 6.3.

– Meditation und 3. *tentatio* – Anfechtung kennt, ist als theologische Zielperspektive mystagogisch orientierter Integrativer Seelsorge zu verstehen. Eine *theologia experimentalis* ist für ihn eine Erfahrungstheologie »nicht im Sinne einer Aufzeichnung und Analyse von Herzensergießungen frommer Seelen, Erfahrungstheologie vielmehr in dem Sinne, dass die Theologie (1) der reflektierte und sprachliche Ausdruck der Lebensbewegung von Gott her, mit Gott, auf Gott hin ist, (2) in diesem Lebensvollzug wurzelt, (3) selbst ein Moment dessen ist, (4) ihn zu fördern und zu stärken zur Aufgabe und Ziel hat.«[375] Die theologische Arbeit Integrativer Seelsorge unterstützt eine solche Forderung nach einer *theologia experimentalis* und kann sich als solche verstehen.

4.3.5 Fallbeispiel zu mystagogischer Seelsorge

Bei dem Fallbeispiel handelt es sich um eine Einzelarbeit in der Gruppe. Nachdem die Gruppe ihre geistlichen Lebenspanoramen gemalt und betitelt hatte, wurde in einer weiteren Arbeitseinheit eine Einzelarbeit in der Gruppe angeboten. Bei dem Seelsorge in Anspruch nehmenden Menschen handelt es sich um einen mittelalten Mann, der noch im Arbeitsleben steht, religiös sozialisiert ist und aus einem christlich-binnenkirchlichen Milieu stammt. Er brachte folgendes Lebenspanorama mit dem Titel »Um den Kirchturm ...« in die Einzelarbeit ein:

Abbildung 22: Lebenspanorama »Um den Kirchturm ...«

In einem ersten Erzählzusammenhang führte er die begleitende Seelsorgerin in sein geistliches Lebenspanorama ein. Er erläuterte die dargestellten Objekte, Symbole und Zeichnungen, wodurch sich das Lebenspanorama inhaltlich, vom Malprozess und atmosphärisch erschloss. Auf die Frage, von welchem Element

---

[375] STOLINA (2021), 43–46.

seines Lebenspanoramas zur Zeit der größte Aufforderungscharakter ausgehe, benannte er die im Bild oben links gemalte schwarze Box mit inhaltlich schwarzer Kennung und einem schwarzen verbundenen Strich zu einem schwarz gezeichneten Haus. Er bejahte die Frage, ob er sich mit diesem Bildelement näher beschäftigen möchte, und die Seelsorgerin leitete ihn an, mit einer Hand das gemalte Objekt zu berühren. Dabei handelt es sich um eine integrative kunsttherapeutische Methode zur verstärkten leiblichen Identifizierung mit den gemalten Inhalten, sodass leichter bewusste wie unbewusste Anteile erinnert werden können. Der Mann schloss die Augen und begann eine freie narrative Assoziation zu dem, was er eigenleiblich, also körperlich, seelisch und geistig, wahrnahm. In assoziativer Rede berichtete er, dass er als neugeborenes Kind in einen Inkubator (Brutkasten) gelegt wurde, welchen der schwarze Kasten symbolisiert. In dieser Zeit im Inkubator fühlte er sich – heute identifiziert mit damaligem Erleben – vollständig getrennt von der Welt und den Mitmenschen. Dieses Erleben verband er mit Gefühlen der Trauer, des Alleingelassenwerdens, des Schmerzes, einer körperlichen Distanziertheit. Er berichtete, dass er in mehreren Therapien schon auf dieses frühkindliche Erlebnis geschaut hätte, welches bezogen auf sein Beziehungsverhalten und Welt-Erleben für ihn große Auswirkungen zeitigte. In den Therapien habe er Verstehen, jedoch keine Heilsamkeit erfahren. In der Lebenspanoramatechnik wird angeleitet, ein wenig über den Zeitpunkt der Geburt hinaus wahrzunehmen, ebenso wie nach einem Zeitpunkt des zukünftigen Todes. Aufgrund der Schilderungen, dass der Mann Zeit seines Lebens eine enge Verbundenheit mit Kirche und christlicher Religion pflegte, die ihm Halt und Sicherheit gab, fragte die Seelsorgerin nach der Gegenwart Gottes in seinem Leben, welche er bejahte und in seinem Lebens- und Karriereverlauf als tragend schilderte. Sein Glauben ermöglichte ihm auch Zeit seines Lebens die maligne und defizitäre Erfahrung im Brutkasten mit den von ihm erlebten Folgen zu ertragen. Auf die Frage nach einem Erleben Gottes seinerseits vor der Zeit im Brutkasten, bejahte er diese und konnte nach angeleiteter Bewegung in den Brutkasten hinein, auch die Gegenwart Gottes in demselben spüren. Dieses spirituelle Erleben der Gegenwart Gottes führte nicht nur zu einer für alle in der Gruppe spürbaren atmosphärischen Veränderung, sondern auch zu einem sichtbar tiefen Erleben und Ergriffensein des Mannes (Tränen, Freude, Lachen), die ihn zu einer korrigierenden Erfahrung führte: Ich bin niemals getrennt und allein gewesen. Gott hat mich begleitet. Dies benannte er nach Beendigung der Identifizierungstechnik als ein Berührtwerden mit dem Göttlichen, als eine spirituelle Erfahrung. Diese charakterisierte er als eine Berührung mit der göttlichen Wirklichkeit, die ihm zum Segen und zur Heilung gereichte, da er, anders als in den Therapien, hier durch die heilvolle Gegenwart Gottes vor seiner Geburt, bei seiner Geburt, im Inkubator sowie in seinem Glaubenslebenslauf die Erfahrung des Getrenntseins, des einsamen Seins und der Beziehungslosigkeit heilsam überwinden konnte. Ein tiefes Gefühl der Freude und Dankbarkeit bezüglich seines Erlebens blieb bei dem Mann nach Beendigung der Einzelarbeit in der Gruppe. Die Einzelarbeit wurde beendet, indem eine langsame Loslösung aus der

Identifizierung heraus angeleitet wurde (z. B. bitte nehmen Sie die Hand zurück, setzen sie sich wieder auf ihren Stuhl – der Mann hockte und hielt die Hand im Bildbereich mit dem Brutkasten), öffnen sie die Augen, schauen sie im Raum herum und nehmen Sie Kontakt mit der Seelsorgerin auf). Die Einzelarbeit wurde in Übereinstimmung mit dem Seelsorge in Anspruch nehmenden Mann beendet. Mit seiner Erlaubnis wurde die Gruppe mit ihren Resonanzen auf die Einzelarbeit hinzugenommen.

Integrative Seelsorge kennt sowohl die persönlich seelsorgliche Situation wie auch die spirituelle Dimension. Die persönlich seelsorgliche Situation war durch die Arbeit des Lebenspanoramas vorbereitet. Durch die bereits im Lebenspanorama eingearbeiteten geistlichen Anteile konnte in der Einzelarbeit der Seelsorge in Anspruch nehmende Mann in Berührung mit diesen kommen. Durch das Wissen und die Haltung der Seelsorgenden konnte ein Fingerzeig auf die Dimension des Göttlichen vor der Geburt gegeben werden. Unter Zuhilfenahme der Identifizierungstechnik konnte der Mann sich mit dem spirituellen Grund seines Daseins verbinden bzw. identifizieren. Durch die seelsorgliche integrative Arbeit konnten in mystagogischer Haltung mystagogische Inhalte erschlossen werden, die zu persönlichen heilvollen Begegnungen des Mannes mit dem für ihn segensreichen göttlichen Schöpfungsgrund geführt haben. Die mystagogische Perspektive eröffnete hier Neues und Anderes. Die heilsame Kraft und der Segen mystagogischer Haltungen und Methoden, die sich hier integrativ als mystagogisch kunsttherapeutische Methoden zeigten, konnten wirken. Anzumerken ist, dass die für den Mann erlebte heilsame Kraft und der Segen auch partizipativ durch die Gruppe wahrgenommen wurde. Die Arbeit wurde an dieser Stelle beendet. Möglich wären weiterführende Arbeiten in der Gruppe.

4.3.6 Anwendungsbeispiel: Geistliche Begleitung

Geistliche Begleitung[376] ist ein zwischenmenschliches Beziehungsgeschehen und zugleich ein geistgewirktes, spirituelles. Sie wird in verschiedenen Begegnungsformen praktiziert, vornehmlich in einem Gespräch. Kennzeichnend sind die Struktur einer verbindlichen Beziehung, die sich über einen längeren vereinbarten Zeitraum mit regelmäßigen Treffen erstreckt, und ein methodisches prozessorientiertes Vorgehen mit geistlichen Übungen.[377] Geistliche Begleitung ist im Wesentlichen Seelsorge, weil in ihr »Begleitung, Begegnung und Lebensdeutung im Horizont des christlichen Glaubens« geschieht.[378] Geistliche Begleitung ist ferner in der Regel durch zwei weitere Aspekte spezifiziert: zum einen durch einen aske-

---

[376] Vgl. GORRES (2018). Dort weitere Literatur.

[377] Davon zu unterscheiden ist »geistliche Begleitung« als eine allgemeine Grundhaltung, die nicht durch eine klare räumliche, zeitliche und inhaltliche Bestimmung näher spezifiziert ist.

[378] Mit KLESSMANN (2008).

tischen Aspekt mittels der praktizierten geistlichen Übungen und zum anderen durch einen spirituellen Aspekt, der bewusste Wahrnehmungsprozesse für das Wirken des Heiligen Geistes fördern möchte. Dieser spirituelle Aspekt dient letztlich einem mystagogischen Geschehen, weil die geistlich-spirituelle Dimension auf die *cognitio Dei experimentalis* ausgerichtet ist.[379]

In der Geistlichen Begleitung sind sowohl seelsorglich-psychologische Fachkenntnisse (z. B. im Umgang mit Widerständen, Übertragungen, Eigenübertragungen, für die Kommunikations- und Beziehungsgestaltung) als auch die Pflege der eigenen Spiritualität unverzichtbar, weil sie eine geistliche Betrachtung des Lebenslaufes versucht und mit geistlichen Übungen arbeitet.[380] Zur Betrachtung des geistlichen Lebenslaufes und für das Herausarbeiten aller relevanten Glauben- und Lebensthemen des Geistliche Begleitung aufsuchenden Menschen eignet sich die Arbeit mit geistlichen Lebenspanoramen. In individueller Anleitung kann ein geistliches Lebenspanorama angefertigt werden, welches dann mit allen seinen Themen Grundlage der weiteren Geistlichen Begleitung werden kann.[381] Fokussiert können im Anschluss destruktive, konstruktive und defizitäre, noch erwünschte, Aspekte des Lebenspanoramas (z. B. im Umgang mit Geistlichen, im Gottesbild, in der Kirchengemeinde etc.) herausgearbeitet werden.[382]

In der Geistlichen Begleitung sollte ferner eine wissenschaftstheoretische Reflexion erfolgen, um eine verantwortbare, transparente und gelingende, prozessuale Arbeit persönlichen und geistlichen Lernens und Erfahrens zu ermöglichen, gerade weil auch in der Geistlichen Begleitung zunehmend eine konfessions- und religionsplurale Ausformung oder ein »fröhlich spiritueller Eklektizismus«[383] festzustellen ist.[384]

---

[379] GORRES (2018), 19–24, 197ff.
[380] Mit UTSCH (2011), 179ff.
[381] Siehe zur Durchführung und Anleitung eines Lebenspanoramas 3.2.
[382] Siehe Optionen für die Weiterarbeit unter 3.4.2.4. Screening. Hier als Einzel-Screening.
[383] RASCHZOK/ROST (2011), 111.
[384] GORRES (2018), 29f.

5 Architektur einer Integrativen Seelsorge – Grundlagen und Grundmodelle

Seelsorge.
Am Leben entlang – da sein
und Gottes Wirklichkeit atmen.

Andrea Gorres (2023)

5.1 Wissenschaftstheoretische Grundlegung

Grundlage für die Entwicklung eines fundierten wissenschaftlichen Integrationsparadigmas für die Übernahme kreativitätstherapeutischer oder anderer Methoden ist in einer Integrativen Seelsorge eine wissenschaftstheoretische Positionierung. Diese wird in theologischer Weiterentwicklung der Position der Integrativen Therapie formuliert.

In der Überzeugung, dass jedwede »Integration« in der Praxis und Theorie der Seelsorge auch eine differenzierte und konsistente Theorie des Integrierens braucht[385], wurde 2018 bereits das theoretische Modell des *tree of science* für die Geistliche Begleitung in den Blick genommen und der integrative Ansatz um neue Integratoren modifiziert.[386] Für die Entwicklung einer Wissenschaftstheorie für eine Integrative Seelsorge als ein Gesamtverfahren ist es wichtig, alle Ebenen, die poimenische Theorie und Praxis betreffen zu reflektieren (so ihre Metatheorien; praxeologische und realexplikative Theorien und Forschungen sowie die Praxis selbst) und mit theologischen Integratoren weiterzuentwickeln, damit für die Poimenik fachspezifische Theorien, Themen (z. B. Gotteslehre, Ekklesiologie), Forschungen (poimenische oder biblische Forschungen), Systeme (Gemeinden, Kirchen) oder andere theologische Theoriefelder (Sakramentenlehre), Settings und Netzwerke sowie Organisationen und Institutionen transversal zu erfassen und zu reflektieren möglich sind, die im Herkunftsmodell der Integra-

---

[385] Mit Sieper (2006).
[386] Gorres (2018), 207ff. Rezipiert wurde das Buch von Bürgler (2019), 325f und von Stilzebach (2019), 215–217.

tiven Therapie als ein genuin psychologisches Modell ohne explizite theologische Fragestellungen und Themenfelder nicht erfasst sind.[387]

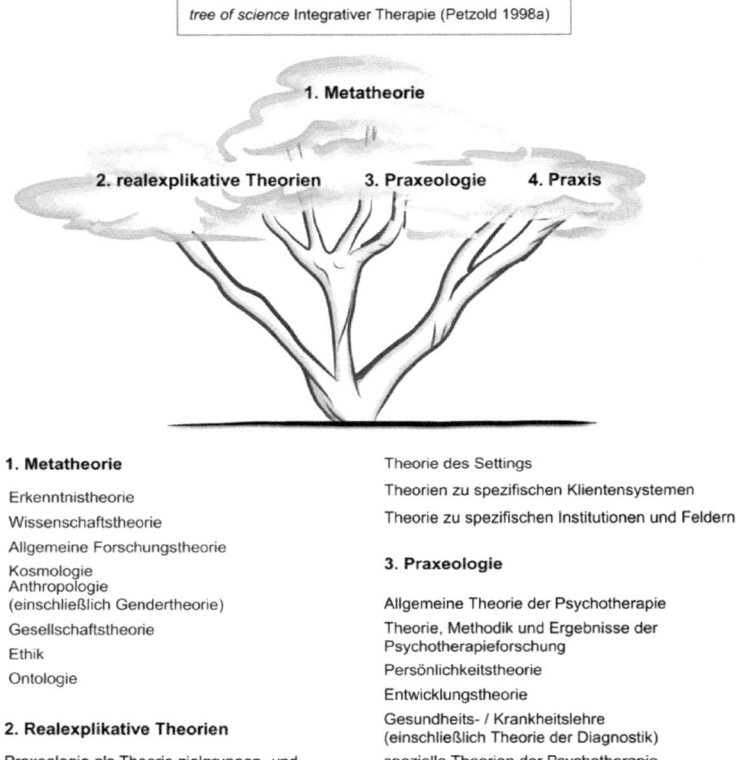

1. Metatheorie

2. realexplikative Theorien   3. Praxeologie   4. Praxis

1. Metatheorie

Erkenntnistheorie
Wissenschaftstheorie
Allgemeine Forschungstheorie
Kosmologie
Anthropologie
(einschließlich Gendertheorie)
Gesellschaftstheorie
Ethik
Ontologie

2. Realexplikative Theorien

Praxeologie als Theorie zielgruppen- und genderspezifischer Praxis

Praxis der Psychotherapieforschung

Interventionslehre (Theorie der Methoden, Techniken, Stile und Medien etc.)

Prozesstheorien

Theorien zu verschiedenen, insbesondere „prekären" Lebenslagen

Theorie des Settings
Theorien zu spezifischen Klientensystemen
Theorie zu spezifischen Institutionen und Feldern

3. Praxeologie

Allgemeine Theorie der Psychotherapie
Theorie, Methodik und Ergebnisse der Psychotherapieforschung
Persönlichkeitstheorie
Entwicklungstheorie
Gesundheits- / Krankheitslehre
(einschließlich Theorie der Diagnostik)
spezielle Theorien der Psychotherapie

4. Praxis

in Dyaden
in Gruppen und Netzwerken, Feldarbeit, „life"-Situationen
in Organisationen und Institutionen

Abbildung 23: tree of science Integrativer Therapie (nach Petzold 1998a)

Die Vertreter der Integrativen Therapie haben mit dem Kernkonzept der Metastruktur des *tree of science* eine für die Entwicklung eines integrativen Verfah-

---

[387] Aus den gleichen Gründen ist der *tree of science* für die Praktische Theologie noch einmal modifiziert worden. Siehe dazu 7.3.

rens handlungsrelevante Theoriekultur beschritten, die auch in theologischer Erweiterung für seelsorgliche Theorie und Praxis von Relevanz ist wie auch als eine generelle Formstruktur reflexiver Arbeit in der Praktischen Theologie. Dieses Metamodell umfasst eine transversale, d. h. alle wesentlichen Wissensbereiche vernetzende Wissensstruktur als Disziplin. Es ist der Rahmen einer ordnenden und zugleich offenen Systematik von Theorien. Sie stellt als solche eine formale hermeneutische Folie für die Ordnung von Wissen dar. Dieses wird unterschieden in a) Theorien hoher Reichweite (Metatheorien), b) Theorien mittlerer Reichweite (realexplikative Theorien) und c) in die Praxeologie (Theorien über die Praxis) und d) die Praxis.

Mit der theologischen Erweiterung des »*tree of science* Integrativer Therapie« mittels adäquater theologischer Integratoren aus den o. g. Gründen, steht folgend ein »*tree of science* Integrativer Seelsorge« für das hier gesuchte integrative Vorhaben zur Verfügung. Er vermag als eine seelsorglich-pastoralpsychologische Methode Integrationsanliegen und -prozesse hinsichtlich Strukturniveau und Geltungsanspruch wissenschaftstheoretisch einzuordnen und zu diskutieren. Der *tree of science* war das erste Schema seiner Art in der Psychotherapie und dient nun als ein solches in der evangelischen Praktischen Theologie, in vorliegender Arbeit entwickelt für eine Integrative Seelsorge. Strukturell kann es auch für andere praktisch-theologische Felder in Anpassung als Struktur- und Ordnungsmodell dienen wie mit dem »*tree of science* der Praktischen Theologie« unternommen.[388]

Ein solches Vorhaben bietet einen Entwurf für eine interdisziplinäre Fundierung an, indem oftmals singulär nebeneinanderstehende Wissensbestandteile seelsorglicher Praxis gebündelt und strukturiert auf wissenschaftstheoretischen Ebenen betrachtet werden können. Damit können sie auch im Gesamtgefüge neu interpretiert bzw. differenziert beurteilt werden. Dies ist kein »wildes« drauflos integrieren, sondern vielmehr ein kritisches transversales Durchschreiten von Wissensebenen nach integrativen Kriterien.

So hat z. B. die Integration der Lebenspanorama-Methode in die Poimenik der Praktischen Theologie selbstverständlich Auswirkungen auf allen Ebenen der Reflexion. Letztendlich stellt sich jeder Mensch, der ein Lebenspanorama malt, dieser hermeneutischen Folie und entdeckt sie durch vielfältige Korrespondenzprozesse selbst im Malprozess bzw. im Gespräch mit der / dem Seelsorgenden in der Weiterarbeit.

Ein *tree of science* für eine Integrative Seelsorge lässt sich grundlegend wie folgt darstellen:

---

[388] Siehe dazu den *tree of science* Praktischer Theologie unter 7.3.

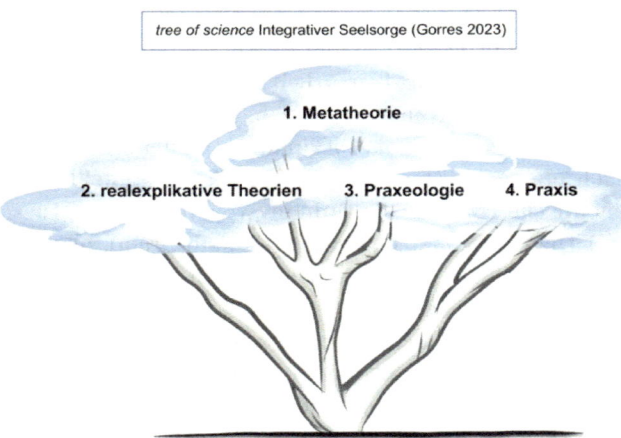

Abbildung 24: tree of science Integrativer Seelsorge (Gorres 2023)

1. Metatheorie

Theologische Erkenntnistheorie

Philosophisch-theologische Anthropologie

Theologische Ethik

Wissenschaftstheorie, Ontologie, Kosmologie inkl. theologische Theorien

2. Realexplikative Theorien

Rezeption der Theorie, Methodik und Ergebnisse der wissenschaftstheoretischen und theoretischen Arbeit in die Seelsorge:

Allgemeine Seelsorgetheorie, Pastoralpsychologie, Aszetik und Seelsorge und der Mystagogik

Allgemeine Theorie von Religion, Kultur und Theologie

Spirituelle und theologische Persönlichkeitstheorie der Seelsorge

Geistliche und seelsorgliche Entwicklungstheorie

Theorie der Diagnostik spiritueller Krankheiten und Krisen

Gesundheits- und Krankheitslehre

Spezielle Theorien der Seelsorge

3. Praxeologie

Theorie der Zielgruppen / genderspezifische Seelsorgepraxis

Praxis der Seelsorgeforschung

Seelsorgliche Interventionslehre (Theorie der Methoden, Techniken, Stile und Medien etc.) inklusive:

Spirituelle Interventionslehre (geistliche Übungen, spirituelle Techniken, geistliche Stile und Medien)

Theorie spiritueller und personaler Krisen und „prekärer" Lebenslagen

Seelsorgliche Prozesstheorien

Theorie zum Setting und Klientensystem der Seelsorge

Theorie zu spezifischen Institutionen und Feldern der Seelsorge

4. Praxis

in Einzel- und Gruppenbegleitung / Zweiersetting

in Kirche und gesellschaftlichen Organisationen und Institutionen in anderen religiösen Feldern

Bei gleichen Bezeichnungen der vier großen Themenbereiche der wissenschaftstheoretischen Ordnungsstruktur zeigt sich im Vergleich des »*tree of science* Integrativer Therapie« nach Petzold mit dem »*tree of science* Integrativer Seelsorge« erweiterte und auch neue und andere Themenfelder innerhalb der Ordnungs-Struktur. Es handelt sich um sogenannte theologische Integratoren – das sind Themenfelder, die zu reflektieren in der Ordnungsstruktur relevant sind, um Seelsorge bzw. theologische fachspezifische Arbeit zu leisten. So liegen metatheoretische theologische Themen in jedem Lebenspanorama bzw. jeder seelsorglichen Arbeit (z. B. Gottesbilder, das christliche Narrativ), realexplikative Theorien (z. B. pastoralpsychologische und theologische Überlegungen zur Seel-

sorge, Lebenslauf- und Lebenslauf-Imaginationen, die durch theologische Forschung gestützt sind), praxeologische Reflexionsfelder (z. B. kunsttherapeutische
Theorien zum Lebenspanorama und spirituell-mystagogische Lehren und Theorien) wie auch praxisbezogene Überlegungen (z. B. zur Arbeit im Dyaden- oder
Triadensetting, zum religiös-kirchlichen Organisationsfeld) wie sie auch Inhalt
der Erörterungen dieser Abhandlung wurden. Diese folgten zudem dem hermeneutischen Vorgehen des integrativen Ansatzes von den Phänomenen (der konkreten Lebenspanoramaarbeit), zu den Strukturen (Strukturperspektiven Integrativer Seelsorge) einen Entwurf (Architektur einer Integrativen Seelsorge) zu
erarbeiten.[389] Es handelt sich folglich um ein phänomenologisches Verfahren,
dass im Folgenden näher entfaltet wird.

5.2 Phänomenologisches Verfahren

In der Integrativen Seelsorge wird ein konsequentes phänomenologisches Vorgehen gewählt. Diese Vorgehensweise richtet die Wahrnehmung auf das Offen-
sichtliche, um von dort aus weiter nach den Strukturen und den Entwürfen zu
fragen. Diese Vorgehensweise durchlaufen letztlich die Malenden wie die Seelsorgenden in der konkreten Lebenspanorama-Seelsorgearbeit, die beide Seelen
leisten. Die Malenden erfahren die Phänomene ihres geistlichen Lebenslaufes.
Sie malen sie offen auf das Blatt Papier und bringen sie in eine für sie adäquate
Struktur und Ordnung, was letztlich einen Gesamtentwurf zum Ausdruck bringt
(das Lebenspanorama als Gesamtbild). In der seelsorglichen Arbeit mit dem Bild
wird in narrativen Prozessen wiederum von den Phänomenen (das offensichtlich
Gemalte wird geschaut und erzählt) ausgegangen. In einem weiteren Schritt
wird nach den zugrundliegenden Strukturen gefragt (z. B. was bedeutet dieses
Gemalte, warum hat der Seelsorge in Anspruch nehmende Mensch in eben jener
Weise gemalt?). Aus diesem Prozess erwächst der Gesamtentwurf des geistlichen
wie persönlichen Lebens, der durch die Erzählung wie durch weitere Arbeit mit
intermedialer Methodik sich erschließen kann. Somit kennt die Lebenspanoramaarbeit dieses hermeneutische Vorgehen sowohl in der Innenperspektive des
Malvorgangs wie auch in der Außenperspektive der Seelsorgearbeit. Letztlich
eröffnet die vorliegende Untersuchung auf metaperspektivischer Ebene dazu
eine adäquate weitere Ebene der Reflexion. Alle Perspektiven ermöglichen je
eigene und gemeinsame jeweils neue und andere Integrationsmöglichkeiten in
der Erschließung des eigenen Lebens in Integrativer Seelsorge.

Phänomenologie zu betreiben, gehört zu den selbstverständlichen Aufgaben
des integrativen Ansatzes. Sie verweist zugleich auf eine geisteswissenschaftliche
Denktradition, die weit über den integrativen Ansatz hinausgeht (Levinas, Mer-

---

[389] Vgl. 4.2.1. und 5.2.

leau-Ponty, Husserl). Begriff und Sache der Phänomenologie stellen einen Berührungspunkt zwischen Integrativer Seelsorge (Theologie), Psychologie, Psychotherapie und Philosophie dar. Der Begriff »Phänomenologie« verknüpft die griechischen Worte *phainomenon* und *logos*. Das Verb *phaino* bedeutet »scheinen«. Ein Phänomen ist entsprechend etwas, was sich zeigt, was einem Menschen unmittelbar erscheint. Mit dem Wort-Ende ist der *logos*, also Vernunft und Reflexion, ausgesprochen. Phänomenologie beschreibt jedoch nicht das Nachdenken über einen bestimmten Gegenstandsbereich, sondern es geht um die ganze Bandbreite menschlichen Erlebens, um Sinn und Erfahrung gleichermaßen. Integrative Phänomenologie teilt das gemeinsame Anliegen mit der Phänomenologie Husserls, zu den Dingen selbst vorstoßen zu wollen und sich dabei nicht von ideologischen Begriffssystemen, Vorurteilen oder impliziten Theorien beirren zu lassen.[390] Der Psychologe Wolfgang Metzger hat diesen Ansatz folgendermaßen verdeutlicht:

> »[Das] Vorgefundene zunächst einfach hinnehmen, wie es ist, auch wenn es ungewohnt, unerwartet, unlogisch, widersinnig erscheint und unbezweifelten Annahmen oder vertrauten Gedankengängen widerspricht. Die Dinge selbst sprechen zu lassen, ohne Seitenblicke auf Bekanntes, früher Gelerntes, Selbstverständliches, auf inhaltliches Wissen, Forderung der Logik, Voreingenommenheit des Sprachgebrauchs und Lücken des Wortschatzes. Der Sache mit Ehrfurcht und Liebe gegenüber zu treten, Zweifel und Misstrauen aber gegebenenfalls zunächst vor allem gegen die Voraussetzungen und Begriffe zu richten, mit denen man das Gegebene bis dahin zu fassen suchte.«[391]

In dieser Weise einen phänomenologischen Ansatz zu betreiben, erfordert hohe Intro- und Reflexionsfähigkeit in der Integrativen Seelsorge, um sich stets seiner eigenen »Brillen«, den eigenen eingeschränkten hermeneutischen Zupassungen durch Ideologien, intrinsische Narrative etc., bewusst zu sein. Geistlich entspricht ein phänomenologisches Vorgehen einer kontemplativen Grundhaltung innerhalb der Mystagogik, indem sie eine größtmögliche Offenheit praktizieren möchte.

Ein solches Lernen, Erkennen und Handeln geschieht in der Integrativen Seelsorge in hermeneutischen Prozessen des Wahrnehmens, Erfassens, Verstehens und Erklärens im Fluss von Integration und Kreation. Jede Erkenntnis ermöglicht eine neue, veränderte Sicht auf die Phänomene, eröffnet neue Wahrnehmung, neues Erfassen, Verstehen und Erklären. Damit ist auch die Möglichkeit des Erkenntnisgewinns nie abgeschlossen. Es entsteht ein Prozess, der in

---

[390] Vgl. dazu GOERLICH (2000), 45–60.
[391] METZGER (1968), 12.

der Integrativen Therapie als ein Spiralprozess beschrieben wird.[392] Auf der Grundlage der Koexistenz allen menschlichen Lebens im Kontinuum gemeinsamer Zeit und geteilter soziokultureller Kontexte ist damit jeder Erkenntnisgewinn zugleich ein Ko-respondenzprozess.[393] Dieser wird im integrativen Ansatz auch »schöpferische Metamorphose« genannt.[394]

Ergänzt werden diese Ansätze durch die dialektische Erkenntnismethode und ein systemisches Modell, das auf der »Selbstregulation von Prozessen« basiert.[395] Die dialektische Erkenntnismethode, philosophisch bei Heraklit und Empedokles entfaltet und unter anderem von Immanuel Kant und Georg Wilhelm Friedrich Hegel kritisch reflektiert, zielt auf das Erkennen von Spannungen zwischen physischen und psychischen Situationen ab und geht der Frage nach, wie sich Polaritäten, z. B. in (Wert-) Positionen des Menschen, zueinander verhalten. Dialektische therapeutische und im integrativen Ansatz somit auch pastoralpsychologische Interventionen stellen demnach auch Konfrontationen dar und eine Ermutigung im Ringen um die eigene Lebensbalance.

5.3 Menschliche Identität

Identität bezeichnet etymologisch die »völlige Übereinstimmung, Gleichheit, Wesenseinheit«. Sie wird im 18. Jh. aus spätlat. *identitās* (Genitiv: *identitātis*) für »Wesenseinheit« entlehnt, einer Ableitung von lat. *idem* »ebendasselbe«.[396] Es bedeutet, in Kohärenz diese Übereinstimmung als Person in sich und mit der Umwelt zu suchen, sodass eine Übereinstimmung in Selbst- und Fremdwahrnehmung bei aller Eigenheit der Person gefunden wird. Nach Rolf Oerter und Leo Montada basiert die Identitätsentwicklung beim Menschen auf zwei Prozessen: dem der Selbsterkenntnis und dem der Selbstgestaltung.[397] Die seelische Identität des Menschen ist somit veränderlich und essentiell entwickelbar. Erik Erikson definierte seit den späten 1950er Jahren Ich-Identität als »Zuwachs an Persön-

---

[392] Siehe auch: Petzold (1991a), 413ff. In Anlehnung an den Philosophen Heraklit wird dieser Prozess als heraklitische Spirale bezeichnet. Vgl. Petzold (1992a), 625. Siehe Abb. 19 unter 4.2.1.

[393] »Ko-respondenz« (Schreibweise ist Eigenname). Vgl. 5.4.

[394] In der Philosophie sind die Referenztheoretiker dieses Weges für die Integrative Therapie Friedrich Schleiermacher, Wilhelm Dilthey, Martin Heidegger, Hans-Georg Gadamer und Paul Ricoeur. Für die konsequente Reflexion der historisch-kulturellen und soziokulturellen Zusammenhänge und der Voraussetzungen des Interpretierens wird auf Michel Foucault, Jaques Derrida, Jürgen Habermas und Niklas Luhmann rekurriert. Siehe im Ganzen zur Geschichte, zu den Quellen und Referenztheorien der Integrativen Therapie: Leitner (2010), 7–42.

[395] Dazu Leitner (2010), 45f.

[396] Pfeiffer (1993c).

[397] Oerter/Montada (2002), 292.

lichkeitsreife, den das Individuum am Ende der Adoleszenz der Fülle seiner Kindheitserfahrungen entnommen haben muss, um für die Aufgaben des Erwachsenenlebens gerüstet zu sein.«[398] Es bedarf dazu u. a. vertrauensvoller wechselseitiger Beziehungen, stärkender Gruppenzugehörigkeiten und einer Orientierung an Normen und Werten.[399] George Herbert Mead kritisierte die Äußerungen Eriksons, der einen stufenartigen Identitätsentwicklungszyklus über die Lebensspanne herausarbeitete, als zu statisch. Er publizierte in den 1960er Jahren die These, dass sich Geist und Identität erst aus gesellschaftlichen Interaktionssituationen heraus über Sprache entwickeln:

> »Identität entwickelt sich; sie ist bei der Geburt anfänglich nicht vorhanden, entsteht aber innerhalb des gesellschaftlichen Erfahrungs- und Tätigkeitsprozesses, das heißt im jeweiligen Individuum als Ergebnis seiner Beziehungen zu diesem Prozess als Ganzem und zu anderen Individuen innerhalb dieses Prozesses.«[400]

Identität ist somit nach Meads symbolischem Interaktionismus »die Fähigkeit, flexibel und anpassungsfähig auf die wechselseitigen pluralen gesellschaftlichen Gegebenheiten reagieren zu können.«[401] Der Sozialpsychologe Heiner Keupp führte den Begriff »Patchwork der Identitäten«[402] ein. Die Patchwork-Metapher erwies sich als sehr eingängig und führte später zur kürzeren Bezeichnung Patchwork-Identität. Keupps interdisziplinärer Ansatz sieht spätmoderne Identität als einen steten Prozess »alltäglicher Identitätsarbeit«, der ein »unabschließbares Wirken am Patchwork« von Teilidentitäten darstellt. Dabei geht es um ein »manchmal widersprüchliches, meist ambivalentes Nebeneinander von Unvereinbarem«.[403] Als wichtigste Bausteine alltäglicher Identitätsarbeit werden von ihm genannt: Kohärenz, Anerkennung, Authentizität, Handlungsfähigkeit, Ressourcen und Narration. Für Keupp bietet die Spätmoderne mehr Optionen für eine individuelle Lebensführung als vergangene Zeiten, zugleich aber auch den Zwang zur Selbstbehauptung.[404] Es geht in der Spätmoderne um die Überwindung von »Identitätszwängen« und die Anerkennung der Möglichkeit, sich in normativ nicht vordefinierten Identitätsräumen eine eigene ergebnisoffene und bewegliche authentische Identitätskonstruktion zu schaffen. Das geht mit dem Risiko einher, dass der Mensch auf der Suche nach einer lebbaren Identität auch

---

[398] ERIKSON (1973).
[399] ERIKSON (1971), 180f.
[400] MEAD (2005), 177.
[401] KLESSMANN (2008), 251.
[402] KEUPP (2005).
[403] KEUPP (1999), 266ff.
[404] KEUPP (1999), 266ff.

scheitern kann.[405] Identitätsarbeit ist damit ein ständiger Prozess, eine »permanente Passungsarbeit zwischen inneren und äußeren Welten«.[406]

Alltägliche Identitätsarbeit hat die Aufgabe, die Passungen, die Verknüpfungen unterschiedlicher Teilidentitäten vorzunehmen. Qualität und Ergebnis dieser Arbeit findet in einem machtbestimmten Raum statt, der schon immer aus dem Potential möglicher Identitätsentwürfe spezifische erschwert bzw. andere favorisiert, nahelegt oder gar aufzwingt. Qualität und Ergebnis der Identitätsarbeit hängen von den Ressourcen einer Person ab, von individuell-biographisch begründeten Kompetenzen über die kommunikativ vermittelten Netzwerkressourcen (soziale Netzwerke) bis hin zu gesellschaftlich-institutionell vermittelten Ideologien und Strukturvorgaben. Die Konstruktion der individuellen Identität wird von Bedürfnissen geleitet, die aus der persönlichen und gesellschaftlichen Lebenssituation gespeist sind. Insofern konstruieren sich Subjekte ihre Identität nicht in beliebiger und jederzeit revidierbarer Weise, sondern versuchen sich in einem »Gefühl von Identität« in ein »imaginäres Verhältnis zu ihren wirklichen Lebensbedingungen« zu setzen (Althusser). Beim Herstellen dieser Identitätskonstruktionen werden zumindest »Normalformtypisierungen« benötigt (Identifikationen).[407]

Für diesen steten Prozess, der ein ständiges, fortwährendes Ringen und Ausbalancieren im sozialen Kontext meint, braucht es ressourcenreiche soziale Beziehungsnetzwerke. Die Elemente, die in Beziehung gebracht und ausbalanciert werden müssen, werden in der Integrativen Seelsorge in Aufnahme der Integrativen Therapie nach Petzold mit der Metapher der »Fünf Säulen« beschrieben.[408]

Die theologische Deutung von Identität unterstreicht maßgeblich die grundsätzliche Relationalität und Verwiesenheit des Menschen auf Zuwendung von außen und – in zentralen Bereichen – auch eine grundsätzliche Passivität in der Identitätsbildung.[409] Integrative Seelsorge nimmt diese zwei Aspekte in ihrer Konzeption grundlegend auf: zum einen in der Aufnahme des Modells »Das Subjekt als personales System«[410] und zum anderen mittels der dezidiert kontemplativen Grundhaltung, die wesentlich für eine Integrative Seelsorge in ihrer mystagogischen Perspektivierung ist.[411]

---

[405] KEUPP (2010), 1–23.
[406] KEUPP (1999), 30ff.
[407] KEUPP (2014).
[408] Vgl. KLESSMANN (2008), 251. Klessmann spricht von »5 Säulen der Identität« als »Fäden der Identität«, die beim Weben des Netzes der Identität zu vernetzen sind. Integrative Seelsorge bezeichnet weiterhin das Identitätsmodell als »5 Säulen-Modell«. Es beschreibt elementare Strukturen der menschlichen Identität.
[409] So mit KLESSMANN (2008), 253.
[410] Vgl. Abb.26 und die Erläuterungen dazu unter 5.3.2.
[411] Vgl. Mystagogische Perspektive unter 4.3.

Desweiteren hat die evangelische Theologie den Begriff des Fragments bezogen auf Identitätsbildung rezipiert. Er stammt von Henning Luther, der ihn kritisch gegenüber einer Ganzheitsideologie, die meint, man könne Bildungsprozesse idealiter ganzheitlich abschließen (Erikson), einbrachte.[412] Integrative Seelsorge kennt die auf aller Vergänglichkeit menschlichen Lebens basierende Bruchstückhaftigkeit menschlicher Existenz. Durch die grundsätzlichen Anfechtungen des Lebens[413] sind wir Menschen immer neu auch in der Moderne gefordert, Identität sinnvoll zu gestalten. Die mystagogische Grundhaltung thematisiert hier in besonderer Weise das Vertrauen und die Hingabe auf Gott als eine »Entlastung der anstrengenden Suche nach Identität«.[414]

Integrative Seelsorge will die Entwicklung und Förderung der Persönlichkeit des zu begleitenden Menschen – auch in Situationen, die miteinander einzig auszuhalten sind. Der Integrativen Seelsorge geht es darum, »einerseits Menschen zu unterstützen, deren Identitätsprozesse gefährdet sind, deren Identität beschädigt wurde und andererseits darum, Menschen zu begleiten, die [...] ihre Identität zu bewahren, zu gestalten, zu entwickeln bemüht sind.«[415] Die Besonderheit der Integrativen Seelsorge liegt in der Zusammenführung der leibtheoretischen und der sozialisations- bzw. enkulturationstheoretischen Diskurse, ihrer mystagogisch-theologischen Grundierung und ihrer Absicherung durch eine »Entwicklungspsychologie der Lebensspanne« wie im integrativen Ansatz entwickelt:

> »Identität kann definiert werden als das Ergebnis der Syntheseleistung des Ichs in der Verarbeitung von reziproken Identifizierungen aus vielfältigen sozialen bzw. kulturellen Kontexten (Fremdattributionen, Fremdbilder), ihrer emotionalen Bewertung (*valuation*), kognitiven Einschätzungen (*appraisal*) aufgrund soziokultureller Normen und ihrer Verbindung mit Identifikationen (Selbstattributionen, Selbstbilder) in einem permanenten, transversalen Prozess der ›Identitätsarbeit‹, der eine hinlängliche Konsistenz des Identitätserlebens und zugleich eine Flexibilität von Identitätsstilen über die Zeit hin gewährleistet sowie eine variable, viel-facettige Identitätsrepräsentation im sozialen bzw. kulturellen Kontext/Kontinuum ermöglicht.«[416]

In der Integrativen Seelsorge wird die Persönlichkeitstheorie durch die fünf Säulen der Identität der Integrativen Therapie beschrieben.[417]

---

[412] Vgl. LUTHER (1992), 160–182.
[413] Vgl. dazu 5.3.4.
[414] Im Sinne von KLESSMANN (2008), 254.
[415] So PETZOLD (2001p), 18.
[416] PETZOLD (2001p), 40. Vgl. PETZOLD (1992a). Vgl. 5.3.2 Abb. 26.
[417] Vgl. zu den folgenden Ausführungen PETZOLD (2002b), 58ff (Vier Wege) und 74ff (Persönlichkeitstheorie).

5.3.1 Fünf Säulen der Identität

Die *Identität* des Menschen konstituiert sich als das Zusammenwirken von Leib und Kontext im Zeitkontinuum. Sie kann mit dem »Fünf-Säulen-Modell« nach Petzold beschrieben werden. Zu nennen sind die Säulen:

(1) *Leiblichkeit* – Der Mensch als Körper-Seele-Geist-Einheit ist die Voraussetzung allen Wahrnehmens und Handelns; ursprüngliche Gegebenheit; wesentlich tragende Säule;

(2) *Soziales Netzwerk* – mit Rollen- und Identitätserleben in Kollegialität, Familie, Partnerschaft, Freundschaft;

(3) *Arbeit und Leistung* – auch in Freizeit; stiftet Identifikationen/Identität;

(4) *Materielle Sicherheit* – Geld, Wohnung, Kleidung, Auto, Fremd- und Selbstattributionen und

(5) *Wertorientierung* – Weltanschauungen und religiöse Überzeugungen, sinnkonstituierende Systeme; identitätsstiftend; persönlichkeitsbildend.

Abbildung 25: Integrative Seelsorge – Fünf Säulen der Identität (Gorres 2023)

Diese fünf Säulen bauen, stützen und tragen die Identität eines Menschen. Integrative Seelsorge wird dieses »Fünf-Säulen-Modell der Identität« aufnehmen und in ihre Arbeit (hinsichtlich Methoden und Interventionen etwa) einbeziehen.[418] Interventionen, die sich auf eine der Säulen beziehen, greifen meist zu kurz, weil sie die Lebensrealität (Konflikte, Leiden, Möglichkeiten und Chancen) aus den anderen Säulen nicht beachten und einbeziehen. Für eine pluriforme Verfahrens-

---

[418] Vgl. LEITNER (2010), 147ff.

weise auf dem Weg zum Menschen im Sinne Integrativer Seelsorge ist dies jedoch handlungsrelevant. Zur Identitätskrise kann es kommen, wenn eine oder mehrere Säulen wegbrechen oder sich plötzlich stark verändern und die anderen Säulen die Identität zeitnah nicht ausreichend stabilisieren. Integrative Seelsorge berücksichtigt das Wechselspiel aller Bereiche in der seelsorglichen Begegnung und Begleitung von Menschen.

5.3.2 Persönlichkeitstheorie

Die Identität wird durch das Ich, die Ich-Funktionen und Ich-Qualitäten im Prozess ihrer Gesamtheit konstituiert. Aufgrund von Identifizierungen (Fremd- und Selbstattributionen) kommt es zu inneren Prozessen der Auseinandersetzung. Ihre Bewertung führt zu Internalisierungen (Verinnerlichung von Attributen), die Identitätsqualitäten wie z. B. Stabilität und Prägnanz schaffen. »Die identitätsbildenden Ich-Prozesse können schematisch als ›Identitätsprozess‹ in Kontext / Kontinuum wie folgt beschrieben werden: multiple reziproke Identifizierung → *valuation/appraisal* → Identifikation → *valuation/appraisal* → Internalisierung als Identitätselemente.«[419] Reife Identität zeichnet sich durch ein Maß an Unabhängigkeit aus und beinhaltet die Fähigkeit in allen Ko-respondenzen »sich selbst zum Gefährten zu werden«.[420] Die Wertigkeit der Bereiche zueinander entwickelt sich im Lebenslauf unterschiedlich. So prägen sie auch verschieden ihre Bedeutung für die gegenwärtige Situation aus. Zudem bedingen sie sich gegenseitig.

Die folgende Abbildung verdeutlicht diesen Prozess[421] bzw. stellt in kompakter Form die Integrative Identitätstheorie dar, wie sie in allen zwischenmenschlichen Prozessen sich gestaltet:

---

[419] PETZOLD (2001p), 23. Dort auch weitere Literatur zu den entwicklungs- und persönlichkeitsbildenden Details. Die Pfeile im Zitat sind als Pfeile, die eine Abfolge von Identifikationen im Prozess beschreiben zu lesen.

[420] Ausführlich dazu MEAD (2005). Zit. nach PETZOLD (2002b).

[421] Abbildung aus: PETZOLD (1998a), 371.

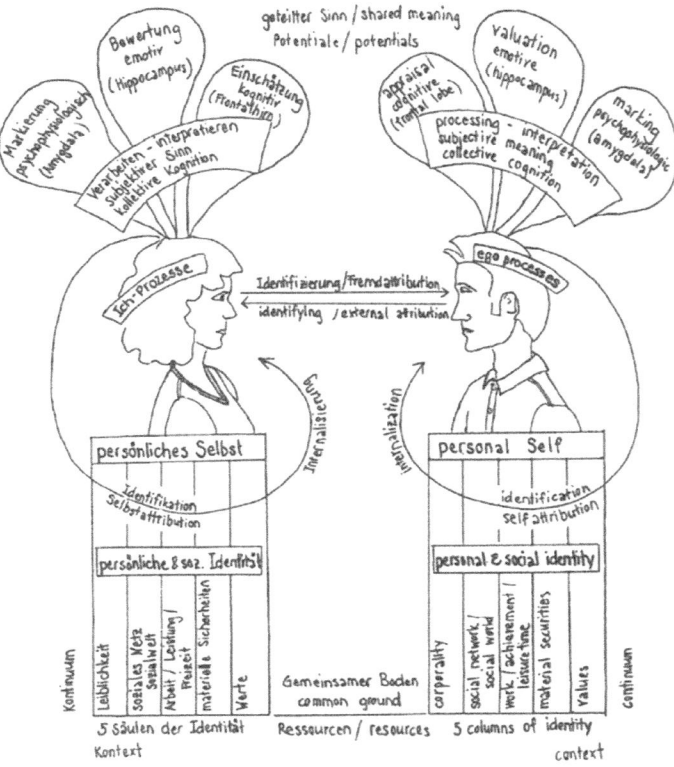

Abbildung 26: Das Subjekt als personales System: Selbst, Ich und Identität im Kontext/Kontinuum – Intersubjektive Ko-respondenz und Identitätsarbeit (Petzold 1998a, 372)

Identität ist gestaltbar und ein zentraler Faktor in jeder seelsorglichen, therapeutischen und agogischen Arbeit. Die Entwicklung dieser ist immer Veränderung in der Zeit und geschieht ein Leben lang. Lernfähigkeit kennzeichnet die gesamte Lebensspanne eines Menschen. Diesem Ansatz des *life-span-development-approach* fühlt sich die Integrative Seelsorge verpflichtet. Ihre Entwicklungstheorie findet sich vielfältig beschrieben. Grundlegend sei an dieser Stelle auf Petzold sowie auf Osten und Rahm verwiesen.[422] Für die Integrative Seelsorge sind die geistlichen Entwicklungen wie beschrieben stets mit zu berücksichtigen. Zielpunkt ist auch hier die »reife Persönlichkeit«. Diese ist in mystagogischer Tradition jedoch eine solche, die sich ganz in Gottes Wirklichkeit, der Christuswirklichkeit, überlassen gelernt hat: Nicht mehr ich lebe, sondern Christus lebt in mir (im Sinne von Gal 2,20). Hier findet eine theologische Erweiterung statt. Die spirituelle Entwicklung ist grundlegend mit zu berücksichtigen. Sie ist in den Fünf Säulen der Identität in der fünften Säule bereits mitbedacht. Ange-

---

[422] Rahm (1999), 244ff; Osten (2000), 50ff., grundlegend dazu: Petzold (1992a), 536ff.

sichts der Tatsache, dass seelsorgliche Arbeit aktive Momente des Segnens und Betens kennt, und andere Zielperspektiven spiritueller Entwicklung, ist dies gesondert zu reflektieren.[423]

5.3.3 Vier Wege seelsorglicher Begleitung

Die für die Integrative Therapie wesentlichen Heilungs- und Förderungsmöglichkeiten sind in dem integrativen Konzept der »Vier Wege der Heilung und Förderung« dargestellt. Sie umfassen:[424]

Bewusstseinsarbeit: Durch intersubjektive Ko-respondenzprozesse (z. B. durch narrative Praxis, Beziehungsarbeit) sollen korrigierende Einsichtserfahrungen und neue kognitive Regulationen sowie neuer Lebenssinn gefunden werden, damit narrative Fixierungen sich lösen und neue neurologische Bahnungen/Muster sich bilden können.[425]

Emotionale Differenzierungsarbeit, Nachsozialisation, Parenting, Reparenting: Durch die Vermittlung unterstützender, korrigierender und alternativer Erfahrungen (z. B. in einer Gruppe, durch Körperarbeit oder Bewegungstherapie) sollen persönlichkeits- und entwicklungsbeeinträchtigende Faktoren verändert werden, sodass wohltuende alternative Erfahrungen gemacht werden können, die innerhalb der Persönlichkeitsstruktur heilsam und förderlich wirken. Diese an den Ergebnissen der Babyforschung orientierten Behandlungsstrategien[426] werden vor allem im Bereich früher Schädigungen der Persönlichkeit eingesetzt, um dysfunktionale kognitive, emotionale und volitive Strukturen (Narrative, Skripte, Schemata) zu verändern. Es gilt das Grundvertrauen, den Selbstwert und die emotionale Regulation durch emotionale Differenzierungsarbeit im Beziehungsprozess (z. B. mittels *bottom-up* und *top-down emoting* Repressionsmethoden u. a.) zu stärken, um ein höheres Maß an Beziehungsfähigkeit, Liebeserleben und Neuwertungen zu gewinnen.[427]

Erlebnis- und Ressourcenaktivierung: Durch erlebnis- und ressourcenaktivierende Maßnahmen (z. B. kunsttherapeutisches Gestalten; Naturspaziergänge, Theaterspielen, Sportverein, Gemeindegruppe) soll eine Lebensstiländerung bewegt werden. Inhaltlich geht es darum, mittels der Erschließung persönlicher Ressourcen und Potentiale durch die genannten Verfahren dysfunktionales Verhalten abzulegen durch alternative kognitive, emotionale und multisensorische/multiexpressive Performan-

---

[423] Vgl. im Ganzen: die mystagogische Perspektivierung unter 4.3.
[424] Vgl. zu den 4 Wegen grundlegend LEITNER (2010), 220ff. Dort weiterführende Literatur.
[425] Vgl. Erläuterungen unter 5.4. Dort auch weitere Sekundärliteratur.
[426] PETZOLD (1993c).
[427] PETZOLD (2012h), 24–27. Dort auch weitere Sekundärliteratur.

zen. Konkrete Methoden sind dabei z. B. das Rollenspiel, die Freizeitaktivierung sowie Performanz-Training und Netzwerkpflege.[428]

Exzentrizitäts- und Solidaritätsförderung: Alltagspraktisch gilt es, die Bildung von Netzwerken zu unterstützen, damit neue und andere Solidaritätserfahrungen, Erfahrungen des Eingebundenseins und sozialer Zugehörigkeit ermöglicht werden. Mittels gemeinsamer kognitiver/emotionaler Erfahrungen und multisensorischer und multi-expressiver Performanzen, z. B. mittels Netzwerk- und Projektarbeit, sollen Lebensstiländerungen bewirkt werden.[429]

In einer Integrative Seelsorge wird das integrative Modell der »Vier Wege der Förderung und Heilung aufgenommen«. Angesichts eines für den theologischen Kontext zu spezifizierenden Heilungsbegriffs wird in der Integrativen Seelsorge das Modell unter »Vier Wege seelsorglicher Begleitung« geführt. Es beschreibt wichtige Aspekte im seelsorglichen Kontext. Heilung wird von Peng-Keller als der Prozess verstanden,

»[...] der von der Krankheit zur Gesundheit führt. In seelsorglichen Gesprächen kommt dieser Prozess in doppelter Weise zur Sprache: als Gegenstand intensiven Hoffens und Wünschens, doch mitunter auch im Modus dankbaren Rückblicks auf bereits erfahrene Heilung. Beides kann sich mit religiös-spirituellen Deutungen und Praktiken verbinden. Dabei kann Heilung sich auf sehr unterschiedliche Phänomene beziehen. Um unterschiedliche Formen und Dimensionen von Heilungsprozessen voneinander abzuheben, wird in der englischsprachigen Literatur in der Regel zwischen *cure* und *healing* unterschieden. Während sich ersteres auf die organische, kurative Dimension konzentriert, kommt mit letzterem der Mensch in seiner Ganzheit in den Blick. Das deutsche Heilen umfasst beide Aspekte. Zudem kann es sich sowohl auf das therapeutische Geschehen als auch auf dessen Wirkung beziehen, also auf die körperliche Gesundung oder eine darüberhinausgehende Heilung.«[430]

In der theologischen Diskussion geht es u. a. um die Frage nach einer qualifizierten Rede von Heil im Verhältnis zum ubiqitären Heilungsphänomen. Grundmann arbeitete dazu Orientierungspunkte heraus.

Für ihn ist Heilung »eine Grundeigenschaft lebender Systeme. Ohne Heilung kein Leben. Diese Einsicht beruht auf der erst im Zeitalter der Genetik entdeckten Tatsache der Reparatur defekter Zellkernsäure (DNS/DNA) bei Zellteilung. Geschieht das nicht, kommt es zum Zerfall und Tod des lebenden Systems. [...] Heilung als Ausdruck vitaler Regenerationsfähigkeit von Leben ereignet sich also ständig, ohne dass

---

[428] Petzold (2012h), 24–27.
[429] Petzold (2012h), 24–27.
[430] Peng-Keller (2019), 58.

dies zu Bewusstsein kommt [...] Dogmatisch gesehen ist Heilung somit Ausdruck der *creatio continua*, Ausdruck von Gott erhaltendem Schöpferhandeln. Das erklärt die Ubiquität dieses Phänomens.«[431]

Diese Regenerationsfähigkeit ist stimulierbar und kann gefördert werden. Alle Heilkundigen, die sich darum bemühen, sind letztlich selbst von der Regenerationsfähigkeit abhängig. Diese elementare Abhängigkeit begründet für Grundmann mit Verweis auf Schleiermacher Heilung als religiöses Thema. Dabei ist jegliche prinzipielle Irrtumsbehaftetheit aller Heilkunde (z. B. in der Diagnostik) im Horizont der Harmatologie zu prüfen. Kritisches Hinterfragen der Heilenden ist stetig nötig.[432] Dabei bleibt zu fragen, wer der eigentliche Agens der Heilung ist. Eine Deutungsoffenheit an dieser Stelle ermöglicht für Grundmann echte Offenheit für das Leben im Bewusstsein eines Lebenssinns. Darunter fällt die Offenheit für die (auch religiöse) Deutung einer Heilung. Heilung ist religiös keine Bedingung des Heils, kann es aber im Horizont christlichen Verstehens *coram Deo* sein. Grundmann verweist darauf, dass die aller Heilung potenziell inhärente Heilserfahrung dazu nötigt, die leibhaft-konkrete Seite der Soteriologie neu zu bedenken, insbesondere die Inkarnation. Mit Tertullian gesprochen gilt »*caro cardo salutis* – das Fleisch ist die Türangel des Heils«. Grundmann plädiert für eine vertiefte Beachtung der leiblichen Seite der Inkarnation und für eine Hermeneutik des Leibes.[433] Abschließend weist er auf den eschatologischen Charakter aller Heilung hin, die immer vorläufig und als Regenerationsfähigkeit letztlich auch immer unverfügbar bleibt. Somit verfügt keine Kirche (oder religiöse Organisation) über Heilung als demonstratives Zeichen des Heils. Letzteres bleibt unverfügbar.

»Das hat tiefgreifende Auswirkungen auf das Verständnis von Gesundheit und Heilung. Gesundheit kann dann nicht mehr lediglich als das problemlose Funktionieren aller Organe und des Skelettes oder als Zustand vollständigen Wohlbefindens verstanden werden, und Heilung nicht einfach als die erfolgreiche Beseitigung von Störungen des Lebensgenusses. Sachgemäßer bezeichnet Gesundheit diejenige physische, psychische und mentale Fähigkeit, kraft derer existentielle Herausforderungen wie z. B. Krankheit oder Unfall, Sterben und Tod in lebensförderlicher Weise bewältigt werden, ungeachtet dessen, ob körperliche oder anderweitige Beeinträchtigungen beseitigt sind. Nicht ein perfekt funktionierender Körper macht Gesundheit aus, sondern die Befähigung zu erfolgreicher Lebensbewältigung. Wer diese Befähigung nach einer Krankheitszeit wieder gewinnt, hat Heilung erfahren. Heilung ist wesentlich

---

[431] GRUNDMANN (2017), 3.

[432] Dies gilt auch hinsichtlich technischer Heilungsfantasien, die heilgebende göttliche Dimension und Heilungshandlung vermischen.

[433] Alle Aussagen sind zu finden bei GRUNDMANN (2017), 3–6. Darin das Zitat Tertullians zu finden unter: *De resurrectione mortuorum*, VIII, in: Corpus Christianorum, Serie Latina, Bd. II, 931.

neu geschenkte Lebenszeit zur Bewährung eigenen Menschseins. Als Antizipation eschatologischer Hoffnung wird gelebtes Engagement für Heilung und Gesundheit auch nie egozentrisch körperfixiert begrenzt bleiben können, sondern alle Bereiche geschöpflichen Lebens – den individuellen, den sozial-politischen, den ökologischen und ökonomischen usw. mit einer geradezu ansteckenden Lebenszuversicht durchdringen. Christen sind keine Gesundheitsapostel, Christen sind Apostel gelingenden Lebens coram Deo.«[434]

Weitere Aspekte zum Thema Krankheit und Heilung arbeitete Ulrike Kostka heraus. Kostka untersuchte Krankheit sowie Heilung auf der Basis des biblischen Paradigmas[435] und weist theologisch darauf hin, dass Krankheit nach biblischem Verständnis einer akuten bzw. chronischen Lebenskrise der menschlichen Person entspricht.[436] Diese Darstellung kann nicht direkt auf Krankheitserfahrungen von heutigen Betroffenen übertragen werden, weil nicht jede Krankheit eine akute Lebenskrise darstellt oder die Folgen einer sozialen Diskriminierung zeitigt. Die biblischen Texte spiegeln wider, dass die Krankheit kein Ereignis einzelner organischer Subsysteme ist, sondern stets die ganze Person betrifft. Damit zeichnet das biblische Krankheitsverständnis ein Gegenbild zu Krankheitsbegriffen in der modernen Medizin, die Krankheiten oftmals auf ein rein somatisches lokales bzw. partielles Geschehen reduzieren.[437] Gesundheit wird im Kontext von Krankheit und Heilung biblisch als Vitalität, Lebenskraft und Unversehrtheit des Körpers beschrieben. Als eine solche bedingt sie menschliche Integrität und eine eigenständige Entfaltung der menschlichen Lebensmöglichkeiten.[438] Das biblische Erklärungsmodell, das Krankheit und Heilung eines Menschen stets Gott zuschreibt, ist für eine moderne medizinische und naturwissenschaftliche Rationalität nicht haltbar. Die Heilung geschieht nach biblischer Darstellung dabei aber nicht ohne die Mitwirkung des Patienten/der Patientin oder seiner Umgebung. Sie wird durch die Haltung und Initiative des/der Erkrankten oder seiner/ihrer Begleitenden mit ermöglicht. Heilung ist demnach ein Prozess, der nicht ohne den erkrankten Menschen geschieht, sondern seine Mitwirkung erfordert. Wesentlich ist ferner, dass biblische Heilung mit einer neuen Identität des/der Geheilten endet und der Glaube Voraussetzung, Bestandteil und Folge der Heilung ist. Letztendlich bleibt die Heilung im biblischen Kontext Gott überlassen. Durch Erfahrungen im Glauben können Menschen Heilung bzw. Heil in einem umfassenden Sinn finden.[439] Krankheit und Gesundheit können Momente der Gottesbegegnung sein, jedoch auch Erfahrungen der existenziellen Verlassenheit, Todesangst und -konfrontation. Die thera-

---

[434] So GRUNDMANN (2017), 12f.
[435] KOSTKA (2000), 11–215.
[436] KOSTKA (2021).
[437] KOSTKA (2021).
[438] KOSTKA (2006), 61.
[439] Siehe zum ganzen vorlaufenden Abschnitt KOSTKA (2021).

peutische Funktion des Glaubens kann die Begegnung mit dem Gott sein, der die Grenzen des Todes überwindet und selbst an die Grenzen und in die Gebrochenheit der menschlichen Existenz gegangen ist.[440] Die biblische Perspektive fasst Schockenhoff prägnant zusammen:

> »Gesundheit, Krankheit und Heilung stehen [...] unter einem gemeinsamen Vorzeichen: Aus biblischer Sicht erscheinen sie als Wege zum Heil, über denen die Gewissheit steht, dass keine menschliche Situation so ausweglos ist, dass sie von der Liebe Gottes und der Liebe des Menschen trennen kann.«[441]

Heilung können Seelsorge in Anspruch nehmende Personen auf allen vier dargestellten Wegen nach integrativem Verfahren in seelsorglicher Begleitung erfahren. Zugleich ist Heilung stets auch unverfügbare Gabe und Geschenk Gottes für beide Seelen in der Seelsorge. So können z. B. durch narrative Bewusstseinsarbeit in einer vertrauensvollen seelsorglichen Beziehung, Fixierungen auf alte religiöse Muster (Gottesbilder, Gebetsleben, Erfahrungen mit Geistlichen) angesprochen und angemessene neue Erfahrungen und Einsichten ermöglicht werden. Seelsorgende stehen unterstützend und korrigierend zur Seite, regen alternative Sichtweisen und Erfahrungen an und ermöglichen so komplexe neue Lernprozesse, die bestenfalls alte Strukturen in neue, wohltuende überführen. Dies kann durch Beziehungsarbeit in narrativer Praxis ebenso erfolgen wie mittels erlebnisaktivierender Übungen, wie z. B. gemeinsamem Singen, die Teilnahme an ritueller Praxis (Segen, Abendmahl) und geistlichen Übungen (Gebet, Meditation). Hier kann gerade auch das Zusammenwirken individueller und gemeindlicher seelsorglicher Arbeit förderlich für die geistliche und persönliche Entwicklung und Förderung des Menschen sein. Mittlerweile wird diese religiöse Dimension im Bereich unter der sog. *Religious-health-assets*-Forschung v. a. im angloamerikanischen Bereich untersucht.[442] Besonderes Interesse gilt dem Einfluss religiös motivierter Lebensführung auf die Gesundheit unter epidemiologischen Gesichtspunkten.

Im therapeutischen Prozess kann der Therapeut / die Therapeutin indikationsspezifisch im integrativen Sinne den Schwerpunkt auf unterschiedliche Modalitäten legen. Die folgend dargestellten Modalitäten a) bis e) stehen dabei pastoralpsychologisch geschulten Seelsorgenden zur Verfügung. Seelsorgende, die nicht spezifisch pastoralpsychologisch geschult sind, sollten sich in den Modalitäten b) bis e) bewegen und verantwortungsvoll Wirkungen und Nebenwirkun-

---

[440] Kostka (2021).

[441] So Schockenhoff, Krankheit (Anm. 35), 161 zit. aus Kostka (2006), 75.

[442] Gunderson (2012): Inhaltlich wird angesichts der Gesundheitsressourcen von Religion für eine programmatische Neuausrichtung der Untersuchungsbereiche von Religion und öffentliche Gesundheitsdienste plädiert, um religiöse Gesundheitsressourcen – die in vielen Kontexten weit verbreitet sind – und öffentliche Gesundheitsdienste und – Einrichtungen effektiver aufeinander abzustimmen.

gen ihrer Interventionen, Übungen und des Ko-respondenzgeschehens reflektieren. Dazu gehört auch die Einsicht in die verschiedenen Tiefungsebenen, die z. B. durch eine zeitintensive meditative Praxis ausgelöst werden können. Die medikamentöse Modalität obliegt ärztlicher Kompetenz und Aufsicht. Eine verantwortliche reflexive eigene Haltung der Seelsorgenden ist erforderlich, um Schäden bei den Begleiteten zu vermeiden. Es werden unterschieden:

a) konfliktzentriert-aufdeckende Modalität, zur Aufdeckung dissoziierter und verdrängter Konflikte oder Persönlichkeitsanteile, z. B. mittels aktiver Methoden aus Psychoanalyse und Gestalttherapie oder mystagogischer Tradition.

b) konservativ-stützende, palliative Modalität, z. B. in Krisenepisoden.

c) erlebniszentriert-stimulierende Modalität, mit kreativen Medien und Methoden sowie aktiver Imagination zur Flexibilisierung der Persönlichkeitsstrukturen bei Verhärtungen oder Schematismen.

d) übungszentriert-funktionale Modalität, z. B. Entspannungsmethoden, körpertherapeutische Übungen, Lauftherapie, Aikido, Yoga, wiederholte Gebets- und Meditationsübungen.

e) netzwerkaktivierende Modalität, defizitäre und schädliche Netzwerke sanieren, gute Netzwerkqualitäten pflegen.

f) medikamentöse Modalität, z. B. zur Intervention bei akuten Krisen oder zur Begleitung kombinatorisch bei Angststörungen oder Depressionserkrankungen.

Der Forschungsfortschritt kann dabei zur Entwicklung weiterer Modalitäten führen. Zu denken ist dabei etwa an naturheilkundliche[443] oder spirituelle Verfahren, die erforscht und evaluativ begleitet werden.

Zur Lenkung pastoralpsychologischer Prozesse und zur Einordnung und Beurteilung von Prozessen steht dem integrativ Seelsorgenden das Modell der »Vier Ebenen der Tiefung«[444] zur Verfügung. Die Prozesse sind dabei fließend und nicht als abgeschlossene Größen zu betrachten, vielmehr oszillieren sie auf den verschiedenen Ebenen bzw. laufen parallel.[445] Sie lauten:

1. *Ebene der Reflexion:* Das Setting geschieht auf der Ebene der kognitiven Äußerungen und Überlegungen; gedankliche Inhalte stehen bewusst im Vordergrund ohne sichtbare emotionale Beteiligung.

---

[443] Vgl. LEITNER (2010), 217f.
[444] Der Name ist fachlicher Eigenname in der Integrativen Therapie nach Petzold.
[445] So mit SCHUCH (2000), 57 und LEITNER (2010), 218.

2. *Ebene des Bildererlebens und der Affekte*: Es kommen Bilder ohne emotionale Beteiligung im Erleben des Patienten auf (Zuschauer beim Film ohne Emotionen) bzw. es kommen Bilder mit emotionaler Beteiligung auf. Diese können durchaus stark werden, lassen den Körper aber relativ unbeteiligt (Weinen, kurz und wenig tief).

3. *Ebene der Involvierung*: Hier kommt es zur Beteiligung des ganzen Körpers am emotionalen starken Erleben. Das Erleben der Außenwelt tritt zurück. Der Mensch ist ganz in die erlebte Szene eingetreten.

4. *Ebene der autonomen Körperreaktionen*: Der Involvierungsprozess verdichtet sich dergestalt, dass der Körper autonom zu reagieren scheint.

Auch spirituelle Übungen und die zwischenmenschliche Begegnung können in der Seelsorge Ebenen der Tiefung bei einem Menschen auslösen. Erfahrungsgemäß sind diese im konkreten Erleben nicht unbedingt leicht zu unterscheiden von den beschriebenen Ebenen. Mystagogisch geschulte Seelsorgende sollten auf der Basis eines tiefen Wissens um die Wirkfaktoren von spirituellen Techniken und Übungen, eine Theorie des spirituellen Gesamtprozesses und auch geistliche Bewältigungs-, oder Coping-Strategien samt Kriseninterventionsmöglichkeiten kennen, wie sie in der christlichen Tradition überliefert werden, um einem Menschen auch auf diesen Entwicklungsebenen seiner spirituellen und persönlichen Entwicklung förderlich und heilsam beistehen zu können.[446]

5.3.4 Multiple Pathogenese und Anfechtungserfahrungen

Die philosophisch-anthropologische Krankheitslehre der Integrativen Therapie zentriert sich im Konzept der multiplen Entfremdung.[447] Gemeint ist die Entfremdung von sich als Leib, von Mitmenschen, von der Lebenswelt (Kontext), von der Arbeit und von der Zeit (Kontinuum). Diese Krankheitslehre tritt in der Integrativen Therapie zu einer klinischen Krankheitslehre im Kontext der Persönlichkeits- und Entwicklungstheorie. Sie ist deskriptiv und erlebnistheoretisch aufgebaut. Gesundheit und Krankheit werden dabei generell im Zusammenhang gesehen (Pathogenese und Salutogenese). Diagnostik und Therapie verfahren differenziell und lebenslaufbezogen. Ihre Optik ist die lebensabschnittstypische Heuristik. Zur Klärung und Differenzierung von pathogenen Faktoren werden drei Modelle in der Integrativen Therapie unterschieden:

---

[446] Als Beispiele zu nennen sind alle Gebetsweisen, die den Menschen in eine Beziehung und in Hingabe zu Gott bringen wie die beharrliche Fortführung der Kontemplation; aber auch das Weinen; die Schriftmeditation; Beharrlichkeit im Sinne von Psalm 42,12 in der Ausrichtung auf Gott bzw. Christus. Vgl. Gorres (2018), 108, 130.

[447] Zum folgenden Leitner (2010), 163ff.

1. *Das Pathogenesemodell der Entwicklungsnoxen*: Differenzierung der Auswirkungen erlebter Defizite, Traumata, Konflikte im Hinblick auf die Bildung von Selbst, Ich und Identität.

2. *Das Pathogenesemodell der Repression/Dissoziation*: Rücknahmemodell emotionaler, expressiver Impulse, Retroflexionen in sensiblen Phasen der Entwicklung; Selbstanästhesierungen.

3. *Das Pathogenesemodell der zeitexistenten, multifaktoriellen Überlastung*: Krankheit wird damit multipel begriffen, entsprechend multipler Heilungsprozesse.

Die philosophisch-anthropologische Krankheitslehre der Integrativen Therapie konzentriert sich somit im Konzept der multiplen Entfremdung in dreifacher Genese der pathologischen Faktoren: auf die Pathogenese der Entwicklungsnoxen, der Pathogenese der Repression/Dissoziation, der Pathogenese der zeitexistenten, multifaktoriellen Überlastung. Die pathologischen Faktoren sollen durch therapeutische Maßnahmen mittels der vier Wege der Heilung und Förderung in salutogenetische überführt werden. Die Integrative Therapie kennt keine spirituelle Entfremdung. Diese theologisch-geistliche Dimension ergänzt noch einmal die Entfaltungen im letzten Abschnitt zu Gesundheit, Krankheit, Heil und Heilung. Sie ist in den Entwurf Integrativer Seelsorge mit der Theologie Paul Tillichs aufzunehmen.

Paul Tillich entfaltet im zweiten Band seiner Systematischen Theologie theologisch das Phänomen der menschlichen Entfremdung und den Begriff der Sünde:

> »Der Zustand der Existenz ist der Zustand der Entfremdung. Der Mensch ist entfremdet vom Grund des Seins, von den anderen Wesen und von sich selbst. [...] Es ist daher notwendig, eine Beschreibung der existentiellen Entfremdung und ihrer selbstzerstörerischen Folgen zu geben.«[448]

Entfremdung ist kein genuin biblischer Begriff, gleichwohl er für Tillich in den meisten biblischen Beschreibungen menschlicher Lebenssituationen enthalten ist. Er verweist auf die Vertreibung aus dem Paradies, auf die Entzweiung der Brüder Kain und Abel und auf die paulinische Theologie (Röm 1 und 7).[449] Er formuliert:

> Der Mensch als Existierender ist nicht, was er essentiell ist und darum sein sollte. Er ist von seinem wahren Sein entfremdet. Die Tiefe des Begriffs »Entfremdung« liegt darin, daß man essentiell zu dem gehört, wovon man entfremdet ist. Der Mensch ist seinem wahren Sein nicht fremd. Es ist sein Sein, von dem er nicht loskommen kann,

---

[448] Tillich (1987), 52.
[449] Tillich (1987), 53.

auch wenn er es möchte – wie er sich von Gott nicht losmachen kann, da er zu Gott gehört.[450]

In Erweiterung des Kernkonzeptes der Entfremdung der Integrativen Therapie durch diese theologische Perspektive der Entfremdung von Paul Tillich hat Integrative Seelsorge ein multiples Grundmodell des Verstehens pathogenetischer Faktoren bzw. Prozesse.

Der Begriff *Entfremdung* ersetzt dabei das, was mit Sünde ausgesagt wird, nicht, weil diese etwas ausdrückt, das im Wort Entfremdung so nicht enthalten ist. »Das Wort Sünde enthält das persönlich-aktive sich Wegwenden von dem, wozu man gehört. Es bringt den persönlichen Entscheidungscharakter der Entfremdung zum Ausdruck.«[451] Das Wort Entfremdung drückt ergänzend dazu den universalen Sachverhalt aus, der aus der konkreten aktiven Sünde erwachsen kann. Mit Paulus verweist Tillich darauf, dass alle Sünde aus dem Nichtglauben, der die Einheit mit Gott verlassen hat, geboren wird. Liebe, als drangvolle Bewegung zur Wiedervereinigung im Glauben, kann diese Abwendung umkehren.[452]

Im Ganzen ist mit Tillich die Entfremdung näher zu differenzieren in Entfremdung als Unglaube (*sine fide*), Entfremdung als Gier (*concupiscentia*) und Entfremdung als Hochmut (*hybris*). Diese deckt sich mit menschlichen Seelenbewegungen und Lebenshaltungen in christlichem Verstehen, die einem Leben in Gottes Wirklichkeit, in Christus hinderlich und auf einem geistlichen Lebensweg durch die Öffnung für Gottes Gegenwart im Heiligen Geist gemäß mystagogischer Grundorientierung zu verwandeln sind.

Unglaube bedeutet demnach »den Akt, indem der Mensch sich in seiner Ganzheit von Gott abwendet«[453] mit der Folge, die essentielle Einheit mit Gott, sich selbst und der Welt zu verlieren. »Das ist das religiöse Verständnis von Sünde – wie es von den Reformatoren neu entdeckt worden und im protestantischen Leben und Denken wieder verlorengegangen ist.«[454] Sünde ist folglich ein religiöser Begriff und nur im Zusammenhang mit der Beziehung zu Gott verstehbar. Der Gnaden- und der Sündenbegriff sind Korrelativa.[455] Integrative Seelsorge kann in mystagogischer Grundhaltung einen persönlich geschützten und spirituell gestalteten Rahmen bieten, in dem ein Weg des Glaubens, eines neuen Vertrautwerdens mit Gottes gnadenhaftem Handeln, erlebt werden kann. Grundlegend dafür ist es, Wege zu finden, die der Gefahr der Entfremdung durch das Begehren (*concupiscentia*) und den Hochmut (*hybris*) begegnen.

Für Tillich ist der Mensch ausschließlich Zentrum seiner Selbst geworden, wodurch er sein essenzielles Zentrum (das göttliche Zentrum) verloren hat. Die-

---

[450] Tillich (1987), 53.
[451] Tillich (1987), 54.
[452] Tillich (1987), 55f.
[453] Tillich (1987), 55.
[454] Tillich (1987), 56.
[455] Vgl. Axt-Piscalar (2001), 423ff.

ser Verlust vollkommener und strukturierter Zentriertheit, die ihm Würde und Größe durch Gottes Ebenbildlichkeit verliehen hat, entsteht durch Ich-Fixierung und den menschlichen Hochmut, sich selbst an die Stelle Gottes setzen zu wollen, welcher durch die menschliche Transzendenzfähigkeit ermöglicht wird.[456]

Die Hybris besteht somit in der Abwendung, und damit Entfremdung von Gott, und der zugleich stattfindenden Selbstüberhebung des Menschen in die Sphäre des Göttlichen. Im Wunsch, wie Gott sein zu wollen, wird Endliches und Unendliches vertauscht.[457] Dieser Hochmut erwächst aufgrund der menschlichen Gier, das Ganze der Wirklichkeit dem eigenen Sein einverleiben zu wollen. Diese Konkupiszenz bezieht sich nicht allein auf sexuelles Begehren, vielmehr gleichsam auf alle Lebensbezüge wie dem physischen Hunger, der Gier nach materiellem Reichtum, Erkenntnis, Macht, Wissen oder geistigen Werten.[458]

»Sünde ist (somit) ein universales Faktum, noch bevor sie zu einem individuellen Akt wird, oder genauer gesagt: Sünde als individueller Akt aktualisiert das universale Faktum der Entfremdung. Als individueller Akt ist Sünde eine Sache der Freiheit, Verantwortlichkeit und persönlichen Schuld.«[459] Individuelle Entscheidung ist damit auch die (Neu-) Zuwendung zu Gott.

Tillichs Sprache in Anlehnung an protestantische Grundkategorien von Sünde ist qualitativ und absolut formuliert. Er macht noch einmal die historisch notwendige Abgrenzung zur quantitativen und relativen Handhabung des Sachverhalts im römisch-katholischen kirchlichen Bereich deutlich, in welcher sie entwickelt wurde. Zugleich weist er zurecht darauf hin, dass die notwendig theologische Klärung nicht in »rigorosen Moralismus«[460] ausarten darf, der die ursprünglich klärende protestantische Absicht verdunkelt. »Der Protestantismus muss aber beachten, dass der absolute Charakter von Sünde und Gnade ihm nicht die psychologischen Einsichten und die erzieherische Anpassungsfähigkeit der katholischen Position versperrte.«[461] Tillich wertschätzt 1958 die »unendliche Komplexität menschlichen geistigen Lebens«[462], die relativen Kategorien von Sünde und Gnade, und hofft, dass die »neu entstehende psychologisch-beratende Tätigkeit des protestantischen Geistlichen [...] in dieser Richtung ein(en) wichtige(n) Schritt« darstellen wird.[463] Die pastoralpsychologisch-seelsorgliche Bewegung hat viele Erkenntnisse hinsichtlich der Komplexität menschlichen Lebens und menschlicher Identitätsentwicklung geliefert, wenngleich es die Ausbildung der spirituellen Entwicklung, die zugleich mit ihr von größter Wichtigkeit gerade auch für die Prozesse der Seelsorge ist, noch weiterhin zu fördern und zu entwi-

---

[456] Tillich (1987), 57ff. Siehe auch Axt-Piscalar (2001), 428ff.
[457] Tillich (1987), 58f.
[458] Tillich (1987), 60ff.
[459] Tillich (1987), 65.
[460] Tillich (1987), 67.
[461] Tillich (1987), 67.
[462] Tillich (1987), 67.
[463] Tillich (1987), 67.

ckeln gilt. Die christliche v. a. auch mystagogische Tradition bietet wie aufgezeigt eine Vielzahl von Übungen (z. B. Gebet, Selbsterforschung in Exerzitien, Sakramente und Riten)[464] und Lebensformen (z. B. in kommunitären Strukturen, in Kirchengemeinden), mit denen der Entfremdung begegnet und ein neuer und anderer Weg zu Gott gegangen werden kann.

Dabei gilt es zu bedenken, dass im neuzeitlich-säkularen Kontext in außerkirchlichen, aber auch in innerkirchlichen Zusammenhängen der Begriff Sünde unverständlich geworden ist. Sofern er noch verwendet wird, wird er oftmals (umgangssprachlich) moralisch (z. B. im Sinne der Verkehrssünden), nicht jedoch religiös (im Gottesbezug) verstanden.[465] Im letzteren Verständnis wird er in der vorliegenden Arbeit in Anschluss an Tillich und der mystagogischen Tradition verstanden. Integrative Seelsorge will gerade auch durch die kunsttherapeutische Methode der Lebenspanoramaarbeit eine »rekonstruktive Deutung von Lebensgeschichten« veranlassen, »die mit Störungen im Selbst- und Weltverständnis« rechnet, mit »Nicht-Identischem, Fragmentarischem, Desaströsem« und zugleich damit auch einem kommunikativen Entfremdungsprozess entgegenwirken, um eine gnadenhafte Erfahrungen der Annahme des eigenen Lebens durch Gott erleb- und verstehbar zu machen.[466]

Nicht-Identisches, Fragmentarisches, Desaströses und Störungen im Selbst- und Weltverständnis werden oft als Anfechtungen von religiösen Menschen wahrgenommen, welche Pathogenesen zeitigen können. Integrative Seelsorge mit einer mystagogischen Grundhaltung hat diesen zu begegnen:

Anfechtungen (*tentatio*) können im Lebenslauf Raum einnehmen. *Tentare* bedeutet im allgemeinen Verstehen: jemanden einer Prüfung unterziehen. Ebenso wie der Begriff der Sünde erschließt er sich nur als ein theologischer Begriff. Zu den Anfechtungen zählen alle leidvollen Erfahrungen, die den Menschen erschüttern und an seine Grenzen bringen können: Zweifel, Trostlosigkeit, Erfahrungen »dunkler Nächte des Sinnes und des Geistes« (Johannes vom Kreuz);[467] die Erfahrungen der Gottesleere und Gottesferne, leidvolle Erfahrungen wie Krankheit, Katastrophen und Tod.

Die Wüstenväter betonen, dass die Anfechtungen zeitlebens präsent sind. So der Altvater Antonius: »Das ist das große Werk des Menschen, dass er seine

---

[464] Siehe 4.3.

[465] Neuere Ansätze den Sündenbegriff zu verstehen, finden sich z. B. bei MÜHLING (2023), 761–831 in systematischer und bei KEMNITZER (2021), 71–84 in praktisch-theologischer Hinsicht. Mühling entfaltet Sünde als Verrücktheit, welche Folgen für das menschliche Erkenntnisvermögen in Gottes trinitarischem Liebesabenteuer zeitigt. Dieses ist teils verdunkelt und nur eingeschränkt wahrwertzunehmen. Für den nichtgerechtfertigten Menschen wird dabei der Zorn Gottes als Sinnverschlossenheit erlebt, für den Gerechtfertigten als Anfechtung. Vgl. MÜHLING (2023), 829ff. Siehe 5.3.4 zur Anfechtungserfahrung. KEMNITZER (2021), 71ff gibt Impulse für ein Verstehen von Sünde in einer digitalen Gesellschaft.

[466] So GRÄB (2001), 440f.

[467] Ab IMMAC (1992), 1ff.

Sünde vor das Angesicht Gottes empor halte und dass er mit Anfechtung rechne bis zum letzten Atemzug.«[468] Mutet es bei Johannes vom Kreuz hier und da in seinem Verständnis von *transformación* (Überformung des Menschen in Gott in der *contemplatio*) auch an, dass es in der kontemplativen Erfahrung tendenziell eine Zuständlichkeit des steten Freiseins von Versuchung und Anfechtung geben könnte, so stellt er doch gleichsam durch die Betonung der Verbundenheit *und zugleich* Verschiedenheit Gottes und des Menschen in der Liebesvereinigung mit Gott, des Menschen Geschöpflichkeit und damit dessen stete Anfechtbarkeit klar.[469] Luther nimmt eine besondere Akzentuierung gegenüber der römisch-katholischen Tradition vor, in dem er jedwede Glaubenserfahrung immer als *sub contrario*, unter der Anfechtung stehend, versteht, da die Sünde bleibt. Erst durch die *tentatio* erweist sich die Tragfähigkeit des Glaubens (auch in der Kontemplation).[470] Sie ist damit immer eine »geistliche Erfahrung«. »Wenn die Anfechtung überwunden werden kann, dann bewährt sich, was meditiert worden ist. So kommt es zur Gotteserfahrung. Die Erfahrung tiefster Angst, in der sich Gott verbirgt, kann die tröstende Erfahrung weichen, dass Gottes Gnade nahe ist und birgt.«[471] Glaube und Anfechtung bleiben in einem spannungsvollen miteinander verbunden, da »durch Anfechtung[...] der Glaube erst Glaube, wie umgekehrt der Glaube eine Voraussetzung für (die Anfechtung) ist.[472] Mit Luther gilt es, bezogen auf die Anfechtung, ein strenges *simul* zu konstatieren: Zugleich in aller Trostlosigkeit und in allem Leid ist Gottes heilvolle Gegenwart da. Dies ist essenzieller Gehalt von Luthers Rechtfertigungslehre. Es gibt somit reformatorisch kein Entrinnen aus einem Glaubensalltag mit seinen Anfechtungen (anabatisch). Das mystagogische Ziel der Gottesschau widerfährt inmitten dieser Anfechtung (katabatisch). Die Kontemplation des Johannes vom Kreuz ist ebenso wie die *iustitia passiva* Martin Luthers reines Empfangen und reine Hingabe«.[473] Die Anfechtung findet ihr rechtes Verstehen somit in der Erfahrung, dass Gott in allem mit auf dem Weg ist.[474] »Diese Zuordnung von Glaube und Anfechtung befreit von dem trügerischen Ideal eines unangefochtenen Glaubens und bewahrt davor, dass der Glaube subtil zu einer Leistung des Menschen wird, bzw. gemessen und beurteilt wird am Vorhanden- oder Abwesendsein von bestimmten Gemütszuständen.«[475]

---

[468] NYSSEN/MILLER (1986), 16 (Apophthegmata 4).

[469] So mit STOLINA (2008).

[470] Kontemplation wird als eine geistliche Glaubenshaltung für Luther nicht obsolet, vielmehr akzentuiert er sie neu. Gegen NEUSCHÄFER (2015), 3.

[471] BURGER (2015), 60.

[472] BEINTKER (1978), 705.

[473] Mit STOLINA (2008), 41.

[474] BEINTKER (1978), 706; BURGER (2015), 60.

[475] STOLINA (2008), 36.

Der Glaube bleibt so stets dynamisch und unabgeschlossen, niemals ein Zustand, der einmal erreicht, stets derselbe bleibt.[476] Gleichsam gilt es, die gemachten geistlichen Erfahrungen immer wieder neu zu revidieren und sie stets auf Gott auszurichten: Denn ob ich erfahre oder nicht erfahre, in allem wirkt Gott. Oder mit Stolina gesprochen: »Meine Erfahrung ist nicht das Letzte und Entscheidende; Gott wirkt auch da, wo ich nicht erfahre – oder sogar Gott als Feind befürchte«.[477] Die Erfahrungsgestalt ist freizugeben. Im Umgang mit den z. T. erschreckenden und den Menschen fordernden Anfechtungen kann gesagt werden, dass sie der *tentatio christi* folgend, immer neu auf Gott wider aller Erfahrung zu richten sind (in Klage, Schweigen, Gebet, Kontemplation, im Ringen, Hadern, Klagen (vgl. Psalmen) und Anklagen (vgl. Hiob): »Alle eure Sorgen werft auf ihn; denn er sorgt für euch« (1Petr 5,8–10). Diese Hingabe ermöglicht Verwandlung im Glauben: eine mystagogische Verwandlung, die immer aufs Neue sich in die Präsenz Gottes auf Erden, in die Christuswirklichkeit, hinein vollzieht und die sich sogar durch die Anfechtung des Todes hindurch als die Auferstehungswirklichkeit, Gottes barmherzige Wirklichkeit von Ewigkeit zu Ewigkeit, erweist.[478]

Integrative Seelsorge soll darum bestenfalls einen geschützten und individuell zugepassten *Rahmen* bieten, in welchem ein Mensch zum einen lernen kann, der Komplexität des eigenen Lebens zu begegnen und zum anderen einen lebensdienlichen Umgang mit den Entfremdungsformen und Verkehrungen sowie Anfechtungen des Lebens zu finden.

Das folgende Schaubild, das um einen theologischen Integrator möglicher Entfremdung erweitert wurde, zeigt die in Integrativer Seelsorge möglichen Vorkommen menschlicher Entfremdung auf allen Ebenen. Sie sind mystagogisch-seelsorglich in salutogenetische Faktoren zu überführen (z. B. neuer Kontaktmöglichkeiten zu sich durch Bewegung, neue Zuwendung zu Gott durch z. B. die Anregung eines eigenen spirituellen Lebens mit Gebet oder Meditation).

---

[476] Vgl. Utsch (2011), 177–197.

[477] Stolina (2008), 42. Vgl. auch Lied EG 376 *So nimm denn meine Hände*, wo es in der zweiten Strophe heißt: »Wenn ich auch gleich nichts fühle von deiner Macht, du führst mich doch zum Ziele auch durch die Nacht.”

[478] Stolina (2008), 53ff. Vgl. auch Stolina (2021), 27–42. Vgl. Fußnote 464: Nach Mühling dürfte der gerechtfertigte Mensch diese Anfechtungserfahrung im Zorn Gottes gegenüber einem nichtgerechtfertigten Menschen als sinnvoll erleben. Gibt es für einen Gerechtfertigten damit überhaupt Sinnlosigkeit? Gibt es nicht auch in allem leidvollen, schmerzhaften, widerständigen und ausharrenden – wider aller persönlicher Erfahrung – Dranbleiben im Glauben an Gott Trost für Mühling wie in EG 376 formuliert? Vgl. Fußnote 476. Auf nähere Entfaltungen ist auf Bd. 3 seiner post-systematischen Theologie zu warten, wie er selbst anzeigt. So Mühling (2023), 831.

Abbildung 27: Pathogenesemodell Integrativer Seelsorge (Gorres 2023)

Das durch die Integrative Therapie formulierte philosophische Pathogenese-Modell multipler Entfremdung wird durch das theologische Pathogenesemodell erweitert, in keinem Falle jedoch seelsorglich aufgehoben. Sie stehen ergänzend zueinander und eröffnen alle Wege zum Menschen, in dem sie in der seelsorglichen Praxis dazu verhelfen, die Begleiteten zu unterstützen.

In der Zielformulierung mystagogisch orientierter Integrativer Seelsorge geht es, anders als in der Integrativen Therapie, um die Erschließung der Erfahrung Gottes, seiner Nähe und allumfassenden Gegenwart. Diese wird z. B. durch Segen und Sakramente erlebbar und durch Gespräche und geistliche Übungen können verhindernde und störende Verhaltensmuster, die in eine Entfremdung von Gott führen bzw. begünstigen, angeschaut, immer neu gelassen und wiederholte vertrauensvolle Hingabe an Gott praktiziert werden. In Integrativer Seelsorge geschieht Erfahrungs-Erschließung durch Ko-respondenzprozesse.

5.4 Ko-respondenzprozesse

Ko-respondenzprozesse sind zugleich Prinzip und Methode von Erkenntnis. Dabei ist Ko-respondenz (von *co-respondere* – sich in Beziehung setzen) als ein eminent praktisches Geschehen zu verstehen. Sie geschieht fortlaufend – auch in der konkreten Lebenspanorama-Arbeit, die hier beispielhaft immer wieder angeführt wird. Ko-respondenz ist immer ein konkretes Ereignis zwischen Subjekten in ihrer Andersheit, d.h. in Intersubjektivität und Beziehung – eben auch in einer inneren Auseinandersetzung wie bei der Panoramatechnik. Hilarion Petzold, der das Ko-respondenzmodell des integrativen Ansatzes Anfang der 1970er Jahre entwarf, formulierte:

»Ko-respondenz als konkretes Ereignis zwischen Subjekten in ihrer Andersheit, d.h. in Intersubjektivität, ist ein synergetischer Prozess direkter, ganzheitlicher und differentieller Begegnung und Auseinandersetzung auf der Leib-, Gefühls- und Vernunftsebene, ein Polylog über relevante Themen unter Einbeziehung des jeweiligen Kontextes im biographischen und historischen Kontinuum mit der Zielsetzung, aus der Vielfalt der vorhandenen Positionen und der damit gegebenen Mehrperspektivität die Konstituierung von Sinn als Konsens zu ermöglichen (und sei es Konsens darüber, daß man Dissens hat, den zu respektieren man bereit ist). Auf dieser Grundlage können konsensgetragene Konzepte erarbeitet werden, die Handlungsfähigkeit als Ko-operation begründen, die aber immer wieder Überschreitungen durch Ko-kreativität erfahren, damit das Metaziel jeder Ko-respondenz erreicht werden kann: durch ethisch verantwortete Innovation eine humane, konviviale Weltgesellschaft und eine nachhaltig gesicherte mundane Ökologie zu gewährleisten.«[479]

Als Erkenntnisprinzip und Erkenntnismethode setzt Ko-respondenz also immer Intersubjektivität und Polylogik, das meint ein Gespräch nach vielen Seiten, voraus. Polylog ist eine vielstimmige Rede, die den Dialog zwischen Menschen umgibt und in ihm zur Sprache kommt, ihn durchfiltert, vielfältigen Sinn konstituiert. Polylogizität ist somit ein ko-kreatives Sprechen und Handeln, das sich selbst erschafft. Es ist aber auch zu sehen als ein vielstimmiges inneres Gespräch, als inwendige Zwiesprachen und Ko-respondenzen nach vielen Seiten, die sich selbst vervielfältigen können wie es in dem Malprozess und Betrachtungsprozess der Lebenspanoramatechnik geschieht. Das Konzept des Polylogs bringt unausweichlich das »Wir«, die strukturell anwesenden Anderen, in den Blick, macht die Rede der Anderen hörbar oder erinnert, dass sie gehört werden müssen. Damit werden die Anderen in ihrer Andersheit (Levinas), in ihrem potentiellen Dissens (Foucault), in ihrer Différance (Derrida), in ihrer Mitbürgerlichkeit (Arendt) prinzipiell *significant others*, bedeutsame Mitsprecher für die »vielstimmige Rede« (Bakhtin).[480]

Die Gestaltung und Besprechung eines geistlichen Lebenspanoramas ist in diesem Sinne ein polyloges Geschehen, in dem sich innere Vielstimmigkeiten in der zwischenmenschlichen inneren Beziehung und im Gespräch mit Seelsorgenden in der Weiterarbeit ereignen.

Ko-respondenz ist somit folglich zugleich auch ein Polylog, eine vielstimmige Rede, über relevante Themen unter Einbeziehung des jeweiligen Kontextes in einem biographischen und historischen Kontinuum. Der Dialog ist darin ein Sonderfall einer allgemeinen Interlokutionalität (von lat. *interloqui* – »dazwischenreden«; hier: wechselseitige Rede zwischen mehreren Personen). Die allgemeine Rede zwischen Menschen (auch im inneren kreativen Gespräch) hat als Zielsetzung im Wechselspiel von Konsens und Dissens aus der Vielfalt der vorhan-

---

[479] PETZOLD (1991e), 55. Siehe auch PETZOLD (1978c), 21–58.
[480] Vgl. PETZOLD (2002c/2005ü).

denen Positionen, der Mehrperspektivität, die Konstituierung von Sinn als Konsensus zu ermöglichen (und sei es der Konsens im Dissens). In dieser vielstimmigen Offenheit wird Kreativität (Ko-kreativität) erfahrbar. Ebenso kann achtungsvolle Konvivalität als ein gutes gemeinsames (auch: inneres) Leben (*eubios*) erreicht werden.

Darüberhinaus ist wie jede Beziehung auch jede Intersubjektivität in der Seelsorge eingebettet in die Lebenswelt (Zeit-Kontinuum/Raum-Kontext). Sie ist geprägt durch das Faktum, dass wir Menschen nur als Mitmenschen existieren (Ko-Existenz in der Lebenswelt). Diese immer schon gegebene Bezogenheit, wie sie sich in der Intentionalität der Leiblichkeit und in der sozialen Natur des Menschen zeigt, bietet auch die Grundlage jedweder Kommunikation. So wird eine »primordiale Ko-respondenz«, wie sie für ungestörte Mutter-Kind-Beziehungen und Familienbeziehungen kennzeichnend ist, durch negative Beziehungserfahrungen getrübt bzw. verschüttet. Damit ist die Fähigkeit zu »intersubjektiver Ko-respondenz« oftmals gestört. »Alte« Beziehungsmuster und Übertragungen verstellen dann die Realität. Diese Störungen und defizitären Strukturen können grundsätzlich in jeder Beziehung vorhanden sein – auch in einer seelsorglichen. Die Beziehungspartner und -partnerinnen zeichnen sich durch ihre bewussten und unbewussten Anteile aus. Die Professionalität der Seelsorgenden sollte darin begründet liegen, dass sie ein Weniger an unbewussten Anteilen und ein höheres Maß an Exzentrizität auszeichnet. Störungen in einer Beziehung, die sich in Kontakt, Begegnung, Beziehung, Bindung und Konfluenz gestalten, ereignen sich durch Übertragungen. Dabei sind die Eigenübertragung der Seelsorgenden, die Übertragung der Seelsorgesuchenden und die Gegenübertragung der Seelsorgenden voneinander zu unterscheiden. Die Störungen sind zu bearbeiten, d. h. in erster Linie von Seelsorgenden im Prozess bewusst in den Blick zu nehmen und zu gestalten, damit da, wo Übertragung ist, eine Beziehung erwächst und sich wechselseitige intersubjektive Ko-respondenz ereignen kann, die sich in klarer Interaktion und Relationalität ausdrückt. Im Gespräch und mit Hilfe von kreativen Medien und Arbeitstechniken können die in die Beziehung hineingetragenen »dritten Personen, Atmosphären, Szenen«, die mit Gefühlen, Anforderungen und »alten« Mustern einhergehen und die jetzige Beziehung beeinflussen, bewusst angeschaut und verändert werden, sodass ein neues komplexes Lernen erwachsen und eine möglichst »übertragungsfreie« Beziehung entstehen kann. Dazu kann auch die Seelsorge mit geistlichen Lebenspanoramen dienen.

Ko-respondenz ist immer in komplexe Lernprozesse eingebunden. Ihre kooperative und ko-kreative Umsetzung erfordert Mitmenschlichkeit und Empathie. Menschen in Ko-respondenz sind »lernende Systeme« und entwickeln sich in ihren »sozialen Welten«. Bestenfalls entwickelt sich eine ungestörte Beziehungsebene zwischenmenschlicher Art innerhalb einer seelsorglichen Beziehung. Um auf diese Weise Seelsorge zu üben, sind pastoralpsychologische Kenntnisse fundamental notwendig – gerade auch um gegebenenfalls einen Psychologen / eine Psychotherapeutin hinzuzuziehen bzw. die anvertraute Person zu verweisen.[481] Zudem: Intersubjektive »Störungen« (Übertragungen) können sich auch in der spirituellen Entwicklung zeigen (z. B. in der Übertragung von Vater- und Mutterbildern auf Gott). Hier ist gründlich eine »Unterscheidung der Geister« zu pflegen; entwicklungspsychologische Komponenten sind von spirituellen Prozessen zu unterscheiden. Beispielsweise müssen spirituelle Krisen – eine »dunkle Nacht der Sinne und des Geistes«, wie Johannes vom Kreuz es ausdrückt – oder Anfechtungserfahrungen aller Art,[482] die eine spirituelle Krisenintervention benötigen, sorgfältig von depressiven Erkrankungen unterschieden werden.[483] Aus diesem Grund sollten sich Seelsorgende durch hinlängliche Selbsterfahrung und tiefgehende, theoretisch fundierte Kenntnisse spiritueller Krisen und geistliche wie persönliche Lebensprozesse auszeichnen – gerade um sie von solchen psychodynamischer Art in der allgemeinmenschlichen Entwicklungstheorie zu unterscheiden, welche dann folglich auch hinreichend vertraut sein müssen.

In der Seelsorge gelten die gleichen intersubjektiven Beziehungsdynamiken wie in jeder anderen zwischenmenschlichen Beziehung. Für eine pastoralpsychologisch fundierte mystagogisch perspektivierte Integrative Seelsorge ist das therapeutische Modell jedoch auf integrativer Weise zu bearbeiten und zu erweitern, damit die spirituell-geistliche Ebene der Seelsorge in Theorie und Praxis theoretisch erfasst und mit ihr für die Begleitung fruchtbar gemacht werden kann. Das erörterte Ko-respondenzmodell, welches von Hilarion Petzold seit den 1980er Jahren entwickelt wurde, bedarf für den theoretischen wie praktischen Gebrauch in einer Integrativen Seelsorge wissenschaftstheoretisch somit einer neuen integrativen Bearbeitung. Der »*tree of science* Integrativer Seelsorge« (Gorres), wie zuvor entfaltet, bietet dazu die Grundlage.

Die integrative Bearbeitung mit theologischen Integratoren bezieht sich auf die folgenden Themen im Ko-respondenzprozess, damit seelsorgliche Beziehungsarbeit im integrativen Ansatz auch geistlich-spirituell verstanden werden kann:

1. Einbeziehung der geistlich-spirituellen Dimension;

2. Bewusstheit der Seelsorgenden und Seelsorgesuchenden über sich, ihren Glauben, und den gesamten Seelsorgeprozess;

3. Störungen im Transzendenzbezug (bewusst/unbewusst); pathogenetische Aspekte;

---

[481] Vgl. LAMMER (2012), 11–19; KLESSMANN (2004), 629–659 bzw. KLESSMANN (2021), 212–296. Ausbildungsstandards und -angebote sind beim ökumenischen pastoralpsychologischen Fachverband zu finden. https://www.pastoralpsychologie.de/.
[482] Vgl. 5.3.4. zu Anfechtungserfahrungen.
[483] Vgl. BÄUMER/PLATTIG (2010); HOFMANN/HEISE (2017), insb. 141–202. Dort weiterführende Literatur.

4. Exzentrizität / Sinnerfassungskapazität der im Prozess Beteiligten bezüglich der säkularen und der geistlich-spirituellen Dimension im Kontext und Kontinuum.

In der Integrativen Therapie werden Störungen der Beziehung zueinander, zu sich selbst und zur Umwelt, die durch Traumata, Defizite, Übertragungen etc. hervorgerufen wurden, mittels der therapeutischen Beziehung und therapeutischer Methoden, Interventionen und Medien in eine neue heilsame und förderliche Beziehung verändert, sodass eine gute neue Lebensqualität auf der Basis einer veränderten reflektierten und damit bewussten Lebenshaltung erwachsen kann. Eine geistliche Dimension findet nur insofern passiv Raum, als dass eine Klientin / ein Klient sie einbringt. In der Seelsorge gehört neben dieser personalen Dimension immer zugleich auch die mystagogische Dimension (Hinführung zu Gott, Begleitung göttlicher Erfahrungen, Erschließung von ebensolchen Erfahrungen bzw. der Anfechtungen in der Beziehung zu Gott) mit eigenen aktiven Methoden und Übungen, sowie eigenen Entwicklungsmodellen und Rollenfunktionen dazu. Darin unterscheidet sich Seelsorge grundsätzlich von psychotherapeutischen Verfahren. Auch Störungen zu sich selbst, zum Nächsten und zur Umwelt sind seelsorglich immer zugleich auch spirituell zu erschließen. Übertragungen, Traumata und Defizite sind in eine gute Ausrichtung, die heilsam und förderlich für die Seelsorgesuchenden sind, zu überführen. Diese Ausrichtung soll den pathogenetischen spirituellen Entfremdungsprozessen, wie z. B. der Hochmut, der Gier, mangelndem Vertrauen in Gott, die klassisch theologisch als Sünde beschrieben werden können, förderlich entgegenwirken.[484] Gleichwohl bleibt der Mensch ein Angefochtener, d. h. »dunkle Nächte«, wie z. B. Erfahrungen des Nicht-Erfahren-könnens, depressive und psychosomatisch schwierige Phasen, Zweifel und Nicht-Glaube, können weiterhin und immer wieder auftreten. Mit Hilfe der geistlichen Lebenspanoramatechnik findet bestenfalls eine Erschließung und ein Zuwachs bewusster Anteile durch komplexe Lernprozesse statt, die eine Zunahme an Exzentrizität und Sinnerfassungskapazität ermöglichen.

Das Verständnis von Integrativer Seelsorge, das dieser Arbeit zugrunde liegt, wird geistlich und pastoralpsychologisch verortet. Mit Klessmann versteht die vorliegende Arbeit sie als »Begleitung, Begegnung und Lebensdeutung im Horizont des christlichen Glaubens«[485]. Dort, wo zusätzlich zu diesem theologischen Grundverständnis wie in dieser Arbeit mit psychologischen, psychotherapeutischen bzw. sozialpsychologischen Erkenntnissen vertiefender zu verstehen und durch solche Verfahren und Methoden dadurch auch anders praktizieren gesucht wird, handelt es sich um eine pastoralpsychologisch orientierte Seelsorge.[486] Die geistliche Dimension ist dabei als Differenzkriterium und Proprium Integrativer Seelsorge zu verstehen. Diese Arbeit plädiert mit Klessmann für

---

[484] Vgl. die Ausführungen unter 5.3.4.
[485] Mit KLESSMANN (2008), GORRES (2018), 24.
[486] Vgl. KLESSMANN (2004), GORRES (2018), 24.

eine erfahrungsbezogene mystagogische Seelsorge.[487] Die Arbeit mit geistlichen Lebenspanoramen ist eine solche personale und geistlich-mystagogische pastoralpsychologisch fundierte Seelsorgearbeit.

Mit dem folgenden Schaubild »Das Ko-respondenzmodell Integrativer Seelsorge« sind diese Prozesse und Inhalte noch einmal zusammenfassend veranschaulicht:

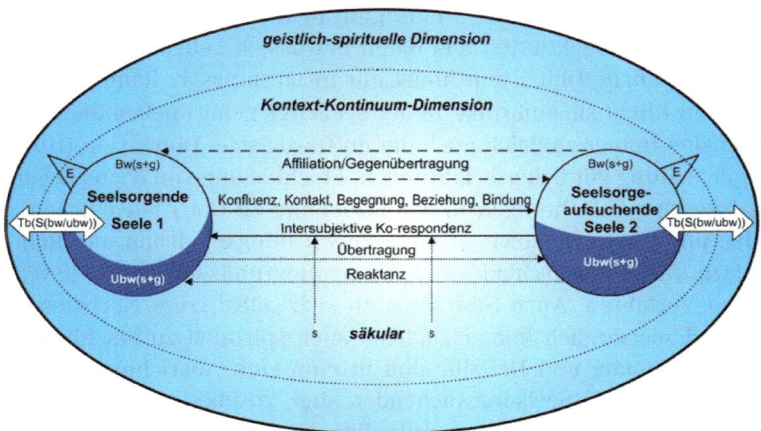

Abbildung 28: Ko-respondenzmodell Integrativer Seelsorge (Gorres 2023)

Im Schaubild »Das Ko-respondenzmodell Integrativer Seelsorge« ist Seelsorge eine elliptisch aufgespannte Beziehung zwischen zwei (oder mehreren) Menschen, die hier in den zwei Rollenverständnissen »Seelsorgende« und »Seelsorgeaufsuchende« bezeichnet werden. Beide sind Seelen in theologisch-geistlicher Hinsicht.[488] Damit ist anthropologisch-theologisch eine geistlich partnerschaftliche Beziehung auf Augenhöhe gemeint, welche durch die elliptische Form, die eine geschlossene, ebene Kurve ist, bei der die Entfernungen sämtlicher Punkte von den beiden Brennpunkten (Seelen) stets eine konstante Summe haben, veranschaulicht ist. Die Rollen sind durch unterschiedliche Funktionen beschrieben: Seelsorgende und Seelsorgeaufsuchende Person. In der Regel gehört zu dieser Unterscheidung ein etwas mehr an bewusstem (Seelsorgende) bzw. unbewusstem (Seelsorgeaufsuchende) seelsorglich-persönlichen und geistlichen Wissen und Ausbildung. Der sog. »Wasserstand« ist unterschiedlich und gleicht sich bestenfalls an. Das intersubjektive Ko-respondenz-Geschehen ist durch wechselseitige Konfluenz, Kontakt, Begegnung, Beziehung und Bindung charak-

---

[487] Vgl. KLESSMANN (2012), 336–338.
[488] Siehe grundlegend die Entfaltungen zu Seelsorge und Seele unter 1. Prolegomena. Im Text variieren die Vokabeln um die ganze Bandbreite der Funktionsmöglichkeiten im Rollenhandeln aufzuzeigen.

terisiert. Darin kann es zu ebenfalls beidseitig motivierten Übertragungen, Gegen- und Eigenübertragungen kommen. Affiliation (Zugehörigkeit) wird intersubjektiv praktiziert. Beide Seelen in der Seelsorgebeziehung haben exzentrische Fähigkeiten, d.h. sie können die geistlich-spirituelle Dimension, die im Schaubild um die säkulare Kontext-Kontinuumsdimension gelegt ist, die sich aber durchdringen, was durch die fluide blaue Farbgebung verdeutlicht wird, erleben bzw. erschließen. Der weiße Pfeil, der beide Dimensionen umfasst und die beiden Seelen jeweils erreicht, beschreibt den Transzendenzbezug, durch den sich Menschen in der Seelsorge zu Gott öffnen und geistlich-spirituell erfahren können. In der Beziehung zur geistlich-spirituellen Dimension können bewusste und unbewusste Störungen vorhanden sein, die in der Integrativen Seelsorge mystagogischer Ausrichtung erschlossen werden können.[489] Die Kompetenzen für eine solche integrative Ko-respondenzgestaltung sollten im Studium bzw. in pastoralpsychologischer Aus-, Fort- und Weiterbildung in Integrativer Seelsorge erreicht werden.

---

[489] Vgl. 5.3.4. Multiple Pathogenese und Anfechtungserfahrung.

6 Lernen und Lehren von Integrativer Seelsorge

*Leben ist Lernen, ist Verhalten in Lebensraum und Lebenszeit. Verhalten ist Lebens-
äußerung, Lern- und Gestaltungsprozess in Bezogenheit.« – »Lernen geschieht aufgrund, durch, an, mit, für ..., es ist Verhalten, Lernverhalten‹, das Verhalten nachhaltig verändert« »Lernen ist das Differenzieren, Konnektivieren und Integrieren
von Wahrnehmungs-, Erfahrungs-, Wissens- und Metawissensbeständen; ... im Erfassen, Verarbeiten und kreativen Nutzen der Komplexität dieser Prozesse selbst
wird es Metalernen.« – »Im menschlichen Leben geht es um Lernen und Verhalten,
Verhalten und Lernen. Worum sonst?*

Petzold (1969c), zit. aus Sieper/Petzold (2011),1

6.1 Prolegomena I: Akademische evangelisch-theologische Bildung

Praktische Theologie ist eine akademische Wissenschaft und beschreibt wissenschaftstheoretisch fundiert und methodisch reflektiert, in gesprächsoffener und
zugleich kritischer Grundhaltung christliche Praxis und Theorie in Vergangenheit, Gegenwart und Zukunft. Sie steht wie alle Wissenschaften vor der Aufgabe
den Veränderungsprozessen des 21. Jahrhunderts zu begegnen, die durch digitale und technische Innovationen, den Klimawandel und seine Folgen, die Folgeer-
scheinungen der Globalisierung sowie durch politische Machtverschiebungen zu
beschreiben sind. Diesen konstruktiv zu begegnen, wird nur in solidarisch-
interdisziplinärer Offenheit und Transversalität im Wollen gemeinsamer schöpferischer Lösungen erfolgen können.[490] Durch die Metamorphosen unserer Zeit
werden in den wissenschaftlichen Diskurs wie auch in die akademische Bildung
neue Themen und Anforderungen hineingetragen, die sich benennen lassen mit
einem größeren Bewusstsein für die Verletzlichkeit und Endlichkeit menschlicher Existenz, für die Grenzen der rein rationalen Selbstdeutung, für die Frage
nach einem verantwortlichen Menschsein und Handeln und die Frage nach dem
Umgang mit KI-Technologien wie z. B. ChatGPT, AlephAlpha.[491] Die Anfrage nach

---

[490] Vgl. Kemnitzer (2022), 137–152.
[491] Vgl. Beck (2016).

individuell tragenden wissenschaftlich fundierten Antworten und Perspektiven ist theologisch gefordert und fördernd.

In Deutschland finden diese Veränderungsprozesse in der gesellschaftlichen Situation einer schwindenden Bedeutung von Kirchlichkeit und einer weniger werdenden Attraktivität des christlichen Theologiestudiums statt. Deutschlandweit ist die Mitgliedschaft zu den christlichen evangelischen und katholischen Kirchen zusammen mittlerweile auf unter 50 % (2022)[492] gesunken, gleichwohl gewinnt weltweit das Christentum an Zuwachs. Es zeichnen sich dabei weltweit auch interreligiöse Konflikte durch zunehmende Fundamentalismen ab. Der liberale wissenschaftlich fundierte Strang christlicher Prägung, wie er sich besonders in Westeuropa und den angloamerikanischen Ländern zeigte, und auch einmal für weltweite akademische Anziehungskraft in Deutschland sorgte, wird geringer. Auch in Deutschland lässt sich ein Aufkommen fundamentalistischer theologischer (christlicher) Strömungen feststellen, die durch den Verlust der Monopolstellung der beiden großen Volkskirchen entstehen. Diese Machtvakui werden von diversen fundamentalistischen, aber auch esoterischen oder spirituell-weltanschaulich orientierten Menschen und freien Anbietern versucht auszufüllen.[493]

Der Bedeutungsverlust von kirchlich geprägter Religiosität in Deutschland wurde auch bei der Zahl der Studierenden im Hauptfach Evangelische und Katholische Theologie/Religionslehre – im Anteil an allen Studierenden – kontinuierlich seit 1979 sichtbar. Waren es 1979 – für beide Studiengänge – noch 2,5 Prozent aller Studierenden, 1992 noch 1,3 Prozent, so sind es 2021 noch 0,7 Prozent, die sich für ein Hauptfach Theologie/Religionslehre entscheiden. Der Rückgang der Wichtigkeit von kirchlich verfasster Religion wird in diesen verringernden Präferenzen sehr viel früher und deutlicher bemerkbar, als er sich gesamtgesellschaftlich erstmalig 1970/1974 in dem Anstieg der Kirchenaustritte und (abgesehen von der Sondersituation 1990 – 1993 mit den Kirchenaustritten in den östlichen Bundesländern) ab 2007 dann nochmals stärker äußerte.[494]

Integrative Seelsorge sollte akademisch als ein wissenschaftsfundiertes Verfahren christlich orientierter seelsorglicher Begleitung in Theorie und auch in Theorie-Praxisverschränkung gelehrt werden, um integrative wissenschaftliche Forschung und Lehre voranzutreiben und durch die so gewonnene fachliche Perspektive und Expertise interdisziplinär einen wissenschaftlichen Beitrag zu leisten.

Dass die evangelische Kirche mittlerweile mit der katholischen Kirche in Deutschland zusammen weniger als 50 % Kirchenmitglieder an der Gesamtgesellschaft haben soll, wie die von FOWID geführte Hochrechnung ausweist, heißt nicht zwangsläufig, dass die Anzahl der Christinnen und Christen schrumpft.

---

[492] STATISTA RESEARCH DEPARTMENT (2022) meldet: 22.19% katholische und 20,24% evangelische Kirchenmitgliedschaften.

[493] FRITZ (2021). Dort weiterführende Literatur.

[494] FRERK (2022).

Ihre Anzahl wird wie ihr Glauben anonymer und amorpher.[495] Institutionelle kirchliche Formen verflüchtigen sich. Dies zeigt nicht zuletzt das Bestattungswesen auf. Hier werden zunehmend Kirchenmitglieder durch »freie Redner und Rednerinnen« beigesetzt und die kirchlichen Bestattungen sind rückläufig.[496] Immer mehr Menschen erfahren persönliche, innere Spiritualität, die allerdings – traditionsbereinigt – keine Anbindung an die Kirchen erfährt. Hier liegt die Chance für neue Formen seelsorglicher Begleitung. Die Volkskirchen nehmen oftmals diese Spiritualität als defizitär wahr und distanzieren sich eher und beurteilen, ohne selbst Ansätze bzw. Haltungen oder gar wissenschaftliche Positionen für ein produktives Miteinander zu entwickeln.[497] Diese z. T. heraburteilenden Defizit-Erfahrungen werden von den Menschen wahrgenommen und führen zu verstärkter Loslösungsbereitschaft aus den tradierten kirchlichen Formen. Die katholische wie die evangelische Kirche scheint selbst diesbezüglich mit Rückzug auf ein bisher wenig definiertes »inneres Wesen« zu antworten, mit einem eigenen Macht- und Erhaltungskampf, sowie Umstrukturierungen bürokratischer und institutioneller Natur beschäftigt zu sein. Zugleich haben sie in gleicher Weise, die oben genannten Metamorphosen zu vollziehen (wie z. B. nachhaltige Standards im Gemeindeleben bzw. beim Gebäudemanagement einzupflegen), was ebenfalls Kräfte bindet. Der Bedeutungsverlust wird noch durch die eigenen Behauptungen konfessioneller Alleinstellungsmerkmale verstärkt: hochwertige bürokratische und institutionelle Ämterstrukturen, das volkskirchlich-konstantinische Erbe (als machtkonservierender und stabilitätsgebender gesellschaftlicher Player), das Auftreten mehr als Lehrsystem, denn als hörendes Begleitsystem der pluralen Frömmigkeit Einzelner in Vielheit. Es bedarf einer neuen Hinwendung, gleichsam einer inneren Transformation der evangelischen Kirche zu einer Haltung, die sie in aller Säkularisierung resistenter macht, weil sie sich nicht dualistisch ihr gegenüberstellt, vielmehr mit und in allem Säkularen, mit allem amorphen und anonymen Glauben, von dort her neue Wege in der Nachfolge Jesu in neuen kleineren Gemeinschaftsformen Erfahrungen mit Gottes schöpferischer Kraft, Christi Solidarität und multimodalem Geist sucht. Dazu braucht es Geistliche, die lernen, ihre eigenen Positionen auf Zeit zu entwickeln und diese nicht dualistisch gegenüber den Menschen einzusetzen, sondern part-

---

[495] Sie dazu NASSEHI (2020).

[496] Siehe dazu HEMPELMANN (2019), besonders 63ff. Vgl. BERNSCHEIN (2014), 379ff. Die Anzahl der kirchlich begleiteten Bestattungen ist hierzulande seit Jahren rückläufig und befand sich im Jahr 2020 prozentual auf dem niedrigsten Wert der vergangenen Jahre. Im Jahr 2020 wurden insgesamt 489.664 Beerdigungen von der katholischen und der evangelischen Kirche begleitet. Dies entsprach 49,7 Prozent aller Bestattungen (2019: 52,1 Prozent). Immer weniger Beisetzungen finden in Deutschland nach einem kirchlichen Ritual statt. So https://de.statista.com/statistik/daten/studie/1102222/umfrage/anzahl-der-kirchlich-begleiteten-bestattungen/.

[497] Die Evangelische Kirche im Rheinland (EKiR) versucht einen neuen Diskurs einzuleiten, der eine neue Kultur begründen soll. Vgl. https://www2.ekir.de/kasualpraxis/.

nerschaftlich in Ko-Kreativität prozessual und transversal arbeitend mit den Menschen gemeinsam ihren Glauben zu entdecken, benennen und zu reflektieren. Es werden Pfarrpersonen benötigt, die um ihre eigene Frömmigkeit wissen, diese nicht absolut setzen oder gar Gemeinden nach ihr ausrichten, vielmehr sich authentisch adäquat ins Gespräch einbringen und gemeinsam mit den Menschen nach der je eigenen Glaubensgestalt suchen. Dies gilt ebenso für Gemeinschaftsformen, die, falls gewollt, in aller Vielfältigkeit selbst entwickelt und bestimmt werden. Studierende müssen so ausgebildet werden, dass sie Entwicklungen begleiten können; theologische Positionen verantwortlich erschließen und vertreten können; entdecken können, wo geistliche, spirituelle Potentiale bei anderen Menschen (und bei sich selbst) zu finden sind. Figurationen von Macht und Ohnmacht sind sich kritisch bewusst zu machen.[498] Für die pastoraltheologische Bildung gilt weiterhin die Position Klessmanns, welche er in seiner Pastoraltheologie als dritte These formulierte: »Neben der theologischen Bildung werden personenbezogene und spirituelle Bildung zunehmendes Gewicht für Pfarrerinnen und Pfarrer bekommen; Grundlagen dazu sollten bereits im Theologiestudium gelegt und im Beruf durch Fortbildungen, Supervisionen und geistliche Begleitung weiter angeregt und vertieft werden.«[499] In seiner zweiten These formuliert er: »Pfarrerinnen und Pfarrer werden weniger lehrhaft-dogmatisch arbeiten, sondern verstärkt Räume und Gelegenheiten bereitstellen, in denen Menschen religiöse/spirituelle oder mystische Erfahrungen machen, in denen sie dem Geheimnis Gottes und des Lebens begegnen können. Der Erfahrungsbezug des Glaubens und der Theologie (Karl Rahner: »Der Fromme von morgen wird ein ›Mystiker‹ sein, einer der etwas ›erfahren‹ hat«) wird weiterhin wachsende Bedeutung bekommen.«[500] Es braucht folglich eine wissenschaftliche Bildung mit hoher Theorie-Praxis-Verschränkungsreflexion, um Wissen über geistliche und organisatorische Prozesse, Bewegungen anderer Menschen und ihre Ausdrucksformen zu erweitern. Es bedarf einer Bildung, die hohe geistliche Qualitätsstandards und zugleich hohe pastoralpsychologische Standards vereint und die ihre eigene Theologie reflektiert. Es braucht Bildung in Beziehungskompetenz, um Begegnungen und Bindungen gestalten zu können. Die Kirche braucht Menschen, die ihre eigene Spiritualität und religiösen Erfahrungen zur Verfügung stellen, um Mut, Kraft und Trost anderen Menschen zu schenken, die bereit sind geistliche und persönliche Ereignisse, Erleben und Erfahrungen durch theologische Bildung zu erschließen. Es gilt somit mit dem christlich-religiösen Narrativ Biografien zu erschließen.

»Religiöse Bildungsbiografien ermöglichen«[501] lautet der programmatische Titel der 2022 erschienenen EKD-Schrift für Bildung, in welcher religiöse Bil-

---

[498] Mit KLESSMANN (2023), 259ff.
[499] So KLESSMANN (2012), 336–338.
[500] So KLESSMANN (2012), 336 und (2023), 264f.
[501] Siehe EKD (2022).

dungsbiografien als Bewährungs,- Ziel- und Gestaltungshorizont angesehen werden. Die Schrift plädiert unbeschadet der reichen evangelischen Bildungslandschaft für eine stärkere Vernetzung der Akteure in evangelischer Bildungsarbeit. Weder die Öffentlichkeit noch die Kirche oder Gemeinde, sondern die vielen Einzelnen mit all ihren Lebens- und Gemeinschaftsbezügen stehen dabei im Fokus. Im Kern geht es deswegen darum, die religiösen Bildungsbiografien von Menschen übergreifend wahrzunehmen, zu fördern und anzuregen. Dafür wirbt dieses Buch unter allen, die konzeptionelle Verantwortung im Bereich evangelischer Bildungsarbeit übernommen haben. Die Veröffentlichung ist ein Plädoyer für die Ermöglichung religiöser Bildungsbiografien und markiert den systemisch-inhaltlichen Rahmen dazu. Gleichzeitig wird festgehalten: »Wie religiöse Bildungsbiografien sinnvoll gefördert werden können, welche Gelingensbedingungen zu identifizieren sind, welche Aktivitäten und Aufgaben die evangelisch verantwortete Bildungsarbeit hierbei entfalten und übernehmen sollte – für alle diese Fragen gibt es bisher relativ wenig evidenzbasierte Befunde. Die religionspädagogische Bildungsverlaufsforschung steht diesbezüglich noch am Anfang. Das ist bedauerlich, denn Bildungsarbeit ist auf verlässliches Wissen angewiesen, will sie subjektorientiert, effektiv und professionell agieren. Besonders für das Erwachsenenalter ist die Befundlage dünn.

> »Die stille Reise des Erwachsenen, wie Karl Ernst Nipkow sie nannte, ist vermutlich weniger still und linear als häufig angenommen wurde. [...] Im Blick auf religiöse Bildungsbiografien klafft somit eine Forschungslücke, die zu schließen auch in kirchlichem Interesse sein sollte. Dafür sind zwei Fragehaltungen von Bedeutung: Zum einen geht es um die Rekonstruktion und Deutung von religiösen Bildungsbiografien in unterschiedlichen Generationenlagen, Milieus und Handlungskontexten. Zum Zweiten geht es darum, die Erträge religiöser Bildung abschätzen zu können. Konkreter lassen sich folgende Aufgaben beschreiben: Durchführung von Einzelstudien und für die Erforschung religiöser Bildungsverläufe sind vielfältige und methodisch unterschiedliche Studien nötig: qualitativ angelegte Rekonstruktionen von Orientierungen, Inhaltsanalysen von Überzeugungen zu unterschiedlichen biografischen Stationen und Narrationsanalysen zur religiösen Dimension biografischer Selbsterzählungen ebenso wie quantitative Kohortendesigns und Kontrollgruppenvergleiche von unterschiedlichen Bildungserfahrungen. «[502]

Die vorliegende Untersuchung zu geistlichen Lebenspanoramen knüpft dahingehend an dem Interesse der EKD an biografischer Forschung an, da in ihr aufgezeigt wird, wie geistliche Bildungsbiografien zu erschließen sind: Unbewusstes kann gehoben, Destruktives und Konstruktives in den Blick genommen und bearbeitet sowie Zukünftiges erarbeitet werden. Die »stille Reise« wird zu einer vielstimmig-polylogischen. Der eigene spirituelle Ton kann – auch im Zusam-

---

[502] EKD (2022), 128–130.

menspiel mit anderen Lebensläufen – gefunden werden und tönen. Erträge religiöser Bildung können »geschaut« werden und religiöses Lernen im Miteinander mit den Menschen vollzogen werden. Im Gespräch mit den Inhalten der EKD-Schrift ist jedoch kritisch zu hinterfragen, ob die dort eingenommene Perspektive der sog. »Alphabetisierung« (d. i. der EKD-Schrift nach: die Vermittlung der Fähigkeit religiöse Tradition zu lesen, zu entdecken, zu verstehen, zu gestalten), die gefordert wird und zu der sich Bildungsträger- und trägerinnen verhalten sollen, nicht grundsätzlich in dieser Weise obsolet ist. »Alphabetisierung« geschieht, wie die Auswertung der Lebenspanoramen zeigt auch unabhängig von kirchlicher Bildung und weniger durch aktive Zugabe im Sinne von kognitiver Vermittlung von Glaubensinhalten (*fides qua*) gestaltet. Dieser Aspekt ist in der EKD-Schrift nicht ausreichend mit den Folgen für die Ev. Bildungsarbeit und Seelsorge bedacht. Letztere ist gerade auch in ihrer Bildungsdimension wichtig zu sehen, denn: Konstruktive Seelsorge ist gelungene Bildungsarbeit des Einzelnen. Auch dies ist nicht hinreichend in der EKD-Perspektivanzeige reflektiert. Nicht kirchliche Bildung alphabetisiert; die Menschen selbst tun es zugleich immer schon in ihren Bildungsbiografien auch unabhängig von tradierten Angeboten. Sie suchen sich ihre eigenen Sprachcodes, das sind Zeichensysteme der Sprache als Grundlage ihrer Kommunikation und Informationsverarbeitung in ihren geistlichen Karriereläufen, die letztlich säkulare Lebensbiografien beinhalten. Religiöse Bildungsbiografien entstehen nur, wenn der Deutungsrahmen dazu gegeben ist und dieser anschlussfähig zu den eigenen Erfahrungen ist. Es braucht dazu eine Haltung und Perspektivierung, die dieses ernst nimmt, ihm kreativ-virtuos begegnet und seelsorglich begleitet, um adäquat zu den Erfahrungen der Menschen eine andere vielleicht sogar fremde und bestenfalls geschulte, d. i. eine reflektierte, Perspektive christlicher Spiritualität ins Gespräch mit einzubringen. Ob es eine religiöse Bildungsbiografie wird, die in der Religion des z. B. Christentums sich gestaltet, hängt davon ab, ob dieser Deutungsrahmen »beiläufig« (Englert) zur Verfügung steht und in welcher Weise er in die Begegnung mit dem individuellen geistlichen Lebenspanorama gebracht wird. Eine Ausbildung, die die drei Komponenten religiösen Lernens Englers kennt und sie kreativ-virtuos spielen kann, ist notwendig. Insbesondere der Umgang mit der Erfahrungskomponente, die individuelle spirituelle Erlebnisse erschließt, ist wichtig zu kennen und selbst erfahren zu haben, will man an dieser Stelle seelsorglich begleiten. Eine geistliches Lebenspanorama ist also noch nicht natürlicherweise eine dezidierte religiöse Bildungsbiografie im Sinne der EKD-Schrift, kann aber eine solche sein bzw. werden. Die EKD-Studie greift im Ganzen auf die Definition von Bildung aus der EKD-Denkschrift »Maße des Menschlichen« zurück.[503] Dort heißt es: Bildung meint den »Zusammenhang von Lernen, Wissen, Können, Wertbewusstsein, Haltungen (Einstellungen) und Handlungsfähigkeit

---

[503] EKD (2005).

im Horizont sinnstiftender Deutungen des Lebens.«[504] Auch Bildung muss erschlossen werden. Nach dem integrativ-seelsorglichen Verständnis ist dies ein an der Phänomenologie des Menschen orientierter Prozess kreativ-virtuoser Begleitung.[505]

Dazu bedarf es einer Bildung, die eine hohe Theorie-Praxis bzw. Praxis- und Theorieverschränkung kennt, d. h. die aufgreift, was an Ereignissen, Erlebnissen und Erfahrungen Menschen mitbringen. Der Lernbedarf ergibt sich letztendlich durch die lernenden Menschen in den Herausforderungen der Zeiten. Die Inhalte sind durch die Lehrenden bestmöglich so zu gestalten, dass eine möglichst hohe persönliche Lernmöglichkeit besteht, die Theorie existentiell zu reflektieren und durch theologische Bildung zu erschließen. Dies gilt für Universitäten wie Hochschulen. Folgende Überlegungen sollen für eine solche Bildung mit einem integrativen Ansatz auf der Basis neuropsychologischer Forschung die lerntheoretische Grundlage bilden. Das Potential der evangelischen Theologie zeigt sich gerade darin, dass sie eine universitäre, wissenschaftliche Disziplin mit hohen wissenschaftlichen Standards ist und zugleich eine spirituelle innere Kultur pflegt. Eine solche gestaltet sich durch vielfältigste bewusst-reflektierte Prozesse der Erschließung von Erlebtem und Erfahrenem durch Ko-respondenz in Theorie und Praxis.

6.2 Prolegomena II: Integrative lerntheoretische Überlegungen

Integrative Seelsorge in Theorie wie Praxis legt einen »komplexen Lernbegriff« zugrunde. Dieser umfasst Erkenntnisse der neurophysiologischen Wissenschaft und lernpsychologisches Wissen anknüpfend an die lerntheoretischen Forschungsergebnisse der 1960er Jahre.[506]

Lernen ist danach ein Differenzieren, Konnektivieren und Integrieren von Wahrnehmungs-, Erfahrungs-, Wissens- und Metawissensbestandteilen.[507] Es ist ein Feststellen von Differenzen im Kontext-Kontinuum des Menschen aufgrund von Prozessen des Wahrnehmens und Erkennens. Es ermöglicht in der Ausdifferenzierung die Neuorganisation physiologischer, motorischer, emotionaler, volitionaler, kognitiver und kommunikativer Muster und bestimmt so die Regulation von Freiheitsgraden des menschlichen Verhaltens. Die Lernfähigkeit des Menschen auf der physiologischen und zerebral-neurologischen Ebene wurzelt in der

---

[504] EKD (2003), 66.

[505] Vgl. 6.2.

[506] Siehe zu Referenztheorien: SIEPER/PETZOLD (2002b).

[507] Vgl. PETZOLD/SIEPER/ORTH (2006), 26ff; PETZOLD (2002b) und SIEPER/PETZOLD (2011), 105. So PETZOLD (2002b), 7 und zum Begriff des »Komplexen Lernens« PETZOLD (2002b), 72ff. Vgl. auch PETZOLD (1992a), 827, 916f.

prinzipiellen Lernfähigkeit lebendiger Organismen und in der Evolution ausge-
bildeter spezifischer Lernfähigkeit neuronaler Gewebe. Diese bilden im Zyklus
von »Wahrnehmen → Wahrnehmungsverarbeitung → Handeln → Wahrneh-
men/Verarbeiten dieses Handelns« in der Interaktion mit der Umwelt Muster
aus. Muster sind Programme, in denen sich die Geschichte der Interaktion des
Organismus mit der Welt und seine genetische Ausstattung niedergeschrieben
haben. Sie geben dem Menschen Verhaltenssicherheit zur Welt- und Lebensgestaltung und werden in neuen akkommodierenden und assimilierenden Lernerfahrungen gestaltet.

> »Lernerfahrungen sind mit Mobilisierungen, teilweise Labilisierungen von Mustern
> verbunden [...], in denen sich diese [...] verflüssigen, in Perturbationen geraten und
> so durch die Fluktualisierungen die Chance für Übergänge entsteht, in denen sie sich
> neu formieren oder ganz neue Muster entstehen«.[508]

Lernen und Umwelt bedingen sich demzufolge ständig. Zugleich beinhaltet Lernen immer auch Veränderung (*movement produced information*). Es erfolgt als
ein differenzielles und ganzheitliches persönliches Lernen, das »leibliches Erleben, emotionale Erfahrungen und kognitive Einsicht in Bezogenheit zu Ereignissen von vitaler Evidenz verbindet«.[509] Damit ein solches Lernen erreicht werden
kann, sollte in unterschiedlichen Lernarten auf den Ebenen der intellektuellen
Fähigkeiten, emotionaler Differenziertheit, der Willensqualitäten, der interakti-
ven und kommunikativen Performanz, der Fertigkeiten (*skills*) Lernen ermöglicht werden. In allen Lernvorgängen findet ein Zusammenwirken der verschiedenen Lernarten in einem komplexen Lernprozess als Synergie statt. Die
Gesamtheit der Lernprozesse ist dabei mehr als die Summe der Einzelprozesse.
Stets ist es eingebunden in sozialen Kontexten. Es ist ein Lernen von Anderen,
durch Andere und ein Lernen des Anderen. Hierbei ist die Fähigkeit des Menschen entscheidend, »sich sozial zu synchronisieren, *das Tun, Fühlen, Wollen
und Denken anderer kokreativ mitzuvollziehen*«[510]. Lernen ist damit immer »zwi-
schenleibliches Lernen«.[511] Das lerntheoretische Konzept des integrativen Ansatzes knüpft unter anderem an die Forschungsergebnisse von Rizzolatti und Galle-
se[512] an. Die Erforschung der Spiegelneuronen-Theorie eröffnet neue Perspektiven auf das zwischenmenschliche Lernen und bietet Erklärungsmöglichkeiten
für das Imitationslernen, für die Sprachentwicklung und Intuition, für die Syn-
chronisierungsleistungen von Menschen in komplexen Situationen wie in gemeinsamem Lernen, in der Koordination von Arbeitsvorgängen bis hin zu einer

---

[508] Petzold (2002b), 10.
[509] Petzold (2002b), 9.
[510] Petzold (2002b), 9.
[511] Petzold/van Beek/van der Hoek (1994). Zit. nach Petzold (2002b), 9.
[512] Rizollatti/Gallese (1996) bzw. (2000).

»Passung« (*matches*) von Beziehungen wie in der Seelsorge. Wenn solche *matches* gelingen, kann es zu positiven Entwicklungen kommen; neurowissenschaftlich formuliert: zu einer steigenden Anzahl der Spiegelneuronen im Gehirn und damit zu einer optimalen Bahnung ihres Funktionierens. Diese ermöglichen eine Verankerung von Gelerntem (*scripting*) im Leibgedächtnis mit seinen unterschiedlichen Speichersystemen (immunologisch; genetisch; neuronal usw.). Lernen bleibt jedoch eine »cerebrale Gesamtleistung, wenn man nicht in eine neurowissenschaftliche Reduktion verfallen will.[513] Der Leib ist damit stets als eine Einheit von »Körper-Seele-Geist« ein Ort und Medium des Lernens.[514] Multiple Stimulierungen, transversale Aktivierung und stetige Übung sind erforderlich. »Was nicht geübt wird, bahnt sich nicht, schleift sich nicht ein, und ohne Habitualisierung haben Veränderungen keinen Bestand.«[515] Multiple Stimulierungen, transversale Aktivierung und stetige Übung ermöglichen ein lebendiges Lernen über die gesamte Altersspanne.

Die Position der Integrativen Seelsorge in Anlehnung an den integrativen Ansatz kann wie folgt beschrieben werden:

> »Integrative Agogik sieht den Lebensverlauf als *Lebensganzes* [...]. Die Integration der Vergangenheit ermöglicht die bewusste und gestaltende Kreation der Gegenwart und Zukunft. Im Lebenszusammenhang seinen jeweiligen Standort zu finden, um von ihm aus sich auf seine Zukunft zu richten und sie ›in die Hand nehmen‹ zu können, das gehört zu den wichtigsten integrativen Leistungen des Menschen«[516]

In agogischen Prozessen geht es um Anpassung und/oder Veränderung, *creative adjustment* (Perls) und *creative change* (Petzold). Integrative Agogik ist daher auf die Förderung der kreativen Potentiale von Menschen gerichtet. Integrative Seelsorge mit der Perspektivierung der Mystagogik (als eine Form der beschriebenen Agogik) verschränkt somit Fähigkeiten und Fertigkeiten, Theorie und Praxis in Prozessen differentieller und integrativer Erfahrung. Sie will in *korespondierendem Miteinander* eines lebenslangen Lernens auf kognitiven, volitiven, emotionalen, sozialen und handlungspraktischen Ebenen mit relevanten Anderen zu Selbstregulation und Selbstverwirklichung im Lebenskontext/ Kontinuum führen. Eigenes Lernen in Erinnerungsarbeit, im Entwerfen und in praktischen Umsetzungen von Wissen und Erfahren im Lebensvollzug soll ermöglicht werden (besonders aber nicht nur durch die Lebenspanoramaarbeit). Das begründet nach Petzold eine *maîtrise de soi* als eine heitere Lebenskunst (Seneca) mit den Qualitäten persönlicher *Gelassenheit* und *Souveränität*, einer *Begeisterung für Schönheit* und einer *Freude am Lebendigen*, der ein liebevolles,

---

[513] Petzold (2002b), 23; Petzold (2000j), 17; vgl. auch Leitner (2010), 121.
[514] Vgl. Petzold (2000j), 10.
[515] Petzold (2002b), 14.
[516] Petzold/Sieper/Orth (2006), 20.

ko-kreatives Engagement für die Integrität von Menschen, Gruppen, Lebensräume entfließt. »Eine solche Auffassung und Qualität von Lernen »bildet den stärksten Gegensatz«[517] zu den Formen manipulierenden, fremdbestimmt konditionierenden Lernens, sie ist vielmehr die »Frucht einer Disziplin [...], einer ›Askese‹ – *askêsis* bedeutet ›Übung‹ –, [...] deren Herr der Lernende selbst ist«.[518] Intersubjektive Ko-respondenz in transversaler Offenheit bildet die Basis gelingender Lernprozesse.

In Integrativer Seelsorge geschehen diese allgemeinen menschlichen Prozesse »komplexen Lernens«. Durch geistliche Übungen, ihre Methoden und Techniken sowie pastoralpsychologische Methoden und auch schon durch das Beziehungsgeschehen als solches werden komplexe Lernprozesse angestoßen. Es kommt zu Labilisierungen und Neuorganisationen alter Muster, Transformations- und Wandlungsprozessen, wie in der »komplexen Lerntheorie« beschrieben. Sorgfältig sind darum Methoden und Interventionstechniken (z. B. Segensformate, Gebetsgebärden, körperliche Übungen, Methoden, Meditationen, Gesänge etc.) auszuwählen. Alle Methoden sind theoretisch hinsichtlich ihrer Durchführung und ihrer Folgen im prozessualen und punktuellen Gebrauch zu erfassen. Für die spirituellen Übungen fehlen noch umfassende Theorien, die auf einer gründlichen Erforschung von Wirkungen und Nebenwirkungen basieren. Dies gilt auch bezüglich der Forschung ihrer Kontexte und Prozessentwicklungen.

Bestenfalls kommt es in einer Integrativen Seelsorge zu einem gelingenden *matching* zwischenmenschlicher Art. Auf der Basis integrativer Lerntheorie können, bezogen auf den zwischenmenschlichen Prozess, hinreichende Methoden und Techniken zur Verfügung gestellt werden ebenso Übungen spiritueller Art, die die spirituelle Öffnung des Begleitenden entwickeln und eine geistlich-seelsorgliche Haltung fördern.

Eine Haltungsdimension betont in seinen konzeptionellen Überlegungen für eine Gemeindeseelsorge auch Wolfgang Drechsel. Diese ist in Begegnungssituationen eine bewusst eingenommene Haltung des »Ich habe dich wahrgenommen, ich bin da«.[519] Alles, was in dieser Haltung liegt und in Reaktion darauf entsteht, ist Seelsorge. Bei der bewussten Einnahme einer solchen Grundhaltung handelt es sich um eine Entscheidung für eine grundlegende Perspektive auf der Metaebene der poimenischen Theorie, die deutliche Auswirkungen auf die konkrete Praxis hat.[520] Diese Perspektive bestimmt nicht über eine vorausgesetzte begrifflich fassbare Inhaltlichkeit den Ausgangspunkt der Frage nach der Seelsorge und letztlich auch dieselbe, sondern über eine Form der Intentionalität, der Haltung. Seelsorgesuchende bleiben stets autonom. Ihnen obliegt stets die Deu-

---

[517] Petzold (2001p/2004), 99 im Anschluss an Gedanken Paul Ricœurs.
[518] Vgl. Petzold/Sieper/Orth (2006), 20f.
[519] Drechsel (2015), 136.
[520] Vgl. Drechsel (2015), 137.

tungshoheit und -macht.[521] Die Ausrichtung der Seelsorgenden auf die Seelsorge-suchenden Menschen ist eine offene, phänomenologische Wahrnehmung (*awareness*) wie sie sich auch in der Integrativen Seelsorge findet: von Seele zu Seele(n). Sie ist eine, die versucht ohne eine vorgegebene Bestimmung, wie z. B. der Suche nach einem »tiefergehenden Gespräch« auszukommen und nicht sich an eine solche Bestimmung oder eine andere zu binden.[522] Dadurch enthebt sie Seelsorgende immer und überall auch etwas existentiell Bedeutsames finden zu müssen.[523] Die Perspektivschrift zur Seelsorge der Evangelischen Kirche im Rheinland aus dem Jahr 2022 hat grundlegend formuliert:

> »Seelsorge ist eine geistliche Haltung. Sie ist inspiriert und getragen von der Haltung Jesu in Trost, Wertschätzung und Konfrontation, wie sie in vielen biblischen Zeugnissen von Begegnungen mit ihm erfahrbar ist. Eine Haltung der Zuwendung zum Menschen in dem Bewusstsein, dass er oder sie in gleicher Weise von Gott angenommen ist, wie ich es bin. Eine Zuwendung zum Menschen im Bewusstsein der Gegenwart Gottes. Diese Haltung müssen Seelsorgerinnen und Seelsorger beständig einüben, reflektieren und in allen Begegnungen, Beziehungen und Begleitungen bewusst einnehmen, damit sie ausstrahlt und wirkt. Gesehen, gehört und verstanden zu werden, Anerkennung und Verlässlichkeit zu erfahren sind Bedürfnisse, die Menschen heute vielleicht mehr als je umtreiben und die in seelsorglichen Begegnungen Resonanz finden. Beziehungsangebote und Vertrauensbildung durch mitmenschliche und geistliche Begleitung, Interesse, Empathie und Wertschätzung sind die Basis jeder Gemeinde- und Kirchenentwicklung in einer von Individualität und Anonymität geprägten Zeit. Pastoralpsychologische Kenntnisse und Methoden vermögen diese Haltung zu vertiefen und zu stärken. Sie gehören unbedingt in die Aus-, Fort- und Weiterbildungen von Seelsorgenden.«[524]

Diese Haltung ermöglicht wie schon Drechsels Haltungsbeschreibung auf phänomenologischer Basis und offener, transversaler Ausrichtung eine Integrationsmöglichkeit der klassischen Seelsorgeperspektiven, ohne ihre Einseitigkeiten

---

[521] Vgl. KLESSMANN (2023), 260ff.

[522] DRECHSEL (2015), 138. Gleichwohl ist eine wahrnehmend-selbstreflexive Aufmerksamkeit des Seelsorgenden im Hintergrund mit psychologischem Unterscheidungswissen und Kompetenz auch für ein tiefergehendes, d. h. ein unterhaltendes, das Alltagsgespräch überschreitendes, Themengespräch auch bei Drechsel erforderlich und behält bleibende Bedeutung. So DRECHSEL (2015), 140f.

[523] Diese Haltung findet sich noch in der Seelsorgekonzeption der Evangelischen Kirche im Rheinland aus dem Jahr 2011, 33, wenn im Hinblick auf die Alltagsseelsorge davon gesprochen wird, in alltäglichen Situationen die Gelegenheit, in einem scheinbar zufälligen Gespräch ein existenziell bedeutsames Thema wahrzunehmen. Die Perspektivschrift (2022) versteht Seelsorge als geistliche Haltung in den verschiedensten Seelsorgefeldern. Siehe EVANGELISCHE KIRCHE IM RHEINLAND (2022), 24f.

[524] EVANGELISCHE KIRCHE IM RHEINLAND (2022), 30ff.

übernehmen zu müssen.[525] Sie ist anders als bei Drechsel bereits spirituell-christlich als dezidiert geistliche Haltung positioniert und möchte damit einer möglichen Theologievergessenheit neuerer pastoralpsychologischer Seelsorge-entwürfe entgegenstehen.[526] Drechsel hält fest: »In der Haltung des Seelsorgenden artikuliert sich eine spezifisch theologische Perspektive der Seelsorge, die über die Haltung des Seelsorgers in die konkrete Beziehungspraxis eingeht und diese mitgestaltet. Diese theologische Einstellung bleibt durchgehend auf der Ebene einer grundlegenden Grammatik der Seelsorge, ohne in der Praxis permanent zum Thema werden zu müssen.«[527] Leider formulieren Drechsel und die Perspektivschrift der Evangelischen Kirche im Rheinland kein Integrationsparadigma unter dem sich eine solche Haltung wissenschaftstheoretisch verankern, sich entwickeln, geschult und reflektiert werden kann. Der »*tree of science* Integrativer Seelsorge« schließt damit eine wissenschaftstheoretische poimenische Forschungslücke.[528] Das folgende Curriculum zur akademischen Lehre Integrativer Seelsorge orientiert sich darum am Aufbau und der Struktur des »*tree of science* Integrativer Seelsorge« und an den ausgeführten lerntheoretischen Überlegungen in Beachtung der systemischen Rahmenbedingungen akademischer, evangelisch-theologischer Bildung, um eine solche integrative seelsorgliche Haltung in mystagogischer und pastoralpsychologischer Perspektive zu entwickeln. Dieser sei hier noch einmal gezeigt, um die grundlegenden Bezüge des »*tree of science* Integrativer Seelsorge« zu dem folgenden Curriculum anschaulich zu machen:[529]

---

[525] Als klassische Seelsorgeperspektiven werden von Drechsel z. B. die kerygmatische Seelsorge, wie sie sich in Eduard Thurneysens Seelsorgelehre zeigt, benannt. Sie ist für ihn einseitig teleologisch konzipiert, da sie Seelsorgesuchende vom Sündersein in das »Zum-Heil-kommen« überführen möchte. Ebenso entdeckt Drechsel in der pastoralpsychologisch orientierten Seelsorge eine implizierte Teleologie, wo unter einem therapeutischen Paradigma eine radikale Umorientierung im Sinne der Realisierbarkeit dieses Heils angestrebt wird. Begriffe wie Entwicklungsförderung, Wachstum und Heilung weisen für ihn darauf hin. Eine implizierte Teleologie findet Drechsel auch bei Manfred Josuttis, der eine ebensolche, nicht im therapeutischen, sondern vielmehr unter religiösem Vorzeichen anstrebt. Vgl. DRECHSEL (2015), 137–142 und THURNEYSEN (1994), 59–86; JOSUTTIS (2008).

[526] Drechsel sieht hier eine Tendenz dazu in den sog. »adjektivistischen Seelsorgen« gegeben. Er fordert eine klare theologische Positionalität in Auseinandersetzung mit therapeutischen und psychologischen Ansätzen und eine generelle Seelsorge von Christen und Christinnen untereinander. Siehe DRECHSEL (2015), 141f. Unter integrativ-mystagogischer Perspektive, wie in der vorliegenden Arbeit entwickelt, wird diese Sorge obsolet.

[527] DRECHSEL (2015), 141. Mit BUKOWSKI (1994) sieht er eine wechselseitige Einbringungsmöglichkeit geistlicher Themen und Haltung(en) in Abgrenzung zu Thurneysens Konzeption, die für ihn eine theologische Grammatik unmittelbar auf die Praxis appliziert.

[528] Vgl. 5.1 und 5.2.

[529] Eine ausführliche Erklärung des »tree of science Integrativer Therapie« und seiner Entwicklungsgeschichte aus der Integrativen Therapie finden sich unter 5.1. Wissenschaftstheoretische Grundlegung. Unter 6.3 finden sich die Erläuterungen zu den einzelnen Lernfeldern adäquat zu Metatheorie, realexplikativer Theorie, Praxeologie und Praxis.

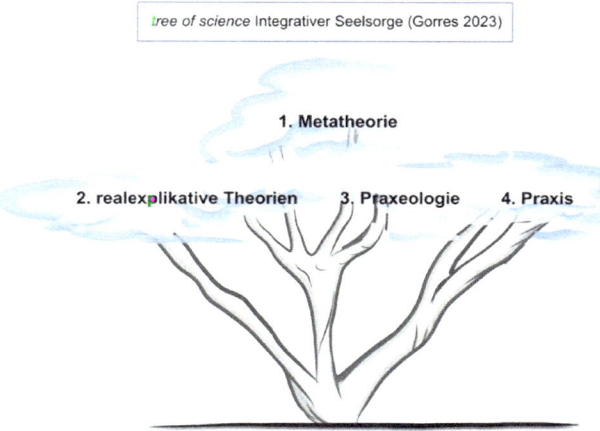

1. Metatheorie

Theologische Erkenntnistheorie

Philosophisch-theologische Anthropologie

Theologische Ethik

Wissenschaftstheorie, Ontologie, Kosmologie inkl. theologische Theorien

2. Realexplikative Theorien

Rezeption der Theorie, Methodik und Ergebnisse der wissenschaftstheoretischen und theoretischen Arbeit in die Seelsorge:

Allgemeine Seelsorgetheorie, Pastoralpsychologie, Aszetik und Seelsorge und der Mystagogik

Allgemeine Theorie von Religion, Kultur und Theologie

Spirituelle und theologische Persönlichkeitstheorie der Seelsorge

Geistliche und seelsorgliche Entwicklungstheorie

Theorie der Diagnostik spiritueller Krankheiten und Krisen

Gesundheits- und Krankheitslehre

Spezielle Theorien der Seelsorge

3. Praxeologie

Theorie der Zielgruppen / genderspezifische Seelsorgepraxis

Praxis der Seelsorgeforschung

Seelsorgliche Interventionslehre (Theorie der Methoden, Techniken, Stile und Medien etc.) inklusive:

Spirituelle Interventionslehre (geistliche Übungen, spirituelle Techniken, geistliche Stile und Medien)

Theorie spiritueller und personaler Krisen und „prekärer" Lebenslagen

Seelsorgliche Prozesstheorien

Theorie zum Setting und Klientensystem der Seelsorge

Theorie zu spezifischen Institutionen und Feldern der Seelsorge

4. Praxis

in Einzel- und Gruppenbegleitung / Zweiersetting

in Kirche und gesellschaftlichen Organisationen und Institutionen in anderen religiösen Feldern

Abbildung 29: tree of science Integrativer Seelsorge (Gorres 2023)

6.3 Aufriss eines akademischen Curriculums der Integrativen Seelsorge

Transversal und integrativ Lernen und Lehren mit dem Modell des »*tree of science* Integrativer Seelsorge« als wissenschaftstheoretisches Grundmodell heißt sich in den veranschaulichten vier Lernfeldern auszubilden:

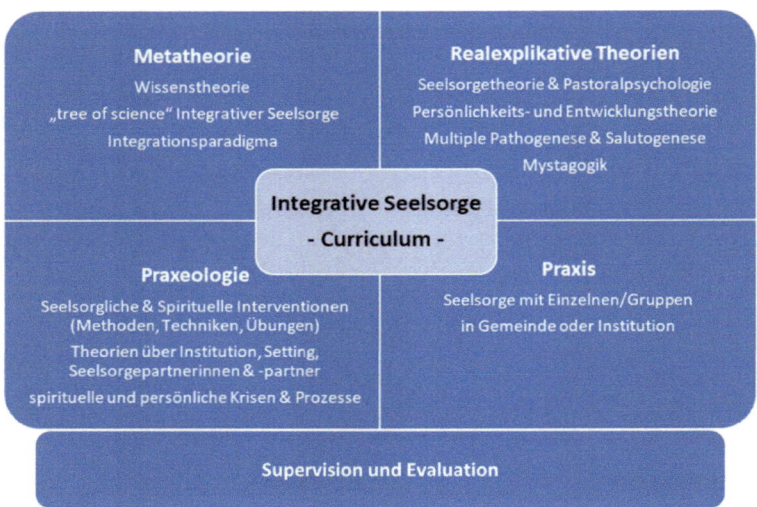

Abbildung 30: Curriculum Integrativer Seelsorge in akademischer Lehre (Gorres 2023)

6.3.1 Lernfeld: Metatheorie

In diesem Lernbereich wird das wissenschaftstheoretische Grundmodell des »*tree of science* Integrativer Seelsorge« als eine ordnende und zugleich offene Systematik von Theorien, die in der Integrativen Seelsorge relevant sind, vorgestellt und erarbeitet. Dabei werden Grundlagen der Erkenntnis, des Menschen- und Gottesbildes transversal durch alle theologischen Disziplinen (Biblische Wissenschaften, Systematische Theologie, Kirchengeschichte, Praktische Theologie) erschlossen und für die jeweilige Wissenschaftstheorie fruchtbar gemacht. Diese wird in Ko-respondenz mit den Kommilitonen und Kommilitoninnen geprüft. Ebenso soll grundlegend das Verständnis von Integration vermittelt werden (Integrationsparadigma) gerade auch in Abgrenzung zu kombinatorischen, pluralen oder eklektischen Ansätzen. Die jeweiligen Auswirkungen sind mit dem »*tree of science* Integrativer Seelsorge« kritisch zu prüfen.

6.3.2 Lernfeld: realexplikative Theorien

Die wichtigsten Theorien Integrativer Seelsorge werden vorgestellt und erarbeitet. Dazu gehören: Seelsorgetheorie und Pastoralpsychologie, Persönlichkeits- (»Fünf Säulen der Integrativen Seelsorge«) und Entwicklungstheorie (das »Korespondenzmodell Integrativer Seelsorge«) mit dem thematischen Wissen um die wichtigsten Beziehungsstrukturen (Kontakt, Begegnung, Beziehung, Bindung, Abhängigkeit, Konfluenz) mit Übertragung, Eigen- und Gegenübertragung, Widerstand und Abwehrphänomenen, mit Resonanzen oder Regression unter gender- und störungsbildspezifischer Perspektive), multiple Pathogenese und Salutogenese, allgemeine Theorien zu Religion, Spiritualität und Seelsorge, mystagogische Theorien und spirituelle Entwicklungstheorien inkl. spiritueller Entfremdung und Anfechtungen.

6.3.3 Lernfeld: Praxeologie

In diesem Lernbereich werden die wichtigsten Methoden, Techniken, Stile, Medien Integrativer Seelsorge vermittelt. Dabei handelt es sich um kreative, integrative wie auch um spirituelle Übungen, Methoden, Techniken, Stile und Medien. Darüber hinaus werden seelsorgliche und spirituelle Interventionen (Methoden, Techniken, Übungen), Theorien über Institution, Setting, Seelsorgesuchende sowie spirituelle und persönliche Krisen und Prozesse gelehrt. Die Theorie zu möglichen Settings in der Integrativen Seelsorge sollen Dimensionen der Transversalität, Wege der Begleitung in prozessorientierter Arbeit; Bewusstseinsarbeit, emotionale Differenzierungsarbeit, Nachsozialisation, kreative Erlebnisentdeckung sowie Förderung der Bildung psychosozialer Netzwerke und die Möglichkeit von Solidaritätserfahrung beinhalten. Diese sollen jeweils im prozessualen Gruppengeschehen erarbeitet werden. Theorien zu spezifischen Institutionen und Feldern der Seelsorge mit ihren entsprechenden Klientensystemen der Seelsorge (z. B. Krankenhaus, Gemeindeseelsorge, ehren- und hauptamtlichen Seelsorge, Kinder- und Jugendseelsorge) sollen ebenfalls unterrichtet werden. Risiken, Nebenwirkungen und mögliche Schäden durch Integrative Seelsorge werden angesprochen.

6.3.4 Lernfeld: Praxis

In diesem Lernfeld sollen mit Hilfe der Erarbeitung eines je eigenen geistlichen Lebenspanoramas und ihrer weiteren möglichen seelsorglichen Arbeit die wichtigsten kreativen Medien, Methoden und Techniken vorgestellt und exemplarisch erprobt werden. Das Konzept der multiplen Pathogenese über die gesamte Lebensspanne wird vor dem Hintergrund der persönlichen Gesundheits- und Krankheitserfahrung thematisiert: konstruktiv-salutogenetische; destruktiv-pathogene und defizitäre-ersehnte Aspekte werden herausgearbeitet. Die Praxis von Seelsorge mit Einzelnen/Gruppen in Gemeinde oder Institution wird differenziert. Eine Praxis-Theorie Verschränkung zu metatheoretischen, realexplikativen und praxeologischen Theorien gesucht. Zu einer größtmöglichen Theorie-Praxisverschränkung würde auch ein begleitendes praktisches seelsorgliches Lernfeld beitragen, das supervisiert sein sollte. Gleichzeitig sollte das gesamte Curriculum evaluiert werden. Das hier skizzierte Curriculum Integrativer Seelsorge führt zu grundlegenden Überlegungen der praktisch-theologischen Bildungstheorie, die im folgenden Kapitel erläutert werden.

7 Integrative transversale Disziplinarität der Praktischen Theologie

Integrative transversale Disziplinarität
beschreibt einen Polylog der Wissenschaften.

Andrea Gorres (2023)

7.1 Inter-, Multi-, Cross- oder Transdisziplinarität

Evangelische Theologie besteht aus den Fächern der Biblischen Theologie (Altes Testament, Neues Testament), der Kirchengeschichte und Systematischen Theologie, sowie der Praktischen Theologie. Praktische Theologie kann sich – je nach Zählung in bis zu zwölf Fachdisziplinen unterteilen: z. B. Homiletik, Liturgik, Poimenik, Kasualtheorie, Religionspädagogik, Pastoraltheologie, Kybernetik, Diakonik, Aszetik/Spiritualität/Frömmigkeit, Publizistik/Medienkommunikation.[530]

Abbildung 31: Disziplinen der Praktischen Theologie (Gorres 2023)

---

[530] Vgl. Karle (2020), 21ff.

Dieser theologische Fächerkanon ist historisch-kontingent gewachsen. Er ergibt sich aus bestimmten pragmatischen Erfordernissen und ist nicht in dieser Auflistung oder gar final abgeschlossen.[531]

Dies gilt ebenso für die Referenztheorien der einzelnen Disziplinen der Praktischen Theologie. Zu nennen sind als Beispiele: für die Homiletik die Rhetorik und Liturgik, für die Liturgik die Dramaturgie, die Theaterwissenschaften oder Performanzwissenschaften, für die Poimenik die Psychologie und Humanwissenschaften, für die Kybernetik die Soziologie und andere Gesellschaftswissenschaften, für die Kasualtheorie die Religionswissenschaften, für die Medienkommunikation/Publizistik die Medienwissenschaften, für die Religionspädagogik die allgemeine Pädagogik, für die Pastoraltheologie die Berufs- und Professionstheorien, für die Diakonie die Sozial- und Wirtschaftswissenschaften und die Ethik, für die Aszetik/Spiritualität die Spiritualitätsforschung und die Religionswissenschaften.[532]

Für die Zukunft sind weitere Differenzierungen möglich: sowohl Zurücknahmen als auch Erweiterungen. Jede der einzelnen Disziplinen kennt wie ihre Referenztheorien eigene Inhalte, Methoden und Verfahrensweisen. Die Einheit der Praktischen Theologie erfolgt je nach Definition: Karle schließt sich den Überlegungen Ernst Langes[533] an. Die Kommunikation des Evangeliums wird dabei verstanden als »ein Kommunikationszusammenhang, der Menschen von Misstrauen, Lieblosigkeit und Hoffnungslosigkeit [...] befreit. Sie nimmt das Leiden von Menschen an lebensabträglichen und zerstörerischen Dynamiken wahr und stellt ihrerseits eine Ressource für lebensdienliche und heilsame Kommunikations- und Lebenszusammenhänge dar.«[534] Steck (2000) spricht von einer transversalen Statur praktisch-theologischen Denkens innerhalb einer integralen Gesamttheoriekomposition, die die Termini Individualisierung, Säkularisierung und Rationalisierung aus verschiedenen Perspektiven reflektieren möchte.[535]

Wie die einzelnen Disziplinen in der Praktischen Theologie untereinander und mit den anderen Disziplinen innerhalb der Evangelischen Theologie und mit anderen Forschungsfächern und Referenztheorien außerhalb kommunizieren, wird klassisch in Diskursen zu Interdisziplinarität, Multidisziplinarität, Cross- und Transdisziplinarität behandelt:[536]

Interdisziplinarität beschreibt generell eine Praxis der Forschung, Lehre und Projektarbeit, an der mehr als eine Disziplin beteiligt ist. Der Begriff der Inter-

---

[531] Zur Metatheorie von Praktischer Theologie unter Durchbrechung von Disziplingrenzen vgl. Stecks Konzeption praktisch-theologischer Theorie unter STECK (2000), 14–99.

[532] Vgl. KARLE (2020), 14ff.

[533] Siehe KARLE (2020), 17f.

[534] So KARLE (2020), 20.

[535] STECK (2000), 27ff., 53ff. Damit wird auch bzgl. seiner Gesamttheorie-Konzeption durch seine integrale Orientierung die Ausrichtung auf eine übergeordnete Theoriestruktur deutlich.

[536] Vgl. KARLE (2020), 21ff.

disziplinarität erweist sich als Sammelbegriff für eine bestimmte Form und Struktur der Organisation wissenschaftlichen Wissens in unserer Gesellschaft.[537] In allen Definitionen tritt eine grundlegende Problematik auf. Ein Blick in die Historie veranschaulicht dies: Die Interdisziplinarität wird allgemein heute als Reaktion der fortschreitenden Spezialisierung und Differenzierung der zeitgenössischen Wissensgesellschaft beschrieben. Das interdisziplinäre Gedankengut wurzelt jedoch in der Antike. Erst nachdem sich Disziplinen im 19. und Anfang des 20. Jahrhunderts etabliert hatten, entstand der Begriff der Interdisziplinarität. In den 1920er Jahren wird er im *Social Science Research Council (SSRC)* zum ersten Mal zur Beschreibung von disziplinenübergreifender Forschung vorgeschlagen und wird fortan vor allem in den Naturwissenschaften verwendet, wenn auch nur gelegentlich. In den 1960er Jahren werden interdisziplinäre Strategien im Strukturalismus bzw. im Dekonstruktivismus diskutiert. In den 1970er und 80er Jahren bezieht sich der Feminismus und in den 1990er Jahren der Multikulturalismus auf interdisziplinäre Zusammenarbeit.[538] Während in den 1960er und 70er Jahren die *Interdisziplinarität* als euphorisches Schlagwort einer wissenschaftskritischen Einstellung galt, lässt sich heute eine semantische Unschärfe des Begriffs und eine Anwendung auf unzählige verschiedene Forschungs- und Gesellschaftsbereiche beobachten. Von der Interdisziplinärität abzugrenzen ist die *Multidisziplinarität*. In einem multidisziplinären Kontext arbeiten Experten und Expertinnen aus unterschiedlichen Disziplinen nicht gemeinsam, sondern vielmehr nebeneinander an einer wissenschaftlichen Fragestellung. Im Vergleich zu einer interdisziplinären erfordert eine multidisziplinäre Arbeitsweise keine inhaltliche Kooperation oder Vernetzung unter den Disziplinen. Ebenfalls von dem Begriff der Interdisziplinärität abzugrenzen ist der Begriff der *Transdisziplinarität*.[539] Interdisziplinarität wird seit den 1980er Jahren häufig als Vorstufe der Transdisziplinarität betrachtet. Interdisziplinarität beschreibt in dieser Argumentationstradition eine Zusammenarbeit von verschiedenen Disziplinen, bei der die Grenzen zwischen den Disziplinen zwar überschritten, aber nicht aufgehoben werden. Interdisziplinarität belässt demnach die bestehenden disziplinären Bestimmungen. Erst in der Transdisziplinarität werden die Perspektiven demnach substanziell verändert.[540]

Interdisziplinarität ist zu einem hochschulpolitischen Programmwort und wissenschaftstheoretischen Containerbegriff geworden. Es bezeichnet die vielfältigsten Ausprägungen fächer- und disziplinübergreifender Kooperation in Lehre und Forschung, in denen wechselseitiger Nutzen und Gleichheit im dialogischen Austausch erreicht werden sollen. Von seiner Herkunft her impliziert der Begriff einen Arbeits- und Reflexionsprozess, der zwischen (lat. *inter-*) und nicht über

---

[537] Vgl. PHILIPP (2021), 163ff.
[538] KLEIN/SCHNEIDER/GEARY (2010).
[539] Transdisziplinarität wird im weiteren Textverlauf erörtert.
[540] BALSIGER (2005) bzw. BRAND/SCHALLER/VÖLKER (2004).

oder gar unabhängig von Disziplinen operiert. Was sich zwischen den einzelnen Disziplinen vollzieht – ob sich zwischen ihnen methodische Bestrebungen ergeben oder sich ein freier Zwischenraum auftut –, bleibt offen. Inhaltlich wie konzeptionell setzt Interdisziplinarität somit eine Disziplin als etablierte und in ihren Grenzen definierte Einzelwissenschaft voraus. Darüber hinaus herrscht hinsichtlich der Frage der Semantik weiter Unklarheit, teils infolge uneinheitlicher Terminologie, teils durch Versäumnisse der Wissenschaftstheorie, teils durch den offenen Streit forschungspolitischer Interessen. Je nach Betrachtung und Sprachgebrauch kann Interdisziplinarität eine Übersetzungsleistung zwischen Vertretern und Vertreterinnen einzelner Wissenschaftszweige, eine Übergangsphase im Entstehen neuer Disziplinen, einen methodischen Weg der Erkenntnisgewinnung, eine normative organisationstheoretische Zielsetzung oder auch nur einen Dialog über Vorbedingungen, Möglichkeiten und Grenzen disziplinärer Zusammenarbeit bezeichnen.[541]

> »Interdisziplinarität kann mit dem Austausch von Ideen und überfachlichen Fragen beginnen, in der Integration von Methodologien und Epistemologien fortgeführt werden, im Austausch von Terminologie und Daten Anwendung finden und schließlich sogar die Strukturierung von Forschung und Lehre bestimmen. Organisatorisch reicht die Bandbreite vom kurzlebigen wissenschaftlichen Symposium über zeitlich befristete Lehrveranstaltungen, Projekte und Publikationen bis in die Einrichtungen von Forschungsinstituten, Studiengängen, universitären Zentralinstituten oder ganz neuen Disziplinen.«[542]

Als Beispiel aus der Evangelischen Theologie kann das Forschungszentrum Internationale und Interdisziplinäre Theologie (FIIT) an der Universität Heidelberg genannt werden. Es dient der interdisziplinären Erforschung theologie- und gesellschaftsrelevanter Themenfelder. Es vernetzt fünfzehn autonome Forschungsbereiche, die von Heidelberger Wissenschaftlerinnen und Wissenschaftlern aus der Theologie und aus benachbarten Disziplinen geleitet werden.

Wesentlich ist Interdisziplinarität eine akademische Grundhaltung, in der sich Offenheit, Kontextbewusstsein, Anerkennung der eigenen disziplinären Grenzen, Dialoginteresse und kooperations- und integrationsfähigkeit miteinander verbinden.[543] Sie findet ihren Ursprung in der Kritik an einer zu großen Spezialisierung, einem nicht adäquaten Zuschnitt von Disziplinen, und der Isolierung einzelner wissenschaftlicher Bereiche. Interdisziplinarität will erstarrte Klassifizierungen und Probleme lösen, die in ihrer Komplexität keine einzelne wissenschaftliche Disziplin oder von keinem wissenschaftlichen Zweig alleine zufriedenstellend gelöst werden kann. Sie erwächst somit aus der Wahrneh-

---

[541] So mit PHILIPP (2021), 163–174.
[542] PHILIPP (2021), 163.
[543] So schon BRIGGS/GUY (1972), 181–251.

mung zunehmender Dysfunktionalität disziplinärer Denkmuster angesichts komplexer globaler Herausforderungen wie Klimawandel, der digitale-technischen Transformation und den Folgen der Globalisierung wie Migration und Armut.[544]

In der praktischen Umsetzung von Interdisziplinarität zeigt sich, dass Inter-disziplinarität ohne Disziplinen als solche nicht zu denken ist. Sie setzt sie gera-dezu voraus und sie fördert gleichermaßen Universalisierung wie Disziplinie-rung und die Entstehung neuer (Sub-)Disziplinen, denn mit jeder Kooperation werden wieder neu disziplinäre Grenzen ausgehandelt und gezogen. Was so als Synthese erscheint, ist oftmals bei näherer Betrachtung paradoxerweise Diffe-renzierung und die Definition spezialisierter Themen zwischen etablierten For-schungsfeldern.[545]

Kritisch festzuhalten ist, dass eine auffällige Diskrepanz besteht zwischen der wissenschaftspolitisch immer deutlicher postulierten Forderung nach Inter-disziplinarität und der eher schwachen konzeptionellen und wissenschaftstheo-retischen Ausdifferenzierung von Interdisziplinarität.[546] Empirische Studien zu Wirkungen und Nebenwirkungen interdisziplinärer Zusammenarbeit fehlen. Dies gilt ebenso für Evaluations- und Erfolgskriterien, der Ergebnisbeurteilung und Qualitätssicherung. Dabei sind Ansätze der Systematisierung zahlreich zu finden, sorgen aber in der Summe eher für Verwirrung und Missverständnisse.[547] Letztlich gilt dies auch für die weiteren Unterscheidungen in *Multidisziplinarität* als disziplinäres Nebeneinander ohne übergreifende Fragen; in *Pluridisziplinari-tät* als institutionalisierte Kooperation zwischen verwandten Bereichen mit dem Ziel, die Beziehung zwischen den Einzelwissenschaften zu gestalten und *Cross-disziplinarität* als Übernahme von Methoden und Forschungsansätzen einer anderen Disziplin. Das Problem bei all diesen Unternehmungen ist, die voraus-gesetzte Annahme, dass Methoden bestimmten Disziplinen klar zuzuordnen sind und sich Einzelwissenschaften durch ihren je eigenen Methodenkanon konstitu-tionalisieren.

Trotz hoher Erwartungen, mit denen sich das Interdisziplinaritätspostulat verbindet, bestimmen Verständigungsprobleme, Leerformeln und politische Absichtserklärungen den »Hype« um Interdisziplinarität. Als zentrale Hindernis-se gelten u.a. Fachsprachen, Übersetzungsschwierigkeiten, Fachegoismen, ver-festigte Machtstrukturen oder starkes Autonomiebewusstsein disziplinärer Ex-pertise.[548] Dies stellt besonders soziale und kommunikative Anforderungen an die akademische Wissenschaft. Interdisziplinäre Praxis hat keine fest etablierten Grundlagen. Förderlich wirken v. a. didaktische Formen, die den kollektiven Lern-

---

[544] Im Blick auf die notwendige Interdisziplinarität im Anthropozän siehe KEMNITZER (2022), 143f und GABRIEL (2020), 626f.
[545] Mit PHILIPP (2021), 165f.
[546] JUNGERT (2014), 1–12. Dort weitergehende Literatur.
[547] So KLEIN (2017), 21–34.
[548] Vgl. PHILIPP (2021), 166f.

prozess strukturieren.[549] Dieser braucht Räume der Selbstreflexion und der gemeinsamen systematischen Auswertung, in denen Erfahrungen vergemeinschaftet, sich Ko-Kreativität entwickeln, Partnerschaftlichkeit eingeübt und sich über Aporien, Grenzen und Lernprozesse ausgetauscht werden kann.

Letzteres gilt auch für die sog. *Transdisziplinarität*. Transdisziplinarität ist eine Wortneuschöpfung des frühen 21. Jahrhunderts. Es ist aus dem lateinischen Präfix *trans-* (hindurch-, hinüber-, dahinter-) und dem lateinischen Wortstamm *disciplina* (Lehre, Zucht, Schule) gebildet. Transdisziplinäre Forschung verknüpft gesellschaftliche Problemlösung mit wissenschaftlicher Transdisziplinarität und wird im deutschen Sprachraum zumeist als ein Prinzip integrativer Forschung bezeichnet.[550] Sie ist in diesem Verständnis ein methodisches Vorgehen, das theoretisches und praktisches Wissen verbindet und von einer gesellschaftlichen Problemstellung ausgeht. Sie geht nicht singulär von Fragen aus, die ausschließlich wissenschaftsinternen Diskursen entspringen. So impliziert Transdisziplinarität auch die übergreifende Kritik und Reflexion wissenschaftlichen Arbeitens. Dabei werden Nichtwissenschaftler und Nichtwissenschaftlerinnen mit einbezogen. Als Unterscheidungsmerkmal zwischen Trans-, Inter- und Multi- sowie Crossdisziplinarität dient der Umfang der bei der Integration beteiligten Disziplinen und Fachgebiete. Die unterschiedlichen und zum Teil miteinander unvereinbaren Begriffsverwendungen zeigen, dass auch dem Begriff Transdisziplinarität letztlich eine einheitliche Definition fehlt.[551] Systemwissen, Zielwissen und Transformationswissen gehören für die Wissensproduktion einer am Gemeinwohl orientierten Problemlösung zu den forschungsrelevanten Kompetenzen. Zu den geforderten Kompetenzen gehört es auch, Probleme in ihrer jeweiligen Komplexität unter verschiedensten Sichtweisen zu berücksichtigen bzw. zu erfassen. Transdisziplinarität kann folglich nur dann entstehen, wenn die an einem Projekt beteiligten Fachpersonen in einem offenen und transparenten Dialog interagieren. Dabei sollte die Bereitschaft bestehen, individuelle Sichtweisen der Konstruktion der Wirklichkeit zu relativieren. Transdisziplinäre Arbeitssituationen erfordern unter anderem wegen der Informationsfülle und des jeweiligen Fachjargons eine hohe Konzentration aller beteiligter Personen. Kritische Dialoge werden zum Teil durch moderierende Personen geführt.

Auch die Evangelische Theologie beteiligt sich an transdisziplinärer Forschung. Als Beispiel sei die Teilnahme der Evangelischen Theologie an den transdisziplinären Forschungsbereichen *Transdisciplinary Research Areas* (TRAs) der Universität Bonn genannt.[552] In den TRAs forschen Wissenschaftler und Wissenschaftlerinnen über Fakultätsgrenzen hinweg gemeinsam an zentralen wis-

---

[549] So mit BRASSLER (2020), 15.
[550] Vgl. MITTELSTRASS (2003).
[551] Vgl. HIRSCH HADORN et al (2008).
[552] Vgl. als Beispiel dazu die Internetseite des transdisziplinären Forschungsbereichs »TRA 4 – Individuen, Institutionen und Gesellschaften«: https://www.uni-bonn.de/de/forschunglehre/forschungsprofil/transdisziplinaere-forschungsbereiche/tra-4-individuals/home.

senschaftlichen, technologischen und gesellschaftlichen Zukunftsthemen. Sie können dazu auf deutschland- und weltweit gewachsene Netzwerke sowie Kooperationen in Wissen- und Gesellschaft zurückgreifen. Der Erfolg der Universität Bonn im Exzellenzwettbewerb (seit 2019 Exzellenzuniversität) beruht zum einen auf ihrer disziplinären Forschung in den Fakultäten, zum anderen auf fakultätsübergreifenden Forschungsschwerpunkten sowie den transdisziplinären Forschungsbereichen selbst. Die Etablierung der TRAs (seit 2006 bereits Clusterung: der als Prozess der Herstellung eines einheitlichen Ganzen aus einer Menge vereinzelter Teile/Bereiche im Sinne einer Bündelung zu verstehen ist) basierte auch hier auf dem Grundgedanken, dass viele der Zukunftsfragen nur durch inter- und transdisziplinäre Ansätze gelöst werden können.

Gleich welches Verfahren gewählt wird, es zeitigt Problemaufrisse genannter Natur. In keinem Fall ist ersichtlich, dass neben dem Bemühen sog. integrative Wege zu gehen, diese auch wirklich als solche wirksam werden, insbesondere nicht im Verständnis von Integration auf gestalttheoretischer Basis. Die inhaltliche wissenschaftstheoretische und verfahrensstrukturelle Arbeit ist dahingehend defizitär. Um einzelwissenschaftliche Denkmuster zu überwinden, eine gemeinsame partnerschaftliche Arbeit in Ko-Kreativität zu leisten zum Dienst an übergeordneten Problemstellungen und Aufgaben, braucht es eine ausgearbeitete metatheoretische Perspektive, die eine neue Optik bietet und ein Strukturmodell reflexiver integrativer Arbeit, die Frucht wissenschaftstheoretischer Forschung selbst ist und wodurch weder die Forschenden noch die Studierenden sich selbst überlassen werden. Es braucht eine Theorie des Integrierens selbst.

7.2 Integrative transversale Disziplinarität

Der integrative Ansatz, der in dieser Schrift für die Poimenik entfaltet wurde, kann zugleich konstruktiv für die Inter- bzw. Transdisziplinarität der Praktischen Theologie genutzt werden.

Interdisziplinarität ist nach dem an dieser Stelle grundgelegten integrativen Ansatz ein transversales Vorgehen, kein Konzept, sondern eine methodische Vorgehensweise. Als solche ist sie eine permanente Überschreitung eigendisziplinärer Wissensstände unter Durcharbeitung relevanten Wissens aus anderen Disziplinen, Referenztheorien und anderer wissenschaftlicher und wissenskundiger Arbeit. Diese Arbeit setzt ein offenes und vernetzendes Denken in Komplexität voraus. Im Prozess der Arbeit an übergeordneten oder innerdisziplinären Aufgaben- oder Problemstellungen werden in kooperativer, partnerschaftlicher und ko-kreativer Weise mit der bzw. auf dem Hintergrund der Folie des *tree of science* gearbeitet. D. h., die Methoden, Inhalte und Verfahrensstrukturen werden auf einer hermeneutischen Verstehensfolie reflektiert. Dieser *tree of science* ist um gezielt praktisch-theologische Integratoren erweitert und für weitere offen. So entsteht eine Theorie des Integrierens in einem offenen handlungstransparenten Verfahren. Es kommen Positionen auf Zeit zustande, die gleichsam wieder reflexiven Prozessen unterliegen. Integrative Forschung geschieht auf diese Weise nicht als pluralistisches, kombinatorisches, eklektisches oder additives Vorgehen, wo Wissen, Methoden, Strukturen etc. in ebensolcher Weise behandelt werden, sondern vielmehr in einem integrativen Verfahren auf gestalttheoretischer Basis in transversaler Hermeneutik.

Gemeint ist damit die Überführung differenzierter oder disparater Teile zu einem übergeordneten Ganzen bzw. das Lösen von Problemen und Aufgaben auf einer höheren Struktur- und damit folgend auch Denkebene, die eine Differenzierung und Metaperspektive im Umgang mit der einzelnen Disziplin fordert, sodass durch gemeinsames transversales Vorgehen neue Integration und Kreation und eine immer neue Herstellung, Entwicklung oder Erneuerung einer Struktur- oder Denkebene geschehen kann. Integrieren ist damit ein steter Prozess, die Folge ist Ganzheit im Sinne von hinlänglicher Ganzheit, wo Differenzielles nicht eingeebnet wird, sondern erkennbar bleibt. Es geht um die Verbindung von Zerstreutem, Unterschiedlichem durch Vernetzung, Synopsen und Synergien, die entstehen, und mittels Differenzierung, Integration und Kreation zueinander Neues und Anderes entstehen lassen, was wiederum etwas anderes ist als das, was im Einzelnen der Disziplinarität entstehen kann.

Hierbei wird die Fähigkeit zur Exzentrizität, die Fähigkeit zu sich selbst in Distanz gehen zu können (und zur eigenen Disziplin), sich selbst »virtuell« zu übersteigen, um sich und die Welt (und die eigene Disziplin) aus der Distanz zu betrachten, gebraucht. Diese Erkenntnisfähigkeit wird genutzt, um eine neue fachliche Optik (Sicht) wachsen zu lassen, die aus unterschiedlichen Perspektiven (Betrachtungsweisen) besteht. Diese Sicht wächst aus den immer neuen Integrationsprozessen, auch der Mehrperspektivität mittels transversaler hermeneutischer Prozesse. Sie ist eine Position auf Zeit. Alle integrativen Prozesse auf dieser integrativ-gestalttheoretischen Basis erweitern sich zu einer transversalen Hermeneutik, da sie bewertet, interpretiert und eingeordnet werden im jeweiligen zeitgeschichtlichen, kulturellen oder wissenschaftlichen Kontext. Verschiedene Hermeneutiken müssen konnektiviert und zusammengestellt werden, um differenziell und übergreifend zu arbeiten. Dabei werden auch hier Wissensfelder transversal durchschritten, Diskurse geführt, Übereinstimmungen und Differenzen benannt und ein sinnstiftendes übergeordnetes Ganzes gesucht. Diese metatheoretische Reflexion geschieht dabei strukturiert und geordnet mittels eines »*tree of science* Praktischer Theologie«,[553] der als Folie integrativ-transversaler disziplinärer Arbeit dient. Praktische Theologie ist in diesem Modell keine reine interdisziplinäre Arbeit mehr, vielmehr eher als eine transdisziplinäre zu verstehen. Da dieser jedoch eine klare Definition und Theorie des Integrierens fehlt, ist sie präzise als metatheoretischer Ansatz gemäß dem Verfahren integrativ-transversale Disziplinarität zu nennen.

---

[553] Siehe 7.3.

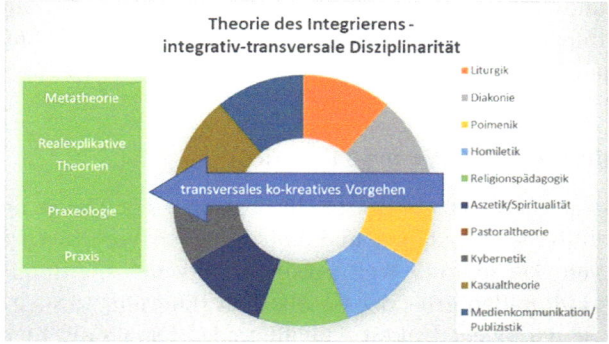

Abbildung 32: Abbildung 32: Theorie des Integrierens (Gorres 2023)

7.3 Strukturmodell »tree of science Praktischer Theologie«

Das Grundmodell des *tree of science* ist für die Entwicklung des integrativen Verfahrens eine handlungsrelevante Theoriekultur. Dieses metatheoretische Modell umfasst eine transversale, d. h. alle wesentlichen Wissensbereiche vernetzende Wissensstruktur der Praktischen Theologie, als Disziplin. Es ist der Rahmen einer ordnenden und zugleich offenen Systematik von Theorien, die in der Praktischen Theologie relevant sind. Dieses Strukturmodell ist anzuwenden auf jede einzelne Disziplin (wie in dieser Arbeit in der Poimenik aufgezeigt), sie ist aber auch mit jeder einzelnen der Disziplinen durchzuführen. Sie stellt dazu eine formale hermeneutische Folie für die Ordnung von Wissen dar. Diese wird unterschieden in a) Theorien hoher Reichweite (Metatheorien), b) Theorien mittlerer Reichweite (realexplikative Theorien) und c) in die Praxeologie (Theorien über die Praxis) und d) die Praxis.

Damit steht der *tree of science* für das integrative Vorhaben, relevante Theorien hinsichtlich Strukturniveau und Geltungsanspruch wissenschaftstheoretisch einzuordnen und zu diskutieren. Er ist als ein theologisches für die Praktische Theologie erstmaliges, integrativ transversales disziplinäres Metamodell. Es bietet einen Entwurf für eine interdisziplinäre Fundierung von Praktischer Theologie an, indem oftmals singulär nebeneinanderstehende Wissensbestandteile praktisch-theologischer Praxis gebündelt und strukturiert auf wissenschaftstheoretischen Ebenen reflektiert werden können. Damit können sie auch im Gesamtgefüge neu beurteilt, interpretiert und differenziert betrachtet werden. Dies ist kein unstrukturiertes Agieren oder planloses Integrieren, sondern vielmehr ein kritisches Durchschreiten von Wissensebenen nach integrativen Kriterien.

Petzolds strukturgebende Ebenen werden im Folgenden um praktisch-theologische Integratoren ergänzt, um zu einem »*tree of scienc*e Praktischer Theologie« zu gelangen:[554]

7.3.1 Metatheorien (large range theories)

Jedweder wissenschaftlicher praktisch-theologischer Forschung und Praxis liegen metatheoretische Annahmen und Vorstellungen vom Menschen, von der Gesellschaft, von Gott und der Welt sowie vom Kosmos zugrunde. Sie entstammen unserem kulturellen Erbe, der Gesellschaft (Elternhaus, Staat, Kirche), den Strukturen (z. B. der Machtstruktur – totalitär oder demokratisch); den geistigen, ökologischen und geistlichen Positionen, die wir einnehmen, unserer Bildung oder unserem Lebensgefühl, dem kollektiven und auch individuellen Gedächtnis. Metatheorien sind stets »vorläufig«, wie alles Wissen ständig im Fluss ist.

Als Metatheorie gilt z. B. die Erkenntnistheorie, die sich mit der Frage auseinandersetzt, wie Erkenntnisse sich überhaupt bilden. Integrative transversale Disziplinarität arbeitet konsequent von den Phänomenen, zu den Strukturen und den Entwürfen und reflektiert in leibhaftiger Ko-respondenz/Diskursivität alle Erkenntnisse. Ferner zählen zu den Metatheorien: die Wissenschaftstheorie, die Anthropologie, die Gesellschaftstheorie und Ethik, die allgemeine Forschungstheorie, die Kosmologie und die Ontologie.

Integratoren[555] sind unter anderem die Orientierung an der Leiblichkeit (die Phänomenologie leiblich-perzeptueller Erfahrung); die Orientierung am Weltbezug (eine evolutionsbiologische/evolutionspsychologische Perspektive sowie einen integrierten Naturbegriff); Orientierung an Sozialität und Entfremdungsphänomene; Orientierung auf Sinn und Bedeutung als persönliche und kulturelle bzw. soziale Konstruktion; Orientierung an einer integrativen und diskursiven Ethik der Gewährleistung von Integrität; Orientierung auf Intersubjektivität, Korespondenz und Diskurs, Polylog/Dialog; Orientierung auf Bewusstseinsprozesse, Exzentrizität, Reflexivität und Metareflexivität; Orientierung auf unbewusste Prozesse; auf Sprache, symbolische Interaktion, Sinnstrukturen.

Integrationskriterien entstehen ebenfalls »integrativ« im wechselseitigen Diskurs und, bezogen auf alle Ebenen, in der kritischen Reflexion gemäß Stimmigkeit. Der Kriterienkatalog ist somit grundsätzlich offen für neue Integratoren.[556]

---

[554] Vgl. grundlegend PETZOLD (2000h) bzw. den »*tree of science* Integrativer Seelsorge« unter 5.1.

[555] Mit Integratoren sind Faktoren gemeint, die dabei helfen die heilsame »Ganzheit« menschlichen Daseins zu erschließen (von lat. *integrare* [heil, unversehrt machen, ergänzen] oder *integratio* [Wiederherstellung eines Ganzen]).

[556] Vgl. zu den Integratoren der unterschiedlichen Strukturebenen grundsätzlich LEITNER (2010), 116f. Dort finden sich die entsprechende Literatur zu den Referenztheoretikern.

Eine notwendige »Theorie des Integrierens« hat diese metatheoretische Ebene zu reflektieren und für die interdisziplinär gegebene Aufgabe- oder Problemstellung transparent zu machen. Dies gilt vor allem für die leitenden Integrationskriterien – hier wie auf den anderen Ebenen. Mittels einer Erweiterung der erkenntnistheoretischen Position Petzolds durch die Erkenntnisse der theologischen Wissenschaft, können leitende anthropologische und theologische Vorstellungen bewusst und gezielt reflektiert werden und für die weitere Arbeit transparent gemacht werden. Integrative Reflexion auf metatheoretischer Ebene ordnet, schafft Orientierung, Transparenz und Klarheit.

7.3.2 Realexplikative Theorien (middle range theories)

Realexplikative Theorien erklären Phänomene der christlichen Kulturpraxis. Zu ihnen zählen die allgemeinen Theorien der Disziplinen, deren Methodik und die Ergebnisse jeweiliger Forschung; die Persönlichkeitstheorien; die Entwicklungstheorien; die Gesundheits- und Krankheitslehren sowie spezielle Theorien jedweder Disziplin. In der Integrativen Therapie gilt der Anspruch, dass die einzelnen Ebenen des *tree of science* untereinander keine widersprüchlichen Aussagen in sich tragen sollten. Alle Ebenen sollten vielmehr miteinander vereinbar sein, wie z. B. die Metatheorie mit den realexplikativen Theorien, um eine größtmögliche Stimmigkeit, Transparenz und Kongruenz zu erzielen.

Als integrative Kriterien auf der Ebene der realexplikativen Theorien gelten: die biopsychosoziale Orientierung; die Orientierung am Kontext/Kontinuum; der Vergangenheits-, Gegenwarts- und Zukunftsbezug; die Orientierung auf »kollektive mentale Repräsentationen« bzw. »social worlds«; die Orientierung am Entwicklungsparadigma des *life span development approach* sowie auf Pathogenese und Salutogenese; Probleme, Ressourcen und Potentiale (PRP); Orientierung auf differentielle Selbstprozesse (Selbst, Ich, Identität). Integrative Kriterien sind erweiterbar und aushandelbar.

Insgesamt ist bei allen Modellen auf ihre Stimmigkeit mit den Metatheorien und den realexplikativen Theorien zu achten.

7.3.3 Praxeologie (small range theories)

Praxeologie ist die Wissenschaft einer systematischen Praxis. Hier fließen alle genannten Theorien zusammen und werden auf der Praxisebene verbunden. Zur Praxeologie zählen: die Praxis der praktisch-theologischen Forschung, die Theorie der Methoden, Techniken, Medien, Stile etc.; Prozesstheorien, Theorien zu verschiedenen systemischen Lebenslagen; die Theorie des Settings sowie Theorien zu spezifischen Klientensystemen, Institutionen und Praxisfeldern. Integrative Orientierungen für die Praxeologie und die Praxis, die an dieser Stelle zusammen ausgeführt werden, sind: die Orientierung an der Alltagsrealität und Lebenslage (konstruktiv, prekär/defizitär oder destruktiv); die Orientierung auf

Alltagsformen der Relationalität (Kontakt, Beziehung, Begegnung, Bindung, Abhängigkeit, Verschmelzung) in den Netzwerken des Lebens; die Orientierung auf klinische Phänomene wie Übertragungen, Gegenübertragungen, Widerstand und Abwehr und auf sozialpsychologische Phänomene wie Reaktanz und Affiliation; auf methodenplurale und multimodale Vorgehensweisen; sowie die Orientierung an Wirkfaktoren, Evaluations- und Qualitätssicherheitskonzepten.

Die Phänomene in der Praxis werden an dieser Stelle gesichtet, gesammelt und aufgearbeitet. Ziel ist es, durch gelingende Theorie- und Praxisverschränkungen neue Fragestellungen für die empirische Forschung entstehen zu lassen. Implizite Theorien werden eruiert und transparent. Sie entwickeln damit jede neue Theoriebildung weiter.

Im nächsten Schritt sind Theorien für diese angewandten Methoden zu entwickeln, die dann mit den realexplikativen und metatheoretischen Theorien reflektiert werden können.

7.3.4 Praxis

Gemeint sind alle praxisrelevanten Ansätze (z. B. Dyade, Gruppe, Familie). Alle Ebenen kommen hier zum Tragen. Die Praxis ist mit der Theorie verschränkt und umgekehrt. Somit wird z. B. das Menschen- und Weltbild mittels des *tree of science* auch an dieser Stelle transparent, indem es über das konkrete Tun und Handeln Erfahrungswerte bildet. Es wird deutlich, dass Erfahrungswerte, Praxis- und Theoriebildungsprozesse sowie Metatheorien durch das beschriebene Strukturmodell erfasst und reflektiert, erkenntnis- und wissenschaftstheoretisch überprüft und verantwortet sowie transparent gemacht werden.

An dieser Stelle soll die formale Darstellung der Theorie des Integrierens ausreichen. Inhaltliche Füllungen sind Aufgabe jedweder Disziplin bzw. im Diskurs zwischen einzelnen oder mehreren Disziplinen zu erringen.

Entsprechende Verfahren sind möglich auch für die Gesamtheit der Evangelischen Theologie bzw. mit Referenztheorien anderer wissenschaftlicher Disziplinen. Der *tree of science* jeweiliger integrativer transversaler Arbeit ist grundlegend wissenschaftstheoretisch zu betrachten und durch entsprechende Integratoren abzugleichen.

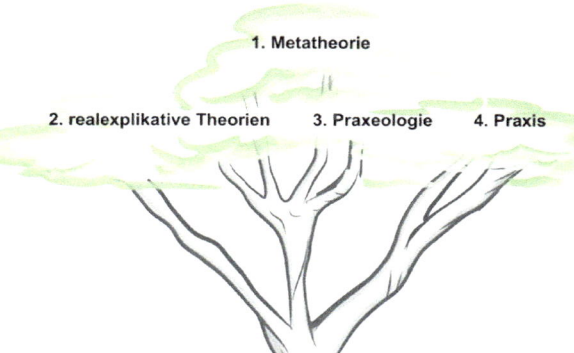

1. Metatheorie

Theologische Erkenntnistheorie

Philosophisch-theologische Anthropologie

Gesellschaftstheorie und Ethik

Wissenschaftstheorie, Ontologie, Kosmologie

2. Realexplikative Theorien

Allgemeine Theorien der Disziplinen

Methodentheorie und Forschungsergebnisse der Disziplinen

Persönlichkeitstheorien

Entwicklungstheorien

Spezielle Theorien der Disziplinen

3. Praxeologie

Praxis der praktisch-theologischen Forschung

Theorie der Methoden, Techniken, Stile und Medien

Prozesstheorien

Theorie zu systemischen Lebenslagen, Settings und spezifischen Klientensystemen

Theorie zu spezifischen Institution und Praxisfeldern

4. Praxis

Dyade, Gruppe, Familie

in Kirche und gesellschaftlichen Organisationen und Institutionen in anderen religiösen Feldern

Abbildung 33: tree of science Praktischer Theologie (Gorres 2023)

Wie hier beschrieben führt Integrative transversale Disziplinarität somit nicht nur zu einer reflektiert-strukturierten theoretischen Forschung, sondern zugleich zu einem Diskurs über geistlich-theologische Theorien und Praxen. Sie beschreibt somit eine Polylogie der Wissenschaften. Es findet durch das transversale Vorgehen eine theologisch-geistliche Kultivierung des Faches der Praktischen Theologie an Universität und Hochschule statt. Die ganze geistlich-theologische Schönheit des Faches Praktischer Theologie, die sich gerade in einer reflexiven Theorie-Praxisverschränkung zeigt, kann sich mit diesem Verfahren zeigen und kultiviert werden.

8 Essenz und Impulse

Integrieren als Lebensprozess *kennzeichnet, die Freiheit der Zusammenführung und die erneute Überschreitung dessen, was in der Integration verbunden wurde.*
Es wird darum gehen, zu den Dingen des Herzens zu finden und einander die Herzen zu öffnen, aber wer unternimmt schon derartige Wagnisse?

Ilse Orth in: Orth/Petzold (2015), 381f.

Integrative Seelsorge ist ein pastoralpsychologisches Verfahren seelsorglicher Theorie und Praxis. Sie besitzt eine wissenschaftstheoretische Fundierung durch den *tree of science* in seelsorglicher und praktisch-theologischer Hinsicht. Strukturell ist die Integrative Seelsorge durch eine integrativ-therapeutische und eine mystagogische Perspektive gekennzeichnet. Mit ihrer transversalen Hermeneutik und konsistenten Grundmodellen wie z. B. dem Modell der 5 Säulen der Identität, dem Ko-respondenzmodell, dem Pathogenesemodell oder dem Modell der vier Wege seelsorglicher Begleitung mit jeweils spezifischen theologischen Integratoren bildet sie eine eigenständige seelsorgliche Architektur. Ihre Referenztheorien stammen u.a. aus der Integrativen Therapie, Psychologie, Mystagogik, Pastoralpsychologie, Soziologie und Theologie. Diese sind mit dem *tree of science* kritisch erfasst, reflektiert und bilden integrativ erschlossen ein erkennbares Verfahren aus.

Integrative Seelsorge möchte mittels diverser Methoden und Übungen aus integrativer Therapie und Mystagogik Menschen dabei unterstützen und begleiten, ihre geistlichen und persönlichen Erfahrungen zu erschließen und sie in einem zufriedenstellenden, sinnerfüllten Leben zu integrieren wie beispielhaft mit der kunsttherapeutischen Methode des geistlichen Lebenspanoramas aufgezeigt. Weitere kreative Methoden stehen dafür auch in intermedialer Weise zur Verfügung wie die Fallbeispiele verdeutlichen. Integration im Lebensganzen ist damit ein immer wieder neu zu vollziehender Prozess. Er erfordert die Überschreitung der einmal vollzogenen Integration zu neuer Kreation.

Integrative Seelsorge ist gemäß ihrer offenen, transversalen Hermeneutik ein unabgeschlossenes Verfahren. Als ein solches möchte sie dazu einladen, kritisch-reflektiert seelsorgliche Arbeit in Theorie und Praxis zu erfassen, neue und andere Wege mit den Menschen integrativ zu entdecken und diese wissenschaftstheoretisch zu verantworten. Eine integrativ-mystagogische Grundhaltung ermöglicht mit klar strukturierter Theoriebildung und einer Vielzahl von Methoden für die Praxis eine lebensnahe, variable und kreativ-virtuose Seelsorge. Alle ihre Grundmodelle haben dabei dienende Strukturen und sind immer wieder neu transversal mittels des *tree of science* zu reflektieren. Dieses Verfahren eröffnet somit eine reflektierte Grundhaltung und kommunikativ transparent zu machende Arbeits- und Denkweisen für die Theoriebildung und die konkrete seelsorgliche Praxis.

Grundsätzlich ist Integrative Seelsorge als ein unabgeschlossenes transversales Verfahren folglich auch offen für neue Integratoren und Referenztheorien. Sie bilden dann jeweils neue integrative Prozesse aus. Das Paradigma Integrativer Seelsorge erfordert somit immer wieder neu kritisch-integrative Arbeit in Theorie und Praxis. Dazu gehören auch stete wissenschaftliche Forschung und die Evaluation der sich vollziehenden und vollzogenen integrativen Theoriebildungen und Praxisprozesse. Ihre Positionen sind dementsprechend stets Positionen auf Zeit. Die vorliegende Untersuchung versteht sich seelsorglich als Erstling einer solchen integrativen Leistung und erfordert gemäß eigenem Paradigma immer neue Verfahren sowie weitere Entwicklung und Forschung. Die Polylogizität der Wissenschaft ist damit unabgeschlossen und offen.

Um einen steten Erkenntnisgewinn zu erzielen, ist eine solche Forschung und Entwicklung auch an eine ebensolche Polylogizität der Referenztheorien und der einzelnen Positionen sowie Integratoren im *tree of science* gebunden. Im vorliegenden Entwurf ist es wünschenswert, wenn neue Entwicklungen sich in der wissenschaftlichen Beschäftigung mit der Mystagogik und Mystik auftun würden, so z. B. mit Forschungen zur asketischen Tradition, einzelnen geistlichen Übungen, dem Gottes- und Menschenbild der Mystagogik oder zu anderen Modellen geistlicher Entwicklung (z. B. Christusrad, eigene Modelle aus der evangelischen Tradition). Bereichernd wären auch ergänzende Forschungen aus weiteren unterschiedlichen theologischen Perspektiven wie z. B. der a-theistischen Theologie. Diese könnten dann neu transversal mit dem *tree of science* bearbeitet werden. Eine weitere Integration neuerer Forschungsansätze für die Integrative Therapie werden derzeit von Hilarion Petzold unternommen, jedoch werden seine Ergebnisse frühestens 2026 veröffentlicht vorliegen. Angekündigt sind Forschungen zur Integration von neueren Erkenntnissen aus der Neurobiologie, der Genetik und Epigenetik, der Traumatherapie und Therapieforschung, der ökologischen und naturtherapeutischen Ansätze sowie neueste philosophische Forschungen. Anschließen könnten sich, auch unabhängig von dieser wissenschaftlichen Beschäftigung, Untersuchungen zu spirituellen und naturheilkundlichen Modalitäten der Begleitung. Zu denken sind im Zuge der weiteren technologischen Entwicklung auch solche unter Aufnahme von KI-Technologien.

Auch die hier vorgelegte phänomenologische Methode von geistlichen Ereignissen, zu Erlebnissen zu geistlichen Erfahrungen, vorzugehen, ihre innewohnenden Strukturen und Entwürfe zu entdecken, die letztere durch Kultur, Sprache und Rituale erschlossenes geistliches Erleben beinhalten, kann noch spezifischer z. B. bezüglich interreligiöser Fragestellungen, transkultureller Gegebenheiten, diverser christlicher Narrative und Gemeinschaften oder genderspezifischer Fragestellungen, erschlossen werden. Weiterführende kulturwissenschaftliche Forschungen zur Panoramaarbeit würden bereichernd sein. Die Ko-respondenzprozesse der Forschungen sind zukünftig noch zahlreich zu vollziehen. Sicherlich finden sich in diesen Prozessen neue Lebenslaufimaginationen, die förderlich und virtuos in die integrative Arbeit eingebracht werden können – auch noch wenig erforschte wie das Modell der Koralle oder des Baumes bieten noch eine Vielzahl an Impulsen, geistliche Lebenspanoramen und Lebenskarrieren verstehen zu lernen. Letztlich finden die Möglichkeiten der Integration kein Ende.

Weitere Aufforderungen zur Forschung bieten konkrete Fragestellungen bezüglich der Aufnahme und Performance kreativitätstherapeutischer Fragestellungen in geistlich-seelsorgliche Arbeit, so z. B. nach Malweise und geistlichem Ausdruck in Historie und Moderne oder die Aufnahme weiterer integrativer z. B. leib- und bewegungstherapeutischer Übungen und Methoden in die Integrative Seelsorge mit ihren Implikationen für alle Ebenen und Positionen des *tree of science*.

Ein eigenständiger, aber nicht zu vernachlässigender Bereich sollte auf die Evaluationsforschung von Integrativer Seelsorge liegen. Notwendig sind eine Vielzahl differenzierter und konkreter Studien zu unterschiedlichen seelsorglichen Feldern z. B. der Krankenhausseelsorge oder der Gemeindeseelsorge, zu unterschiedlichen Zielgruppen (etwa im Kinder- und Jugendbereich, im Bereich der Alten bzw. Hochaltrigen), zu den Settings, den Seelsorgenden und ihren integrativen Möglichkeiten und eigenen internalisierten Glaubenslebenslauf-Imaginationen sowie denen der Seelsorge aufsuchenden Menschen.

Die Forschungsergebnisse können gemäß dem Integrativen Ansatz – *top down* – zu einer wissenschaftlich fundierten Ausbildung in Integrativer Seelsorge beitragen und umgekehrt – *bottum up* – kann die Praxis zur Theoriebildung beitragen. Das vorliegende Curriculum möchte dazu eine Richtschnur geben. Die unterschiedlichen, differenzierten Lehrpläne der Hochschulen und Universitäten sind bei Interesse an Integrativer Seelsorge entsprechend zu bearbeiten. Alle Lehre und Lehrentwicklung sollte evaluiert und gemäß dem integrativen Ansatz transversal hermeneutisch reflektiert werden.

Der Integrative Ansatz in Seelsorge und Praktischer Theologie regt somit transversale Polyloge der Wissenschaften an und vermittelt eine Vielzahl an konsistenten Modellen und Methoden für eine kreativ-virtuose seelsorgliche Praxis ko-respondierender Seelen.

Literaturverzeichnis

AHN, GREGOR/WAGNER, FALK/PREUL, REINER: Art. Religion, in: TRE 28, 1997, 513–559.

ALBRECHT, CLEMENS: Braucht unsere Gesellschaft Seelsorge? Vortrag vor der 75. Landessynode der Rheinischen Landeskirche (17.01.2022). https://www.youtube.com/watch?v=NZ_OM6PD9vY.de (Stand: 06.07.2023).

ALLOLIO-NÄCKE, LARS/BUBMANN, PETER (Hrsg.): Spiritualität: Theologische und humanwissenschaftliche Perspektiven, Stuttgart 2022.

APOSTEL, LÉO/ BERGER, GUY/BRIGGS, ASA/MICHAUD, GUY: Interdisciplinarity. Problems of Teaching an Research in Universities, Paris 1972.

AXT-PISCALAR, CHRISTINE: Art. Sünde VII. Reformation und Neuzeit, in: TRE 32, 2001, 400–436.

BALSIGER, PHILIPP: Transdisziplinarität: Systematisch-vergleichende Untersuchung disziplinenübergreifender Wissenschaftspraxis, München 2005.

BARRETT, JUSTIN L.: Born Believers. The Science of Children's Religious Belief, New York 2012.

BARTH, HANS-MARTIN: Spiritualität. Göttingen 1993.

BASILIUS VON CÄSAREA: Asceticon I (parvum) / Regulae fusius tractatae – 4. Jahrhundert – 55 ausführliche Regeln in Fragen und Antworten, XXV. 2. Einleitung zu den ausführlichen Regeln, Bibliothek der Kirchenväter der Universität Freiburg (CH) 2023. https://bkv.unifr.ch/de/works/cpg-2876/versions/55-ausfuhrliche-regeln-in-frage-und-antworten-bkv (Stand: 06.07.2023).

BASILIUS VON CÄSAREA: Asceticon II (magnum) / Regulae brevius tractatae – 4. Jahrhundert – 313 kurzgefasste Vorschriften (BKV). XXXIII. 1. Antwort, in: Bibliothek der Kirchenväter der Universität Freiburg (CH) 2023. https://bkv.unifr.ch/de/works/cpg-2875/versions/313-kurzgefasste-vorschriften-bkv (Stand: 06.07.2023).

BÄUMER, REGINA/PLATTIG, MICHAEL (Hrsg.): »Dunkle Nacht« und Depression. Geistliche und psychische Krisen verstehen und unterscheiden, Ostfildern 2010.

BECK, ULRICH: Die Metamorphose der Welt, Berlin 2016.

BECK, ULRICH/BECK-GERNSHEIM, ELISABETH: Individualisierung in modernen Gesellschaften, in: Dies. (Hrsg.), Riskante Freiheiten. Individualisierung in modernen Gesellschaften, Frankfurt am Main 1994, 10–42.

BEINTKER, HORST: Art. Anfechtung. III. Reformations- und Neuzeit und IV. Dogmatisch, in: TRE 2, 1978, 695–704.

BEINTKER, HORST: Art. Anfechtung. IV. Dogmatisch, in: TRE 2, 1978, 704–708.

BENEDIKT, MONTECASSINO: Regula Benedicti, Die Benediktusregel. Lateinisch/Deutsch. Salzburger Äbtekonferenz (Hrsg.), Beuron ⁴2006.

BENEDIKTUSHOF HOLZKIRCHEN, https://www.benediktushof-holzkirchen.de/wp-content/uploads/2022/10/2023_Mystagogik.pdf (Stand 15.07.2023).

BERGER, PETER A./HITZLER, RONALD (Hrsg.): Individualisierungen. Ein Vierteljahrhundert »jenseits von Stand und Klasse«?, Wiesbaden 2010.

BERGER, PETER L./LUCKMANN, THOMAS: Die gesellschaftliche Konstruktion der Wirklichkeit: Eine Theorie der Wissenssoziologie, Frankfurt ²⁴2012.

BERNSCHEIN, CHRISTINA: Neuere Entwicklungen im Bestattungsgewerbe als Chancen und Herausforderungen für die kirchliche Praxis, in: Pastoraltheologie 103 (2014), 378–391.

BOBERT, SABINE: Jesus-Gebet und neue Mystik. Grundlagen einer christlichen Mystik, Kiel 2010.

BOBERT, SABINE: Mystik und Coaching. Mit MTP – Mental Turning Point, Kiel ²2011.

BOISEN, ANTON T.: The Exploration of the Inner World. A study of Mental Disorder and Religious Experiences, New York 1936 (Neuauflage 1996).

BONHOEFFER, THOMAS: Ursprung und Wesen der christlichen Seelsorge, München 1985.

BRAND, FRANK/SCHALLER, FRANZ/VÖLKER, HARALD (Hrsg.): Transdisziplinarität. Bestandsaufnahme und Perspektiven, Göttingen 2004.

BRANDT, BEATE: Jeden Tag leibhaftig leben. Übungsbücher zur Scharing-Eutonie, Mainz 1988.

BRASSLER, MIRJAM: Praxishandbuch Interdisziplinäres Lehren und Lernen. 50 Methoden für die Hochschullehre, Weinheim 2020.

BREDEKAMP, HORST: Theorie des Bildakts. Berlin 2010.

BROWN, DANIEL P.: Die Stadien der Meditation in kulturübergreifender Perspektive, in: WILBER, KEN/ENGLER, JACK/BROWN, DANIEL P. (Hrsg.): Psychologie der Befreiung: Perspektiven einer neuen Entwicklungspsychologie – Die östliche und die westliche Sicht des menschlichen Reifungsprozesses, Bern/München/Wien 1988, 229–294.

BUCHER, ANTON: Psychologie der Spiritualität, Weinheim/Basel 2007.

BUCHER, ANTON: Stufe um Stufe? Modelle der spirituellen Entwicklung, in: Hofmann, Liane/ Heise, Patrizia (Hrsg.): Spiritualität und spirituelle Krisen. Handbuch zu Theorie, Forschung und Praxis, Stuttgart, 81-92.

BÜCHNER, CHRISTINE (Hrsg.): Verschieden im Einssein: Eine interdisziplinäre Untersuchung zu Meister Eckharts Verständnis von Wirklichkeit, Leuven 2018.

BUKOWSKI, PETER: Die Bibel ins Gespräch bringen. Erwägungen zu einer Grundfrage der Seelsorge, Neukirchen-Vluyn ³1996.

BUNDESMINISTERIUM FÜR ARBEIT UND SOZIALES (Hrsg.): 7. Armuts- und Reichtumsbericht https://www.armuts-und-reichtumsbericht.de/DE/Service/Open-Data/opendata.html (Stand: 02.04.2024).

BURGER, CHRISTOPH: Art. Anfechtung, in: LEPPIN, VOLKER/SCHNEIDER-LUDORFF, GURY (Hrsg.), Das Luther-Lexikon, Regensburg ²2015, 59-60.

BÜRGLER, BERNHARD SJ: Buchbesprechung von Andrea Gorres, Geistliche Begleitung als mystagogische Seelsorge. Ein integrativer pastoralpsychologischer Entwurf aus evangelischer Perspektive, in: Geist und Leben 3 (2019), 325-326.

BÜTTNER, GERHARD/DIETERICH, VEIT-JACOBUS: Entwicklungspsychologie in der Religionspädagogik, Göttingen 2013.

CASEY, MICHAEL: Die Lehre des heiligen Benedikt über die Demut, St. Ottilien 2012.

CENTER FOR HUMAN EMERGENCE, https://humanemergence.de/ (Stand 24.05.2023).

DAHLGRÜN, CORINNA: Christliche Spiritualität. Formen und Traditionen der Suche nach Gott, Berlin/New York 2009.

DAIKER, ANGELIKA/BADER-REISSING, JUDITH: Versöhnt sterben. Palliative Care im Licht der letzten sieben Worte Jesu, Freiburg 2014.

DELGADO, MARIANO: Das Wort des Dekans, Mariano Delgado-HS 2021/II. Kleine Ermutigung zur mystagogischen Seelsorge, Universität Freiburg (CH), 10.11.2021. https://www.unifr.ch/theo/de/news/news/26172/trad.de (Stand: 03.01.2022).

DELGADO, MARIANO: Fünf Prinzipien zur mystagogischen Seelsorge, katholisches Medienzentrum, 28.01.2021. https://www.kath.ch/newsd/mariano-delgado-fuenf-prinzipien-zur-mystagogischen-seelsorge/ (Stand: 03.01.2022).

DESTATIS STATISTISCHES BUNDESAMT: Bevölkerung. Demographischer Wandel. https://www.destatis.de/DE/Themen/Querschnitt/Demografischer-Wandel/_inhalt.html. (Stand: 25.02.2023).

DEUTSCHE GESELLSCHAFT FÜR PASTORALPSYCHOLOGIE, https://www.pastoralpsychologie.de/ (Stand 10.06.2023)

DIAKONIE RHEINLAND WESTFALEN LIPPE (Hrsg.): Diakonie gegen Armut. Dossier 2020. https://www.diakonie-rwl.de/dossiers/diakonie-gegen-armut. (Stand: 02.04.2024).

DIGITALES WÖRTERBUCH DER DEUTSCHEN SPRACHE: Art. »Mystik«. https://www.dwds.de/wb/Mystik (Stand: 05.06.2023).

DIX, CAROLIN (2021): Die christliche Predigt im 21. Jahrhundert. Multimodale Analyse einer kommunikativen Gattung, Heidelberg 2021.

DRECHSEL, WOLFGANG: Die Vielfalt der seelsorglichen Praxis als Grundlage der Frage nach der Seelsorge, in: DRECHSEL, WOLFGANG/KAST-STREIB, SABINE (Hrsg.), Seelsorgefelder. Annäherung an die Vielgestaltigkeit von Seelsorge, Leipzig 2017, 101–124.

DRECHSEL, WOLFGANG: Gemeindeseelsorge, Leipzig 2015.

DREYER, ELIZABETH A./BURROWS, MARK S. (Hrsg.): Minding the Spirit: The Study of Christian Spirituality, Baltimore 2005.

ECO, UMBERTO: Das offene Kunstwerk, Frankfurt 1973.

EICHENER, ELIS: Die Zukunft der Seele. Eine poimenische Relecture des Seelenbegriffs, Leipzig 2022.

ENGEMANN, WILFRIED (Hrsg.): Handbuch der Seelsorge: Grundlagen und Profile, Leipzig ³2016.

ENGEMANN, WILFRIED: Einführung in die Homiletik, Tübingen ³2020.

ENGLERT, RUDOLF: Schwer zu sagen... Was ist ein religiöser Lernprozess? In: Der Evangelische Erzieher 49/2 (1997), 135–150.

ERIKSON, ERIK H.: Einsicht und Verantwortung. Die Rolle des Ethischen in der Psychoanalyse, Frankfurt 1971.

ERIKSON, ERIK H.: Identität und Lebenszyklus, Frankfurt 1973.

EUROPÄISCHE AKADEMIE FÜR BIO-PSYCHO-SOZIALE GESUNDHEIT, NATURTHERAPIEN & KREATIVITÄTSFÖRDERUNG, https://www.eag-fpi.com/ueber-unsere-akademie/strukturen/anerkennungen-inlandeuropa (Stand: 21.05.2023).

EVANGELISCHE KIRCHE IM RHEINLAND (Hrsg.): Ehrenamtliche in der Seelsorge. Richtlinien zur Ausbildung, Fortbildung und Begleitung von Ehrenamtlichen mit einem bestimmten Seelsorgeauftrag in der Evangelischen Kirche im Rheinland (gemäß § 5 SeelGG). www.ekir.de/www/downloads/ekir2015seelsorge_ehrenamt.pdf (Stand: 22.02.2023).

EVANGELISCHE KIRCHE IM RHEINLAND (Hrsg.): Perspektivschrift. Zur Zukunft der Seelsorge in der Evangelischen Kirche im Rheinland. https://www2.ekir.de/beitrag/perspektiv schrift-seelsorge/ (Stand: 24.02.2023).

EVANGELISCHE KIRCHE IM RHEINLAND (Hrsg.): Seelsorge als Muttersprache der Kirche entwickeln und stärken. Zur Qualitätsentwicklung in der Seelsorge. 2011. https://www.ekir.de/www/downloads/ekir2011handreichung_qualitaet_seelsorge.pdf. (Stand: 24.04.2023).

EVANGELISCHE KIRCHE IN DEUTSCHLAND (EKD) (Hrsg.): »Hinaus ins Weite – Kirche auf gutem Grund« – Zwölf Leitsätze zur Zukunft einer aufgeschlossenen Kirche. 7. Tagung der 12. Synode der EKD, 8. und 9. November 2020. https://www.ekd.de/zwoelf-leitsaetze-zur-zukunft-einer-aufgeschlossenen-kirche-60102.htm (Stand: 25.02.2023).

EVANGELISCHE KIRCHE IN DEUTSCHLAND (EKD) (Hrsg.): Maße des Menschlichen. Evangelische Perspektiven zur Bildung in der Wissens- und Lerngesellschaft. Eine Denkschrift, Gütersloh ³2005.

EVANGELISCHE KIRCHE IN DEUTSCHLAND (EKD) (Hrsg.): Religiöse Bildungsbiografien ermöglichen. Eine Richtungsanzeige der Kammer der EKD für Bildung und Erziehung, Kinder und Jugend für die vernetzende Steuerung evangelischer Bildung, Leipzig 2022.

FERRER, JORGE N.: Participatory Spirituality and Transpersonal Theory: a Ten-year Retrospective, in: The Journal of Transpersonal Psychology 43 (2011), 1–34.

FITZEK, HERBERT: Gestaltpsychologie kompakt. Grundlinien einer Psychologie für die Praxis, Wiesbaden 2014.

FOWLER, JAMES W.: Dialogue Toward a Future in Faith Development Studies, in: DYKSTRA, CRAIG/PARKS, SHARON (Hrsg.): Faith Development and Fowler, Birmingham 1986, 275–301.

FOWLER, JAMES W.: Glaubensentwicklung. Perspektiven für Seelsorge und kirchliche Bildungsarbeit. München 1989.

FOWLER, JAMES W.: Stufen des Glaubens. Die Psychologie der menschlichen Entwicklung und die Suche nach Sinn, Gütersloh 1991.

FPI-PUBLIKATIONEN, https://www.fpi-publikation.de/ textarchiv-petzold/ (Stand: 02.06.2023).

FRAMBACH, LUDWIG: Hilarion Gottfried Petzold (*1944). Integrative Therapie, in: RASCHZOK, KLAUS/RÖHLIN, KARL-HEINZ (Hrsg.), Kleine Geschichte der Seelsorge im 20. Jahrhundert. Biografische Essays. Festgabe für Richard Riess zum 80. Geburtstag, Leipzig 2018, 203–212.

FRANZEN, GEORG: Analytische Kunstpsychologie, https://www.kunstpsychologie.de/ analytische-kunstpsychologie (Stand: 29.05.2023).

FRERK, CARSTEN: Studierende: Theologie, Religionslehre – 1979–2021. FOWID-Studie veröffentlicht am 26.05.2022. https://fowid.de/meldung/studierende-theologie-reli gionslehre-1979–2021. (Stand: 24.02.2023).

FRITZ, MARTIN: Art. Christlicher Fundamentalismus. Publikation der Evangelischen Zentralstelle für Weltanschauungsfragen, Berlin 2021. https://www.ezw-berlin.de/ publikationen/lexikon/christlicher-fundamentalismus/ (Stand: 15.07.2023).

GABRIEL, KARL (Hrsg.): Gesundheit – Ethik – Politik. Sozialethik der Gesundheitsversorgung. Jahrbuch für christliche Sozialethik Bd. 47 (2006), https://www.uni-muenster.de/Ejournals/index.php/jcsw/issue/view/JCSW%2047 (Stand: 09.06.2023).

GABRIEL, MARKUS: Fiktionen, Berlin 2020.

GARFIELD, SOL L.: Psychotherapie. Ein eklektischer Ansatz, Weinheim 1982.

GARHAMMER, ERICH: Boomt jetzt die Ästhetik? Homiletik und Rezeptionsästhetik, in: GARHAMMER, ERICH/SCHÖTTLER, HEINZ-GÜNTHER (Hrsg.): Predigt als offenes Kunstwerk. Homiletik und Rezeptionsästhetik, München 1998, 13–27.

GODIN, ANDRÉ: Psychologie des experiénces religieuses: Le Désir et la réalité, Paris 1986.

GOERLICH, STEFAN: »Auf die ›Sachen selbst‹ zurückgehen« – Berührungspunkte zwischen philosophischer Phänomenologie und Gestalttheoretischer Psychotherapie, in: Gestalt Theory 22-1 (2000), 45–60.

GORRES, ANDREA: Geistliche Begleitung als mystagogische Seelsorge. Ein integrativer pastoralpsychologischer Entwurf aus evangelischer Perspektive, Göttingen 2018.

GRÄB, WILHELM: Art. Sünde. VIII. Praktisch-theologisch, in: TRE 32 (2001), 436–442.

GRÄB, WILHELM/COTIN, JEROME (Hrsg.): Imaginationen der inneren Welt. Theologische, psychologische und ästhetische Reflexionen zur spirituellen Dimension der Kunst, in: Religion - Ästhetik – Medien 3, Frankfurt 2012.

GROM, BERNHARD: Spiritualität – die Karriere eines Begriffs. Eine religionspsychologische Perspektive, in: FICK, ECKHARD/ROSER, TRAUGOTT (Hrsg.), Spiritualität und Medizin. Gemeinsame Sorge für den kranken Menschen, Stuttgart 2009, 12–17.

GRUNDMANN, CHRISTOFFER H.: Gelingendes Leben! Heilung und Gesundheit in theologischer Perspektive. Vortrag beim Förderverein der Evangelischen Theologischen Fakultät der Universität Leipzig, am 08. 05. 2017, 1–18. https://www.theol.uni-leipzig.de/fileadmin/Fakult%C3%A4t_Theologie/Dokumente/F%C3%B6rderverein/Gelingendes_Leben.pdf (Stand: 09.06.2023).

GUNDERSON, GARY R./COCHRANE, JAMES R.: Religion and the Health of the Public: Shifting the Paradigm, New York 2012.

GUTHKE, KARL S.: Letzte Worte. Variationen über ein Thema der Kulturgeschichte des Westens, München 1990.

HABERER, JOHANNA: Die Seele. Versuch einer Reanimation, München 2021.

HARMS, SILKE: Glauben üben. Grundlinien einer evangelischen Theologie der geistlichen Übung und ihre praktische Entfaltung am Beispiel der »Exerzitien im Alltag«, Göttingen 2011.

HASLINGER, HERBERT: Was ist Mystagogie? Praktisch-theologische Annäherungen an einen strapazierten Begriff, in: KNOBLOCH, STEPHAN/ HASLINGER, HERBERT (Hrsg.), Mystagogische Seelsorge. Eine lebensgeschichtlich orientierte Pastoral, Mainz 1991, 15–75.

HL. JOHANNES VON SINAI: Klimax oder die Himmelsreiter übersetzt von Mönch Makedos, Athen/Würzburg 2000.

HEIN, FRANZISKA: Religionssoziologe: Traditionsabbruch Ursache für Kirchenaustritte, https://www.evangelisch.de/inhalte/171886/26-06-2020/religionssoziologe-traditionsabbruch-ursache-fuer-kirchenaustritte.de (Stand: 18.12.2022).

HEINL, HILDEGUND/PETZOLD, HILARION G./FALLENSTEIN, ANNE: Das Arbeitspanorama, in: PETZOLD, HILARION G./HEINL, HILDEGUND (Hrsg.). Psychotherapie und Arbeitswelt, Paderborn 1983, 356–408. https://www.fpi-publikation.de/textarchiv-petzold/heinl-h-petzold-h-g-fallenstein-a-1983-das-arbeitspanorama/ (Stand: 25.02.2023).

HELLER, EVA: Wie Farben auf Gefühl und Verstand wirken, München 2000.

HEMPELMANN, HEINZ-PETER et al. (Hrsg.): Handbuch Bestattung: Impulse für eine milieusensible kirchliche Praxis, Göttingen 2015.

HENKE, KATHARINA/MARZINZIK-BONESS, ANNETTE (Hrsg.): »Aus dem etwas machen, wozu ich gemacht worden bin«. Gestaltseelsorge und integrative Pastoralarbeit, Stuttgart 2005.

HERBST, MICHAEL: Beziehungsweise. Grundlagen und Praxisfelder evangelischer Seelsorge, Neukirchen-Vluyn ²2013.

HIRSCH HADORN, GERTRUDE et al. (Hrsg.): Handbook of Transdisciplinary Research, Berlin 2008.

HOFFMANN, YOEL: Die Kunst des letzten Augenblicks. Todesgedichte japanischer Zenmeister, Freiburg 2000.

HOFMANN, LIANE/HEISE, PATRIZIA (Hrsg.): Spiritualität und spirituelle Krisen. Handbuch zu Theorie, Forschung und Praxis, Stuttgart 2017.

IGNATIUS VON LOYOLA: Die Exerzitien, Einsiedeln [13]2005.

INTEGRALES FORUM, Buchauszug:»Integrales Christentum« von Marion Küstenmacher, https://www.integralesforum.org/integrale-perspektiven/2019/167-ip-03-2019/5026-buchauszug-integrales-christentum-von-marion-kuestenmacher/ (Stand: 23.05.2023).

INTEGRALES FORUM, https://www.integralesforum.org/ (Stand: 24.05.2023).

JÄGER, WILLIGIS: Ewige Weisheit. Das Geheimnis hinter allen spirituellen Wegen, München [2]2011.

JAMES, WILLIAM: Die Vielfalt religiöser Erfahrung. Eine Studie über die menschliche Natur, Frankfurt/Leipzig 1997.

JOHANNES VOM KREUZ: Dunkle Nacht, in: Des Heiligen Johannes vom Kreuz sämtliche Werke in fünf Bänden. Neue deutsche Ausgabe von P. Aloysius Ab Immac. Conceptione und P. Ambrosius A.S. Theresia unbeschuhte Karmeliten Bd. 2, München [9]1992.

JOHANNES VOM KREUZ: Lebendige Liebesflamme, in: Des Heiligen Johannes vom Kreuz sämtliche Werke in fünf Bänden. Neue deutsche Ausgabe von P. Aloysius Ab Immac. Conceptione und P. Ambrosius A.S. Theresia unbeschuhte Karmeliten, Bd 3, München 1991.

JOHANNES VOM SINAI: Klimax oder die Himmelsleiter. Übers. von Mönch Georgios Makedos m. 24 Miniaturen u. einem Vorwort des Erzbischofs des Sinai. Hrsg. von der Berg-Sinai-Stiftung, Athen/Würzburg 2000.

JOSUTTIS, MANFRED: Spiritualität in wissenschaftlicher Sicht, in: Verkündigung und Forschung 47/1 (2002), 70–89.

JOSUTTIS, MANFRED: Die Einführung in das Leben. Pastoraltheologie zwischen Phänomenologie und Spiritualität, Gütersloh 1996.

JOSUTTIS, MANFRED: Kraft durch Glauben. Biblische, therapeutische und esoterische Impulse für die Seelsorge, Gütersloh 2008.

JOSUTTIS, MANFRED: Religion als Handwerk. Zur Handlungslogik spiritueller Methoden, Gütersloh 2002.

JUNG, CARL G.: Der Mensch und seine Symbole, Ostfildern [17]2009.

JÜNGEL, EBERHARD: Tod, Gütersloh [4]1990.

JUNGERT, MICHAEL: Was zwischen wem und warum eigentlich? Grundsätzliche Fragen der Interdisziplinarität, in: MICHAEL JUNGERT et al. (Hrsg.), Interdisziplinarität. Theorie, Praxis, Probleme, Darmstadt [2]2013, 1–13.

KALLOCH, CHRISTINA/LEIMGRUBER, STEFAN/SCHWAB, ULRICH: Lehrbuch der Religions-didaktik, Freiburg [3]2014.

KARLE, ISOLDE: Praktische Theologie (LETh 7), Leipzig 2020.

KARLE, ISOLDE: Wie von der Seele sprechen? Poimenische Perspektiven, in: Evangelische Theologie 82/3 (2022), 164–175.

KATZ, STEVEN T.: Mysticism and Sacred Scripture, New York 2000.

KEGLER, JÜRGEN: Biblische Begriffe und Vorstellungen von »Seele«, in: Seelenphänomene. Ein interdisziplinärer Dialog, Jahrbuch der Karl-Heim-Gesellschaft. Bd. 29 (2016), 95–110.

KEMNITZER, KONSTANZE: Die erschreckenden Grenzen des Raumes, in: ULRICH BEUTTLER/ MARKUS MÜHLING/MARTIN ROTHGANGEL (Hrsg.), Raum. Interdisziplinäre Aspekte zum Verständnis von Raum und Räumen, Jahrbuch der Karl-Heim-Gesellschaft. Bd. 34 (2022), 137–152.

KEMNITZER, KONSTANZE: Glaubenslebenslauf-Imaginationen. Eine theologische Untersuchung über Vorstellungen vom Glauben im Wandel der Lebensalter, Leipzig 2013.

KEMNITZER, KONSTANZE: Inspiration und Imagination. Praktisch-theologische Überlegungen zu Kreativität und Innovation im Anthropozän, in: FRIEDRICH JÄGER/SABINE VOSSKAMP (Hrsg.), Wie kommt das Neue in die Welt? Kreativität und Innovation interdisziplinär. Berlin 2023, 229–245.

KEMNITZER, KONSTANZE: Muster der Sünde. Praktisch-theologische Beobachtungen zur digitalen Gesellschaft, in: Kerygma und Dogma 67/1 (2021), 71–84.

KEUPP, HEINER et al.: Identitätskonstruktionen. Das Patchwork der Identitäten in der Spätmoderne, Reinbek 1999.

KEUPP, HEINER: Identität. Essay. Spektrum. Lexikon der Psychologie, 4.12.2014. https://www.spektrum.de/lexikon/psychologie/identitaet/6968 (Stand: 02.04.2024).

KEUPP, HEINER: Patchwork-Identität - Riskante Chancen bei prekären Ressourcen. Vortrag in Dortmund am 20. Mai 2005. https://www.ipp-muenchen.de/publikationen/ patchwork-identitaet-riskante-chancen-bei-prekaeren-ressourcen/ (Stand: 08.06.2023).

KEUPP, HEINER: Vom Ringen um Identität in der spätmodernen Gesellschaft Eröffnungsvortrag bei den 60. Lindauer Psychotherapiewochen am 18. April 2010, 1–23. URL: https://www.ipp-muenchen.de/publikationen/vom-ringen-um-identitaet-in-der-spaetmodernen-gesellschaft-2/ (Stand: 08.06.2023).

KIRCHENKANZLEI IM AUFTRAGE DES RATES DER EKD (Hrsg.): Evangelische Spiritualität. Überlegungen und Anstöße zu einer Neuorientierung, Gütersloh 1979.

KLAPPENECKER, GABRIELE: Art. Biografie/Lebensgeschichte/Lebenslauf, in: WiReLex, 1–13. https://www.bibelwissenschaft.de/ressourcen/wirelex/8-lernende-lehrende/ biografie-lebensgeschichte-lebenslauf (Stand: 24.02.2023).

KLAPPENECKER, GABRIELE: Glaubensentwicklung und Lebensgeschichte. Eine Auseinandersetzung mit der Ethik James W. Fowlers, zugleich ein Beitrag zur Rezeption von H. R. Niebuhr, Lawrence Kohlberg und Erik H. Erikson, Stuttgart 1998.

KLEIN, JULIE THOMPSON/SCHNEIDER, CAROL GEARY: Creating Interdisciplinary Campus Cultures: A Model for Strength and Sustainability, San Francisco 2010.

KLEMPT, EBERHARD: Explodierende Vielfalt. Wie Komplexität entsteht, Berlin 2019.

KLESSMANN, MICHAEL: Das Pfarramt. Einführung in die Grundfragen der Pastoraltheologie, Neukirchen-Vluyn 2012.

KLESSMANN, MICHAEL: Pastoralpsychologie. Ein Lehrbuch, Neukirchen-Vluyn 2004.

KLESSMANN, MICHAEL: Seelsorge. Begleitung, Begegnung, Lebensdeutung im Horizont des christlichen Glaubens. Ein Lehrbuch, Neukirchen-Vluyn 2008.

KLESSMANN, MICHAEL: Theologie und Psychologie im Dialog. Einführung in die Pastoralpsychologie, Göttingen 2021.

KLESSMANN, MICHAEL: Verschwiegene Macht. Figurationen von Macht und Ohnmacht in der Kirche, Göttingen 2023.

KLUGE, FRIEDRICH (Hrsg.): Etymologisches Wörterbuch der deutschen Sprache, Berlin/ New York [24]2002.

KNOBLOCH, STEFAN/HASLINGER, HERBERT (Hrsg.): Mystagogische Seelsorge. Eine lebensgeschichtlich orientierte Pastoral, Mainz 1991.

KOBBERT, MAX J.: Kunstpsychologie. Kunstwerk, Künstler und Betrachter, Darmstadt 2019.

KOHLI REICHENBACH, CLAUDIA: Gleichgestaltet dem Bild Christi, Kritische Untersuchungen zur Geistlichen Begleitung als Beitrag zum Spiritualitätsdiskurs, Berlin/Boston 2011.

KOHLI REICHENBACH, CLAUDIA/SONNABEND, IRENE: Posttraditionale Suchbewegungen in der Geistlichen Begleitung, in: GREINER, DOROTHEA/RASCHZOK, KLAUS/ROST, MATTHIAS (Hrsg.), Geistlich Begleiten. Eine Bestandsaufnahme evangelischer Praxis, Leipzig 2011, 155–168.

KOSTKA, ULRIKE: Der Mensch in Krankheit, Heilung und Gesundheit im Spiegel der modernen Medizin. Eine biblische und theologisch-ethische Reflexion, Münster 2000.

KOSTKA, ULRIKE: Krankheit und Heilung. Ein urbiblisches Thema und die therapeutische Kompetenz der Theologie, in: Evangelische Aspekte 31/1 (2021). https://www.evangelische-aspekte.de/krankheit-heilung-bibel-theologie/ (Stand: 09.06.2023).

KOSTKA, ULRIKE: Krankheit und Heilung. Zum theologischen Verständnis von Gesundheit und Krankheit und zur therapeutischen Kompetenz der Theologie, in: JCSW 47 (2006), 51–76.

KOTRE, JOHN: Weiße Handschuhe. Wie das Gedächtnis Lebensgeschichten schreibt, München 1996.

KUNZ, RALPH/KOHLI REICHENBACH, CLAUDIA: Spiritualität im Diskurs. Spiritualitätsforschung in theologischer Perspektive, Zürich 2012.

LADENHAUF, KARL HEINZ: Gestaltseelsorge und Integrative Pastoralarbeit, in: WILFRIED ENGEMANN (Hrsg.), Handbuch der Seelsorge: Grundlagen und Profile, Leipzig ³2016, 347–357.

LADENHAUF, KARL HEINZ: Integrative Therapie und Gestalttherapie in der Seelsorge. Grundfragen und Konzepte für Fortbildung und Praxis, Paderborn 1988.

LAMMER, KERSTIN: Beratung mit religiöser Kompetenz. Beiträge zu pastoralpsychologischer Seelsorge und Supervision, Neukirchen-Vluyn 2011.

LEITNER, ANTON: Handbuch der Integrativen Therapie, Wien/New York 2010.

LEVINAS, EMMANUEL: Die Spur des Anderen. Untersuchungen zur Phänomenologie und Sozialphilosophie, Freiburg/München 1992.

LINCOLN, TANIA/OSSENBRÜGGE, JÜRGEN: Effekte der Pandemie-Maßnahmen. Corona: Psychisch gesund durch die Krise, Deutschlandfunk Nova, 27.02.2021. https://www.deutschlandfunknova.de/beitrag/corona-psychisch-gesund-durch-die-krise.

LINSENHOFF, ARNDT/BASTINE, REINER/KOMMER, DETLEV: Schulenübergreifende Perspektiven in der Psychiatrie, in: Integrative Therapie 4 (1980), 302–322.

LOFTUS, ELISABETH/KETCHAM, KATHERINE: Die therapierte Erinnerung. Vom Mythos der Verdrängung bei Anklagen wegen sexuellen Missbrauchs, München 1995.

LOFTUS, ELIZABETH F.: Falsche Erinnerungen, in: Spektrum der Wissenschaft 1 (1998), 63ff. https://www.spektrum.de/magazin/falsche-erinnerungen/823559 (Stand: 24.02.2023).

LORENZ, ERIKA: Ins Dunkel geschrieben. Johannes vom Kreuz. Briefe geistlicher Führung, Freiburg 1987.

LÜCKEL, KURT: Begegnung mit Sterbenden. »Gestaltseelsorge« in der Begleitung sterbender Menschen, München 1981.

LUCKMANN, THOMAS: Die unsichtbare Religion, Frankfurt 1991.

LUHMANN, NIKLAS: Systemtheorie der Gesellschaft, Berlin 2017.

LUTHER, HENNING: Identität und Fragment. Praktisch-theologische Überlegungen zur Unabschließbarkeit von Bildungsprozessen, in: Ders.: Religion und Alltag. Bausteine zu einer Praktischen Theologie des Subjekts, Stuttgart 1992, 160–182.

LUTHER, MARTIN: Von der Wiedertaufe: Ein Brief an zwei Pfarrer, in: SCHILLING, JOHANNES (Hrsg.), Martin Luther. Deutsch-deutsche Studienausgabe Bd. 2, Leipzig 2015, 443–508.

MACK, WOLFGANG: Psychologie mit und ohne Seele, in: Seelenphänomene. Ein interdisziplinärer Dialog. Jahrbuch der Karl-Heim-Gesellschaft. Bd. 29, Frankfurt 2016, 35–76.

MARTIN, GERHARD MARCEL: Offene Kunstwerke schaffen, in: CHARBONNIER, LARS et al. (Hrsg.): Homiletik. Aktuelle Konzepte und ihre Umsetzung, Göttingen 2012, 102–118.

McGINN, BERNHARD: Die Mystik im Abendland. Bd. 1: Ursprünge, Freiburg 1994.

MEAD, GEORGE HERBERT: Geist, Identität und Gesellschaft aus der Sicht des Sozialbehaviorismus, Frankfurt 2005.

MERLE, KIRSTIN: Religion in der Öffentlichkeit. Digitalisierung als Herausforderung für kirchliche Kommunikationskulturen, Berlin/Bosten 2019.

METZ-GÖCKEL, HELLMUTH: Gestalttheorie und kognitive Psychologie, Wiesbaden 2016.

METZGER, WOLFGANG: Psychologie. Die Entwicklung ihrer Grundannahmen seit der Einführung des Experiments, Darmstadt 1954.

METZGER, WOLFGANG: Was ist Gestalttheorie? in: Guss, Kurt (Hrsg.), Gestalttheorie und Erziehung, Darmstadt 1975, 1–17.

MIETHE, INGRID: Biographiearbeit. Lehr- und Handbuch für Studium und Praxis, Weinheim/Basel ³2017.

MITTELSTRASS, JÜRGEN: Transdisziplinarität – wissenschaftliche Zukunft und institutionelle Wirklichkeit, Konstanz 2003.

MORGENTHALER, CHRISTOPH: Seelsorge, Gütersloh ²2012.

MÜHLING, MARKUS: »Seelen« als Verb. Überlegungen zwischen Theologie und Hirnforschung, in: Seelenphänomene. Ein interdisziplinärer Dialog. Jahrbuch der Karl-Heim-Gesellschaft 29 (2016), 111–136.

MÜHLING, MARKUS: Post-Systematische Theologie I, Denkwege – eine theologische Philosophie, Paderborn 2020.

MÜHLING, MARKUS: Post-Systematische Theologie II, Gottes trinitarisches Liebesabenteuer: Dreieiniges Werden, ökologische Schöpfungswege, Menschen und Verrückung, Paderborn 2023.

NASSEHI, ARMIN: Zukunft der Kirchen. Insel der Seligen, in: Zeit 42 (2020). https://www.zeit.de/2020/42/zukunft-der-kirchen-mitgliederschwund-weltbilder-ekd (Stand: 01.12.2022).

NAUER, DORIS: Seelsorge. Sorge um die Seele, Stuttgart ³2014.

NAUER, DORIS: Seelsorgekonzepte im Widerstreit. Ein Kompendium, Stuttgart/Berlin/Köln, 2001.

NEUSCHÄFER, ANDREAS: Anfechtung: Andererseits glauben – Ein vergessener theologischer Topos wiederentdeckt, in: Deutsches Pfarrerblatt 3 (2015), 1–9.

NICOL, MARTIN/DEEG, ALEXANDER: Einander ins Bild setzen, in: CHARBONNIER, LARS et al. (Hrsg.), Homiletik. Aktuelle Konzepte und ihre Umsetzung, Göttingen 2012, 68–84.

NOTH, ISABELL/WAGNER, ANDREAS: Alttestamentliche Perspektiven auf das Seelenverständnis in der Seelsorge, in: Wege zum Menschen 75 Heft 1 (2023), 72–84.

NYSSEN, WILHELM/MILLER, BONIFAZ: Weisung der Väter. Apophthegmata Patrum, auch Gerontikon oder Alphabeticum genannt, Trier ³1986.

OERTER, ROLF/MONTADA, LEO: Entwicklungspsychologie, Weinheim ⁵2002.

ORTH, ILSE/PETZOLD, HILARION G.: »Zum Thema Integration«. Integration als persönliche Lebensaufgabe (Ilse Orth). Leben als Integrationsprozess und die Grenzen des Integrierens (H.G. Petzold), in: Polyloge 10 (2015), 37–394. https://www.fpi-publikation.de/polyloge/10-2015-orth-i-petzold-h-g-zum-thema-integration-persoenliche-lebensaufgabe-grenzen/ (Stand: 02.07.2023).

ORTH, ILSE/PETZOLD, HILARION G.: Kunsttherapie, in: GERHARD STUMM et al. (Hrsg.) Psychotherapie. Schulen und Methoden, Wien 2011, 375–380.

ORTH, ILSE/PETZOLD, HILARION G.: Metamorphosen-Prozesse der Wandlung in der intermedialen Arbeit der Integrativen Therapie, in: Polyloge 3 (2015), 721–773. https://www.fpi-publikation.de/polyloge/03-2015-orth-i-petzold-h-1990c-metamorphosen-prozesse-der-wandlung-in-der-intermedialen/ (Stand: 25.02.2023).

ORTH, ILSE/PETZOLD, HILARION G.: Theoriearbeit, Praxeologie und Therapeutische Grundregel. Zum transversalen Theoriegebrauch, kreativen Medien und methodischer Reflexion in der Integrativen Therapie mit suchtkranken Menschen, in: Polyloge 4 (2004), 2–22. https://www.fpi-publikation.de/polyloge/04-2004-orth-i-petzold-h-g-theoriearbeit-praxeologie-und-therapeutische-grundregel/ (Stand: 25.02.2023).

OSTEN, PETER: Die Anamnese in der Psychotherapie. Klinische Entwicklungspsychologie in der Praxis, München/Basel ²2000.

OTT, HEINRICH: Art. Hermeneutik, in: CLAUS WESTERMANN (Hrsg.), Theologie VI x 12 Hauptbegriffe, Stuttgart/Berlin 1967.

OTTO, RUDOLF: West-östliche Mystik. Vergleich und Unterscheidung zur Wesensdeutung, Gotha 1926.

PALMER, STEPHEN E.: Vision Science: Photons to Phenomenology, Cambridge/London 1999.

PENG-KELLER, SIMON: Einführung in die Theologie der Spiritualität, Darmstadt 2010.

PENG-KELLER, SIMON: Gesundheit und Heilung – anthropologische Leitkonzepte und der christliche Heilungsauftrag, in: ROSER, TRAUGOTT (Hrsg.), Handbuch der Krankenhausseelsorge, Göttingen ⁵2019, 54–64.

PERLS, FREDERICK/PERLS, LAURA: Das Ich, der Hunger und die Aggression: die Anfänge der Gestalt-Therapie, München ²1969.

PETZOLD, HILARION G. (Hrsg.): Frühe Schädigungen – späte Folgen? Psychotherapie & Babyforschung 1. Die Herausforderung der Längsschnittforschung, in: Innovative Psychotherapie und Humanwissenschaften 55, Paderborn 1993, 1–523. https://www.fpi-publikation.de/ e-books/petzold-h-g-hrsg-1993c-fruehe-schaedigungen-spaete-folgen-psychotherapie-babyforschung-bd-1/ (Stand: 09.06.2023).

PETZOLD, HILARION G. (Hrsg.): Wille und Wollen. Psychologische Modelle und Konzepte, Göttingen 2001.

PETZOLD, HILARION G. et al.: Grundlagen und Grundmuster »intimer Kommunikation und Interaktion« – »Intuitive Parenting« und Sensitive Care-giving« von der Säuglingszeit über die Lebensspanne, in: PETZOLD HILARION G. (1994j), Die Kraft liebevoller Blicke, (Psychotherapie und Babyforschung 2), Paderborn 1994, 491–646.

PETZOLD, HILARION G. et al.: Protektive Faktoren und Prozesse – die »positive« Perspektive in der longitudinalen, »klinischen Entwicklungspsychologie« und ihre Umsetzung in die Praxis der Integrativen Therapie, in: PETZOLD, HILARION G., 1993c, Frühe Schäden, späte Folgen? (Psychotherapie und Babyforschung 1), Paderborn 1993, 345–497. Aus: Textarchiv H.G. Petzold et al. (1993), https://www.fpi-publikation.de/textarchiv-petzold/petzold-h-g-goffin-j-j-m-oudhof-j-1993-protektive-faktoren-und-prozesse-die-positive/ (Stand: 23.02.2023).

PETZOLD, HILARION G. et al.: Wirksamkeit Integrativer Therapie in der Praxis – Ergebnisse einer Evaluationsstudie im ambulanten Setting, in: Integrative Therapie 2/3 (2000), 277–354.

PETZOLD, HILARION G. et al.: Erkenntniskritische, entwicklungspsychologische, neurobiologische und agogische Positionen der »Integrativen Therapie« als »Entwicklungstherapie« und Selbsterfahrung. Grundlagen für Selbsterfahrung in therapeutischer Weiterbildung, Supervision und Therapie – Theorie, Methodik, Forschung, in: PETZOLD, HILARION G. et al.: Integrative Suchtarbeit. Innovative Modelle, Praxisstrategien und Evaluation, Wiesbaden 2006, 627–713.

PETZOLD, HILARION G.: »Form« und »Metamorphose« als fundierende Konzepte für die Integrative Therapie mit kreativen Medien – Wege intermedialer Kunstpsychotherapie, in: Kunst & Therapie 11 (1987). Aus: Textarchiv H.G. Petzold et al. (1987), https://www.fpi-publikation.de/textarchiv-petzold/petzold-h-g-1987k-1990b-form-und-metamorphose-als-fundierende-konzepte-fuer/ (Stand: 25.02.2023).

PETZOLD, HILARION G.: »Mit einer unsicheren Zukunft leben lernen«. Vortrag am Hospitalhof Stuttgart, Evangelisches Bildungswerk 2006, in: Polyloge 15 (2019). https://www.fpi-publikation.de/polyloge/15-2019-petzold-h-g-2006m-2019-mit-einer-unsicheren-zukunft-leben-lernen-vortrag/ (Stand: 25.02.2023).

PETZOLD, HILARION G.: »Transversale Identität und Identitätsarbeit«. Die Integrative Identitätstheorie als Grundlage für eine entwicklungspsychologisch und sozialisationstheoretisch begründete Persönlichkeitstheorie und Psychotherapie – Perspektiven »klinischer Sozialpsychologie«. Aus: Textarchiv H.G. Petzold et al. (2012), https://www.fpi-publikation.de/textarchiv-petzold/petzold-h-g-2012q-transversale-identitaet-und-identitaetsarbeit-die-integrative-identitaetstheorie-als-grundlage-fuer-eine-entwicklungspsychologisch/ (Stand: 24.02.2023).

PETZOLD, HILARION G.: Body Narrative – traumatische und posttraumatische Erfahrungen aus Sicht der Integrative Therapie, In: Integrative Bewegungstherapie 1-2 (1999), 4–30.

PETZOLD, HILARION G.: Das »neue« Integrationsparadigma in Psychotherapie und klinischer Psychologie und die »Schulen des Integrierens« in einer »pluralen therapeutischen Kultur«, in: Polyloge 27 (2019), 927–1039, https://www.fpi-publikation.de/polyloge/27-2019-petzold-h-g-1992g-neueinst-2019-das-neue-integrationsparadigma-in-psychotherapie-und-klinischer-psychologie-und-die-schulen-des-integrierens-in-einer-pluralen-therapeutischen-ku/ (Stand: 25.02.2023).

PETZOLD, HILARION G.: Das Ko-respondenzmodell als Grundlage der Integrativen Therapie und Agogik, in: Supervision: Theorie-Praxis-Forschung 7 (2017). https://www.fpi-publikation.de/supervision/07-2017-petzold-h-g-1978c-1991e-2017-das-ko-respondenzmodell-als-grundlage-integrativer/ (Stand: 26.02.2023).

PETZOLD, HILARION G.: Das Ko-respondenzmodell in der Integrativen Agogik, in: Integrative Therapie 1, Paderborn 1978, 21–56.

PETZOLD, HILARION G.: Definitionen und Kondensate von Kernkonzepten der Integrativen Therapie, in: Gestalt (Schweiz) 25 (2005), 17–60.

PETZOLD, HILARION G.: Der »informierte Leib« – embodied and embedded als Grundlage der Integrativen Leibtherapie, in: Polyloge 7 (2002). https://www.fpi-publikation.de/polyloge/ 07-2002-petzold-h-g-der-informierte-leib/ (Stand: 24.02.2023).

PETZOLD, HILARION G.: Die Rolle des Therapeuten und die therapeutische Beziehung in der Integrativen Therapie (1980), in: Polyloge 5 (2013), Paderborn 1980.

PETZOLD, HILARION G.: Eine »Dritte Welle« der Integrativen Therapie im neuen Millennium – vertiefende Projekte und ko-kreative Polyloge zu Natur, Kunst/Kultur und Ökologie integrativ-humantherapeutischer Theorie und Praxis – Transgressionen I, in: Polyloge 5

(2019). https://www.fpi-publikation.de/polyloge/05-2019-petzold-h-g-sieper-j-orth-i-2002-neu-2019-eine-dritte-welle-der-integrativen/de (Stand: 23.02.2023).

PETZOLD, HILARION G.: Einführung in die Integrative Biographiearbeit Hand-Out zum Vortrag in der Online-Akademie der EAG. 10. Januar 2022. Aus: Textarchiv H.G. Petzold et al. (2022), https://www.fpi-publikation.de/textarchiv-petzold/petzold-h-g-2022b-einfuehrung-in-die-integrative-biographiearbeit-hand-out-zum-vortrag-in-der-online-akademie-der-eag-10-1-2022/ (Stand: 06.04.2024).

PETZOLD, HILARION G.: Integrative Bewegungs- und Leibtherapie. Ein ganzheitlicher Weg leibbezogener Psychotherapie (Integrative Therapie Bd. I/1-2), Paderborn ³1996.

PETZOLD, HILARION G.: Integrative fokale Kurzzeittherapie (IFK) und Fokaldiagnostik – Prinzipien, Methoden, Techniken, in: Integrative Therapie 3 (1993), 985-1048. Aus: Textarchiv H. G. Petzold et al (1993). https://www.fpi-publikation.de/downloads/?doc=textarchiv-petzold_petzold-1993p-integrative-fokale-kurzzeittherapie-ifk-fokaldiagnostik-prinzipien-methode-techniken.pdf (Stand: 25.02.2023).

PETZOLD, HILARION G.: Integrative Supervision, Meta-Consulting & Organisations-entwicklung. Modelle und Methoden reflexiver Praxis. Ein Handbuch für Modelle und Methoden reflexiver Praxis, Paderborn 1998.

PETZOLD, HILARION G.: Integrative Supervision, Meta-Consulting und Organisations-entwicklung, Wiesbaden ²2007.

PETZOLD, HILARION G.: Integrative Therapie – Transversalität zwischen Innovation und Vertiefung. Die »Vier WEGE der Heilung und Förderung« und die »14 Wirkfaktoren« als Prinzipien gesundheitsbewusster und entwicklungsfördernder Lebensführung. Aus: Textarchiv H.G. Petzold et al. (2012), URL: https://www.fpi-publikation.de/textarchiv-petzold/petzold-h-g-2012h-integrative-therapie-transversalitaet-zwischen-innovation-und-vertiefung/ (Stand: 09.06.2023).

PETZOLD, HILARION G.: Integrative Therapie. Modelle, Theorien und Methoden für eine schulenübergreifende Psychotherapie. (Integrative Therapie Bd. II/1-3), Paderborn 1991.

PETZOLD, HILARION G.: Intersubjektive Hermeneutik und Metahermeneutik und die »komplexe Achtsamkeit« der Integrativen Therapie, in: Zeitschrift für Integrative Gestaltpädagogik und Seelsorge 81 (2016), 51-53. Aus: Textarchiv H.G. Petzold et al., https://www.fpi-publikation.de/textarchiv-petzold/petzold-h-g-2016j-intersubjektive-hermeneutik-und-metahermeneutik-und-die-komplexe/ (Stand: 25.02.2023).

PETZOLD, HILARION G.: Konzepte zu einer mehrperspektivischen Hermeneutik leiblicher Erfahrung und nicht-sprachlichen Ausdrucks II-1, Düsseldorf 1991, 98-152.

PETZOLD, HILARION G.: Mehrperspektivität – ein Metakonzept für die Modellpluralität, konnektivierende Theorienbildung für sozialinterventives Handeln in der Integrativen Supervision, in: Gestalt und Integration 2 (1994), 225-297.

PETZOLD, HILARION G.: Nootherapie und »säkulare Mystik« in der Integrativen Therapie, in: Petzold, Hilarion G. (Hrsg.), Psychotherapie, Meditation, Gestalt, Paderborn 1983, 53-100. https://www.fpi-publikation.de/textarchiv-petzold/petzold-h-g-1983e-nootherapie-und-saekulare-mystik-in-der-integrativen-therapie/ (Stand 04.06.2023).

PETZOLD, HILARION G.: Polyloge: die Dialogzentrierung in der Psychotherapie überschreiten – eine Sicht Integrativer Therapie und klinischer Philosophie, in: Polyloge 8 (2006). https://www.fpi-publikation.de/polyloge/08-2006-petzold-h-g-upd-v-2002c-polyloge-die-dialogzentrierung-in-der-psychotherapie-ueber/ (Stand: 24.02.2023).

PETZOLD, HILARION G.: Psychotherapie & Körperdynamik. Verfahren psycho-physischer Bewegungs- und Körpertherapie, Paderborn 1974.

Petzold, Hilarion G.: Sinnfindung über die Lebensspanne: collagierte Gedanken über Sinn, Sinnlosigkeit, ABERSINN – integrative und differentielle Perspektiven zu transversalem, polylogischem SINN, in: Polyloge 14 (2012), 265–374. https://www.researchgate.net/publication/316645132_ (Stand: 25.02.2023).

Petzold, Hilarion G.: Trauerarbeit, in: Stumm, Gerhard/Pritz, Alfred (Hrsg.), Wörterbuch der Psychotherapie, Wien 2000, 719–720.

Petzold, Hilarion G.: Überforderungserlebnis und nostalgische Reaktion bei ausländischen Arbeitern in der Autoindustrie in der BRD und in Frankreich. Genese, Diagnose, Therapie, Institut St. Denis, Paris 1968.

Petzold, Hilarion G.: Unterwegs zu einem »erweiterten Seelsorgekonzept« für eine »transversale Moderne«, in: Henke, Katharina/Marzinzik-Boness, Annette (Hrsg.), »Aus dem etwas machen, wozu ich gemacht worden bin«. Gestaltseelsorge und Integrative Gemeindearbeit, Stuttgart 2005, 213–237.

Petzold, Hilarion G.: Wege zum Menschen. Methoden und Persönlichkeiten moderner Psychotherapie Bd.1–2, Paderborn 1984.

Petzold, Hilarion G.: Wissenschaftsbegriff, Erkenntnistheorie und Theorienbildung der »Integrativen Therapie« und ihrer biopsychosozialen Praxis (Chartacolloquium III), in: Polyloge 11 (2019). https://www.fpi-publikation.de/polyloge/11-2019-petzold-h-g-2000h-wissenschaftsbegriff-erkenntnistheorie-und-theorienbildung-der-integrativen-therapie-und-ihrer-biopsychosozialen-praxis-chartacolloquium-iii/ (Stand: 25.02.2023).

Petzold, Hilarion G.: Zeit, Zeitqualitäten, Identitätsarbeit und biographische Narration – chronosophische Überlegungen, in: Polyloge 2 (2018), 299–340. https://www.fpi-publikation.de/polyloge/02-2018-petzold-h-g-1991o-zeit-zeitqualitaeten-identitaetsarbeit-und-biographische-narration/ (Stand: 25.02.2023).

Petzold, Hilarion G.: Zentrale Modelle und Kernkonzepte der »Integrativen Therapie«, in: Polyloge 4 (2006). https://www.fpi-publikation.de/polyloge/04-2006-petzold-h-g-upd-v-2002b-zentrale-modelle-und-kernkonzepte-der-integrativen/ (Stand: 24.02.2023).

Petzold, Hilarion G./Lückel, Kurt: Die Methode der Lebensbilanz und des Lebenspanoramas in der Arbeit mit alten Menschen, Kranken und Sterbenden, in: Polyloge 23 (2017), 467–499. https://www.fpi-publikation.de/polyloge/23-2017-petzold-h-g-lueckel-k-1985-lebensbilanz-lebenspanorama-alte-menschen-kranke/ (Stand: 23.02.2023).

Petzold, Hilarion G./Müller, Marianne: Modalitäten der Relationalität – Affiliation, Reaktanz, Übertragung, Beziehung, Bindung – in einer »klinischen Sozialpsychologie« für die Integrative Supervision und Therapie, aus: Textarchiv H. G. Petzold et al. (2005), https://www.fpi-publikation.de/textarchiv-petzold/petzold-h-g-mueller-m-2005-2007-modalitaeten-der-relationalitaet/ (Stand: 24.02.2023).

Petzold, Hilarion G./Orth, Ilse: Die neuen Kreativitätstherapien. Handbuch der Kunsttherapie 1–2, Paderborn/Bielefeld 1990/2007.

Petzold, Hilarion G./Orth, Ilse: Kreative Persönlichkeitsdiagnostik durch »mediengestützte Techniken« in der Integrativen Therapie und Beratung, in: Integrative Therapie 4 (1994), 340–391. Aus: Textarchiv H.G. Petzold et al. (1994a), https://www.fpi-publikation.de/textarchiv-petzold/petzold-h-orth-i-1994a-kreative-persoenlichkeitsdiagnostik-durch-mediengestuetzte/ (Stand: 25.02.2023).

Petzold, Hilarion G./Orth, Ilse: Therapietagebücher, Lebenspanorama, Gesundheits-/Krankheitspanorama als Instrumente der Symbolisierung und karrierebezogenen Arbeit in der Integrativen Therapie, in: Polyloge 26 (2012), 125–171. https://www.fpi-publikation.de/polyloge/26-2012-petzold-h-g-orth-i-1993a-therapietagebuecher-lebenspanorama-gesundheits-krank/ (Stand: 25.02.2023).

Petzold, Hilarion G./Orth, Ilse/Orth-Petzold, Susanne: Integrative Leib- und Bewegungstherapie – ein humanökologischer Ansatz. Das »erweiterte biopsychosoziale Modell«

und seine erlebnisaktivierenden Praxismodalitäten: therapeutisches Laufen, Landschaftstherapie, »Green Exercises«, in: Integrative Bewegungstherapie 1 (2009), 4–48. Aus: Textarchiv H.G. Petzold et al. (2009), https://www.fpi-publikation.de/downloads/?doc=textarchiv-petzold_petzold-orth-orth-petzold-2009-integrative-leib-und-bewegungstherapie-humanoekologischer-ansatz.pdf (Stand: 25.02.2023).

PETZOLD, HILARION G./SIEPER, JOHANNA: Der Wille und das Wollen, Volition und Kovolition – Überlegungen, Konzepte und Perspektiven aus Sicht der Integrativen Therapie, in: Polyloge 4 (2003).

PETZOLD, HILARION G./SIEPER, JOHANNA/ORTH, ILSE: »Psychotherapie und »spirituelle Interventionen«?, in: Psychologische Medizin 21 (2010), 13–22. https://www.researchgate.net/publication/316646057_Psychotherapie_und_spirituelle_Interventionen (Stand: 24.02.2023).

PFEIFER, WOLFGANG et al. (Hrsg.), Art. Entwicklung, in: Etymologisches Wörterbuch des Deutschen (1993a), digitalisierte und von Wolfgang Pfeifer überarbeitete Version im Digitalen Wörterbuch der deutschen Sprache, https://www.dwds.de/wb/etymwb/Entwicklung (Stand: 05.06.2023).

PFEIFER, WOLFGANG et al. (Hrsg.), Art. Evolution, in: Etymologisches Wörterbuch des Deutschen (1993b), digitalisierte und von Wolfgang Pfeifer überarbeitete Version im Digitalen Wörterbuch der deutschen Sprache, https://www.dwds.de/wb/etymwb/Evolution (Stand: 05.06.2023).

PFEIFER, WOLFGANG et al. (Hrsg.), Art. Identität, in: Etymologisches Wörterbuch des Deutschen (1993c), digitalisierte und von Wolfgang Pfeifer überarbeitete Version im Digitalen Wörterbuch der deutschen Sprache, https://www.dwds.de/wb/etymwb/Identit%C3%A4t (Stand: 08.06.2023).

PFEIFER, WOLFGANG et al. (Hrsg.), Art. Seele, in: Etymologisches Wörterbuch des Deutschen (1993), digitalisierte und von Wolfgang Pfeifer überarbeitete Version im Digitalen Wörterbuch der deutschen Sprache, https://www.dwds.de/wb/etymwb/Seele (Stand: 01.11.2023).

PHILIPP, THORSTEN: Art. Interdisziplinarität, in: Handbuch Transdisziplinäre Didaktik (2021), 163–174, https://www.researchgate.net/publication/356685019_Interdisziplinaritat.de (Stand: 20.02.2023).

PIAGET, JEAN: Meine Theorie der geistigen Entwicklung, Weinheim 2003.

PLATTIG, MICHAEL/STOLINA, RALF (Hrsg.): Das Geheimnis Gottes und die Würde des Menschen. Spiritualität zu Beginn des dritten Jahrtausends, Ostfildern 2008.

QUEKELBERGHE, RENAUD VAN: Art. Mystische Erfahrungen, in: HOFMANN, LIANE/HEISE, PATRIZIA (Hrsg.), Spiritualität und spirituelle Krisen. Handbuch zu Theorie, Forschung und Praxis, Stuttgart 2017, 180–190.

RAHM, DOROTHEA et al.: Einführung in die Integrative Therapie. Grundlagen und Praxis, in: PETZOLD, HILARION G. (Hrsg.), Innovative Psychotherapie und Humanwissenschaft 51, Paderborn 1999, 537–544.

RAHNER, KARL: Einübung priesterliche Existenz, Wien u. a. 1970.

RAHNER, KARL: Zur Theologie des geistlichen Lebens, (Schriften zur Theologie 7), Einsiedeln 1966.

RASCHZOK, KLAUS/ROST, MATTHIAS: Geistliche Begleitung evangelisch-theologisch reflektiert, in: GREINER; DOROTHEA et al (Hrsg.). Geistlich begleiten. Eine Bestandsaufnahme evangelischer Praxis, Leipzig 2011, 111–121.

REESE, ANNEGRET: »Ich weiß nicht, wo da Religion anfängt und aufhört «. Eine empirische Studie zum Zusammenhang von Lebenswelt und Religiosität bei Singlefrauen, Gütersloh 2006.

REPGES, WALTER: Der Weg des Glaubens nach Johannes vom Kreuz, in: Geist und Leben. Zeitschrift für Aszese und Mystik 59 (1986), 34–47.

RIEDEL, INGRID: Farben in Religion, Gesellschaft, Kunst und Psychotherapie, Stuttgart [13]1995.

RIESS, RICHARD: Die Wandlung des Schmerzes. Zur Seelsorge in der modernen Welt, Göttingen 2009.

RILKE, RAINER MARIA, Nennt ihr das Seele, 1897, aus: Ders., Die Gedichte. Nach der von Ernst Zinn besorgten Edition der sämtlichen Werke, Insel Verlag, [7]1995, 103.

RIZOLLATTI, GIACOMO et al.: Premotor Cortex and the Recognition of Motor Actions, in: Cognitive Brain Research 3 (1996), 131–141.

RIZOLLATTI, GIACOMO et al.: Visuomotor Neurons: Ambiguity of the Discharge or ‹Motor› Perception?, in: International Journal of Psychophysiology 35 (2000), 165–177.

Rogers, Carl R.: Entwicklung der Persönlichkeit. Psychotherapie aus der Sicht eines Therapeuten, Stuttgart [9]1992.

ROLLETT, BRIGITTA et al. (Hrsg.): Eingebettet ins Menschsein, (Beispiel Religion 3. Aktuelle Studien zur religiösen Entwicklung), Lengerich 2004.

ROSA, HARTMUT: Beschleunigung und Entfremdung. Entwurf einer kritischen Theorie spätmoderner Zeitlichkeit, Berlin 2013.

ROSENZWEIG, RAINER: Aufs Ganze gesehen, in: Gehirn & Geist 1–2 (2010), Spektrum der Wissenschaft, Heidelberg 2010, 32–36.

RUPP, HORST F./SCHWARZ, SUSANNE (Hrsg.): Lebensweg, religiöse Erziehung und Bildung, Religionspädagogik als Autobiographie 6 (Forum zur Pädagogik und Didaktik der Religion), Würzburg 2015.

SCHAMBECK, MIRJAM: Mystagogisches Lernen. Zu einer Perspektive religiöser Bildung (STPS 62), Würzburg 2006.

SCHMEER, GIESELA et al.: Kunsttherapie in der Gruppe; Vernetzung, Resonanzen, Strategeme (Leben lernen 160), Stuttgart 2003.

SCHÖLL, ALBRECHT: Art. Jugend, Religion, in WiReLex (2015). https://www.bibelwissenschaft.de/stichwort/100085 (Stand: 24.02.2023).

SCHÖNFELD, ANDREAS: Mystagogie der Einfachheit, in: Quatember, Vierteljahreshefte für Erneuerung und Einheit der Kirche (2018), 87–95. https://www.kathspirit.de/fileadmin/34_dwl_Mystagogie/Mystagogie_der_Einfachheit.pdf (Stand: 29.01.2023).

SCHUCH, HANS W.: Grundzüge eines Konzeptes und Modells »Integrativer Psychotherapie«, in: Integrative Therapie 26, 2/3 (2000), 17–74 (145–202).

SCHWEITZER, FRIEDRICH: Lebensgeschichte und Religion. Religiöse Entwicklung und Erziehung im Kindes- und Jugendalter, Gütersloh [8]2016.

SDI, http://www.sdiworld.org (Stand: 21.05.2023).

SIEPER, JOHANNA: »Transversale Integration«: ein Kernkonzept der Integrativen Therapie. Einladung zu ko-respondierendem Diskurs. In: SIEPER, JOHANNA et al.: Neue Wege Integrativer Therapie. Klinische Wissenschaft, Humantherapie, Kulturarbeit. – Polyloge – 25 Jahre EAG. Festschrift für Hilarion G. Petzold, Bielefeld/Locarno 2007, 64–151.

SIEPER, JOHANNA: »Transversale Integration«: ein Kernkonzept der Integrativen Therapie – Einladung zu ko-respondierendem Diskurs, in: Polyloge 14 (2010). https://www.fpi-publikation.de/polyloge/14-2010-sieper-johanna-transversale-integration-ein-kernkonzept-der-integrativen-therapie/ (Stand: 23.02.2023).

SIEPER, JOHANNA: Das »Behaviorale Paradigma« und der Begriff des »Komplexe Lernens« im Integrativen Ansatz klinischer Therapie, Soziotherapie und Agogik. Lernen und

Performanzorientierung, Behaviourdrama, Imaginationstechniken und Transfertraining, in: Integrative Therapie 1 (2001), 105–144.

SIEPER, JOHANNA/PETZOLD, HILARION G.:»Komplexes Lernen« in der Integrativen Therapie – seine neurowissenschaftlichen, psychologischen und behaviorialen Dimensionen, in: Supervision 4 (2011). https://www.fpi-publikation.de/supervision/04-2011-sieper-j-petzold-h-g-komplexes-lernen-in-der-integrativen-therapie-und-supervision/ (Stand: 23.02.2023).

SIEPER, JOHANNA/PETZOLD, HILARION G.: Integrative Agogik – ein kreativer Weg des Lehrens und Lernens, in: PETZOLD, HILARION G./SIEPER, JOHANNA, Modelle und Konzepte der integrativen Therapie und Arbeit mit kreativen Medien (Integration und Kreation 1), 359–370. Aus: Textarchiv H. G. Petzold et al. (1993). https://www.fpi-publikation.de/textarchiv-petzold/sieper-j-petzold-h-g-1993c-integrative-agogik-ein-kreativer-weg-des-lehrens-und-lernens/ (Stand: 24.02.2023).

SOCIALARCHITECT, https://socialarchitext.de/ (Stand: 21.05.2023).

SPIRITUELLE INTELLIGENZ, https://spirituelle-intelligenz-21.de/ (Stand: 24.05.2023).

STACE, WALTER T.: Mysticism and Philosophy, Philadelphia/New York 1960.

STATISTA RESEARCH DEPARTMENT (Hrsg.): Art. Anzahl der kirchlich begleiteten Bestattungen, https://de.statista.com/statistik/daten/studie/1102222/umfrage/anzahl-der-kirchlich-begleiteten-bestattungen/ (Stand: 10.06.2023)

STATISTA RESEARCH DEPARTMENT (Hrsg.): Art. Anzahl der Mitglieder in Religionsgemeinschaften in Deutschland 2020. https://de.statista.com/statistik/daten/studie/37028/umfrage/mitglieder-in-religionsgemeinschaften-in-deutschland/ (Stand: 15.02.2023).

STECK, WOLFGANG: Praktische Theologie. Horizonte der Religion – Konturen des neuzeitlichen Christentums – Strukturen der religiösen Lebenswelt Bd.1 (ThW 15), Stuttgart 2000.

STEFFAN, ANGELA/PETZOLD, HILARION G.: Das Verhältnis von Theorie, Forschung und Qualitätsentwicklung in der Integrativen Therapie. (Charta-Colloquium IV), in: Integrative Therapie 1 (2001), 63–104. Aus: Textarchiv Petzold, H.G. et al (2001), https://www.fpi-publikation.de/textarchiv-petzold/steffan-petzold-2001b-das-verhaeltnis-von-theorie-forschung-qualitaetsentwicklung-it/ (Stand: 25.02.2023).

STEINKAMP, HERMANN: Die sanfte Macht der Hirten. Die Bedeutung Michel Foucaults für die Praktische Theologie, Mainz 1999.

STILZEBACH, KEVIN, Rezension: Gorres, Andrea, Geistliche Begleitung als mystagogische Seelsorge. Ichthys 35/2 (2019), 215–217. https://ichthys-online.de/artikel/2019_35_215/ (Stand: 07.06.2023).

STOLINA, RALF: Das Geheimnis der Verwandlung. Biblische Perspektiven Geistlicher Begleitung, in: Meditation: Zeitschrift für Christliche Spiritualität und Lebensgestaltung 38/2 (2012), 14–18.

STOLINA, RALF: Die Theologie Karl Rahners: Inkarnatorische Spiritualität. Menschwerdung Gottes und Gebet (IthS 46), Innsbruck 1996.

STOLINA, RALF: Gespräch und Trost der Schwestern und Brüder. Geistlich Begleitung, in: DRECHSEL, WOLFGANG/KAST-STREIB, SABINE (Hrsg.), Seelsorge und Geistliche Begleitung. Innen- und Außenperspektiven, Leipzig 2014, 15–36.

STOLINA, RALF: Lebens-Gespräch mit Gott, in: PTh 99/7 (2011), 288–305.

STOLINA, RALF: Nachterfahrungen, in: Bäumer, Regina/Plattig, Michael (Hrsg.), »Dunkle Nacht« und Depression. Geistliche und psychische Krisen verstehen und unterscheiden, Ostfildern ²2008, 22–57.

STOLINA, RALF: Nicht sehen und glauben. Betrachtungen zur Anfechtung des Glaubens und Barmherzigkeit Gottes, Bielefeld 2021.

STOLINA, RALF: Niemand hat Gott je gesehen. Traktat über negative Theologie (TBT 108), Berlin/New York 2000.

STREIB, HEINZ: Faith Development Research Revisited: Accounting for Diversity in Structure, Content and Narrativity of Faith, in: IJPR 15/2 (2005), 99–121.

STREIB, HEINZ/KELLER, BARBARA: Manual for the assessment of religious styles in Faith Development Interviews (Fourth, revised edition of the Manual for Faith Development Research), Bielefeld 2018, https://doi.org/10.4119/unibi/2920987 (Stand 07.05.2024).

SZAGUN, ANNA-KATHARINA: »Nur Gott selbst kann wissen, ob es ihn gibt!« Langzeitstudie zur frühkindlichen Entwicklung von Gotteskonzepten in zunehmend säkularen Kontexten (Kinder erleben Theologie 6), Gera/Jena 2018.

SZAGUN, ANNA-KATHARINA: Glaubenswege begleiten – Neue Praxis religiösen Lernens, Hannover 2013.

THOMPSON KLEIN, JULIE: Typologies of Interdisciplinarity: The Boundary Work of Definition, in: FRODEMAN, ROBERT (Hrsg.), in: The Oxford Handbook of Interdisciplinarity, Oxford/New York ²2017, 21–34.

THURNEYSEN, EDUARD: Die Lehre von der Seelsorge, Zürich ⁷1994.

TILLICH, PAUL: Systematische Theologie I/II, Berlin/New York ⁸1987.

ULSHÖFER, GOTLIND (Hrsg.): Digitalisierung aus theologischer und ethischer Perspektive, Konzeptionen – Anfragen – Impulse, in: Religion – Wirtschaft – Politik 22, Baden-Baden 2021. https://www.nomos-elibrary.de/10.5771/9783748924012/digitalisierung-aus-theologischer-und-ethischer-perspektive?page=1 (Stand: 06.04.2024).

UNIVERSITÄT BONN: Transdisziplinärer Forschungsbereich »Individuen, Institutionen und Gesellschaften«, https://www.uni-bonn.de/de/forschung-lehre/forschungsprofil/transdisziplinaere-forschungsbereiche/tra-4-individuals/home (Stand: 11.06.2023).

UNIVERSITÄT FÜR WEITERBILDUNG KREMS: Psychotherapie, https://www.donau-uni.ac.at/de/studium/psychotherapie-integrative-therapie/.de (Stand: 21.05.2023).

URBINA, FERNANDO: Commentario a Noche oscura del espíritu y Subida al Monte Carmelo de San Juan dela Cruz (Maran-Atha 17), Madrid 1982.

UTSCH; MICHAEL: Psychologische Hilfen zur Förderung der spirituellen Entwicklung. Plädoyer für eine pastoralpsychologisch fundierte Geistliche Begleitung, in: GREINER, DOROTHEA et al. (Hrsg.), Geistlich begleiten. Eine Bestandsaufnahme evangelischer Praxis, Leipzig 2011, 177–197.

VAN DER KOLK, BESSEL A. et al. (Hrsg.): Traumatic Stress. Grundlagen und Behandlungsansätze, Theorie, Praxis und Forschung zu posttraumatischem Stress sowie Traumatherapie, Innovative Psychotherapie und Humanwissenschaft 62, Paderborn 2000.

WAAIJMAN, KEES: Handbuch der Spiritualität. Formen – Grundlagen – Methoden 1/2/3, Ostfildern 2004/2005/2007.

WATZLAWICK, PAUL et al.: Menschliche Kommunikation. Formen, Störungen, Paradoxien, Bern ²1971.

WELKER, MICHAEL: Gottes Geist. Theologie des Heiligen Geistes, Neukirchen-Vluyn 1992.

WELKER, MICHAEL: Zum Bild Gottes. Eine Anthropologie des Geistes – Gifford Lectures 2019/2020, Leipzig ²2021.

WELSCH, WOLFGANG: Unsere postmoderne Moderne, Berlin ⁶2002.

WELSCH, WOLFGANG: Vernunft: Die zeitgenössische Vernunftkritik und das Konzept der transversalen Vernunft, Berlin ²1996.

WENTDORF-KELLER, CHRISTEL/REPP, MARTIN (Hrsg.): Von den Wandlungen Gottes. Beiträge zur Systematischen Theologie. FS Carl H. Ratschow, Berlin/New York 1986.

WERTHEIMER, MAX: Über Gestalttheorie. Vortrag vor der Kant-Gesellschaft, Berlin am 17. Dezember 1924, in: Philosophische Zeitschrift für Forschung und Aussprache 1 (1925), 39-60. Aus: Österreichische Arbeitsgemeinschaft für Gestalttheoretische Psychotherapie (ÖAGP). https://www.oeagp.at/cms/uploads/pdf/literatur/ueber_gestalttheorie_Max_Wertheimer_1924.pdf (Stand: 04.02.2023).

WIDMER, PETER: Mystikforschung zwischen Materialismus und Metaphysik. Eine Einführung, Freiburg u.a. 2004.

WILBER, KEN: Integrale Spiritualität. Spirituelle Intelligenz rettet die Welt, München ⁵2007.

WINKLER, KLAUS: Seelsorge, Berlin/New York 1997.

WOLFF, HANS WALTER: Anthropologie des Alten Testaments, München ³1977.

WOLFSTEINER, WILLIBALD: Die Demut nach der Lehre des Hl. Benediktus, Freiburg 1922.

WOLLBOLD, ANDREAS/SIMON, WERNER: Art. Mystagogie, in: LTHK 3,7 (1998), 570-571.

WULF, CHRISTOPH: Präsenz und Absenz. Prozess und Struktur in der Geschichte der Seele, in: JÜTTEMANN, GERD et al. (Hrsg.), Die Seele. Ihre Geschichte im Abendland, Göttingen 2005, 5-14.

ZAS FRIZ DE COL, ROSSANO (Hrsg): Transforming Spirituality: Celebrating the 25th Anniversary of - ‹Studies in Spirituality‹ -, (Studies in Spirituality Supplements 27), Leuven 2016.

ZIEMER, JÜRGEN: Seelsorgelehre. Eine Einführung für Studium und Praxis (UTB 2147), Göttingen ³2008.

ZIMMERLING, PETER: Evangelische Spiritualität. Wurzeln und Zugänge, Göttingen 2003.

ZIMMERLING, PETER: Integration der Spiritualität in das Studium der evangelischen Theologie, in: KUNZ, RALPH/KOHLI REICHENBACH, CLAUDIA (Hrsg.), Spiritualität im Diskurs. Spiritualitätsforschung in theologischer Perspektive, Praktische Theologie im reformierten Kontext 4, Zürich 2012, 125-142.

ZINKEVIČIŪTE RENATA: Karl Rahners Mystagogikbegriff und seine praktisch-theologische Rezeption, Pastoralpsychologie und Spiritualität 10, Frankfurt 2007.

Druck:
CPI Druckdienstleistungen GmbH
im Auftrag der
Zeitfracht GmbH
Ein Unternehmen der Zeitfracht - Gruppe
Ferdinand-Jühlke-Str. 7
99095 Erfurt